**基础教育
国际比较研究丛书**

Series of
International and
Comparative Studies on
Basic Education

顾明远　主编

加拿大社会科课程研究

A Study of
Social Studies in
Canada

郑璐 —————— 著

上海教育出版社
SHANGHAI EDUCATIONAL
PUBLISHING HOUSE

总　序

　　2020年注定是人类历史上不平凡的一年，新冠疫情的爆发改变了世界发展的基本格局。一些国家保守主义、单边主义抬头，逆全球化思维盛行；但更多国家和国际组织呼吁全球应加强合作，共同抗击疫情并抵制疫情给世界各国社会、经济、教育等不同领域带来的不良影响。受疫情的影响，不少国家因通信基础设施薄弱已出现了学习危机，加之疫情影响导致的经济危机势必影响很多国家的教育投入，进而加剧教育不平等的现象。此外，疫情期间不少国家不断爆出的种族歧视、隔阂言论和行为，给世界和平和发展带来了潜在的风险。为此，2020年联合国教科文组织"教育的未来"倡议国际委员会发布了《新冠肺炎疫情后世界的教育：公共行动的九个思路》(Education in A Post-COVID World：Nine Ideas for Public Action)，特别强调要加大教育投入，保障公共教育经费，同时呼吁"全球团结一心，化解不平等。新冠肺炎疫情解释了权力不均和全球发展不平等问题。各方应重新倡导国际合作，维护多边主义，以同理心和对人性的共同理解为核心，促进国际合作和全球团结"。[1]

　　事实上，全球教育发展面临的挑战远非如此。回

---

[1] International Commission on the Futures of Education, UNESCO. Education in A Post-COVID World：Nine Ideas for Public Action［R/OL］.［2020-06-24］ https://unesdoc.unesco.org/ark：/48223/pf0000373717/PDF/373717eng.pdf.multi.

顾人类社会进入21世纪以来，经济的快速发展和科技的日益进步的确给教育的发展带来了很大的变化，"经济增长和创造财富降低了全球贫穷率，但世界各地的社会内部以及不同社会之间，脆弱性、不平等、排斥和暴力却有增无减。不可持续的经济生产和消费模式导致全球气候变暖、环境恶化和自然灾害频发……技术发展增进了人们之间的相互关联，为彼此交流、合作与团结开辟出了新的渠道，但我们也发现，文化和宗教不宽容、基于身份的政治鼓动和冲突日益增多"。[1]这些全球可持续发展的危机已然给世界各国的教育提出了巨大的挑战。为此，联合国教科文组织特别重申了人文主义的方法，强调："再没有比教育更加强大的变革力量，教育促进人权和尊严，消除贫穷，强化可持续性，为所有人建设更美好的未来，教育以权利平等和社会正义、尊重文化多样性、国际团结和分担责任为基础，所有这些都是人性的基本共同点。"[2]

对此，中国政府一直高度赞同并积极行动，响应国际社会的号召。我们以习近平总书记提出的"人类命运共同体"和"文化交流互鉴"的思想为指导，坚持教育对外开放，积极地开展各项国际教育交流与合作活动。日前，《教育部等八部门关于加快和扩大新时代教育对外开放的意见》也明确指出，要"坚持教育对外开放不动摇，主动加强同世界各国的互鉴、互容、互通，形成更全方位、更宽领域、更多层次、更加主动的教育对外开放局面"。[3]为此，我们需要更加深入地研究各国教育改革的最新动向，把握世界教育发展的基本趋势。

北京师范大学国际与比较教育研究院作为教育部普通高等学校人文社会科学重点研究基地，始终围绕着世界和我国教育改革与发展的

---

[1] 联合国教育、科学及文化组织.反思教育：向"全球共同利益"的理念转变 [M].巴黎：联合国教科文组织，2015：9.

[2] 同上：4.

[3] 教育部.教育部等八部门全面部署加快和扩大新时代教育对外开放 [R/OL].(2020-06-18)[2020-06-24]. https://www.xuexi.cn/lgpage/detail/index.html?id=12928850217812069436&amp；item_id=12928850217812069436.

重大理论、政策和实践前沿问题开展深入研究。此次组织出版的"基础教育国际比较研究丛书"共10本，既有国别的研究，涉及英国、美国、法国、加拿大等不同的国家，也有专题的研究，如基础教育质量问题、英才教育等。这些研究均是我院教师和博士生近年来的研究成果，希望能帮助从事基础教育工作的教育决策者和实践者开拓视野，较为深入准确地把握世界教育发展的前沿问题，以更好地促进我国基础教育新一轮的深化改革。在出版过程中，我们得到了上海教育出版社的大力支持，特别是此套丛书的负责人袁彬同志和董洪同志的大力支持，具体负责每本书的编辑不仅工作高效，而且认真负责，在此一并感谢！

2020年6月24日

于北京求是书屋

序

social studies，直译为"社会研究"，是20世纪初诞生于美国的一门基础教育课程。它将社会科学与人文学科熔于一炉，并与将物理、化学、生物等学科熔于一炉的science（科学）课程一道，成为美国中小学最为典型的两门综合课程。虽然这门课程一开始就存在很多争议，但很快在美国学校教育中占据了重要地位，并在海外产生了广泛影响。20世纪二三十年代，这门课程被引入加拿大；第二次世界大战结束后，又被介绍到日本。我们现在所用的"社会科"概念，其实是social studies的日文译法。

在进入21世纪之前，社会科并没有引起我国学者的足够重视，其中的原因应该很多，除了意识形态方面的因素外，作为综合课程的社会科，其与我国的分科课程如历史、地理、政治等彼此隔膜也有一定的影响。但是，随着课程改革的不断深入，综合课程的价值日益被我国教育界认识。在这一背景下，社会科开始进入我国学者的研究视野，相关成果也日益丰富起来。

社会科的综合课程性质无疑是我国学者关注的一大焦点。长期以来，分科课程在我国基础教育中占据绝对的主导地位，甚至在小学阶段也几乎不见综合课程的踪影，学科知识被置于绝对中心的地位，教师不是在与学生全面而深度的交往中，而是在学科教学中找到自己的归属感；学生不是在快乐的学校生活中，而是在语文、数学、英语等的成绩中确认自己的价值。"综合""全面"等这些表达人的健康发展的词汇在小学低年级阶段就已毫无用武之地，这是我国小学教育的独特景观。小学尚且如此，中学阶段就更加没有综合课程的空间了。为了促进对学生综合能力的培养，一方面，我国在高考内容上进行了"文科综合"和"理科综合"的探索；另一方面也逐步加快了中小学课程综合化的步伐。近年来，结合关于核心素养的讨论，部分地区小学阶段综合课程的建设力度大大加强。这些探索虽然还很不成熟，但揭示了基础教育课程改革的重要方向。

除了综合性以外，随着研究的深入，社会科课程的其他特征也逐渐显现出来。例如，我国的文科教学向来重知识传授而轻思维训练，"记诵之学"的痕迹很重，形成了"思维好的学生学理科，记忆好的学生学文科"的世俗观念。然而，研究表明，美国等国的社会科固然发挥着传播主流社会价值观的重要功能，但同时往往也是学生学习社会批判的重要途径，是思考和研究社会问题、增长解决社会问题能力的重要途径，是学生形成个性化的世界观的重要途径。在社会科中，要学习传统的思辨逻辑，也要学习社会科学研究方法，还要通过种种社会实践培养社会技能，如辩论、选举、谈判等能力……而这些，在我国传统的文科教学中是很难见到的。

研究还发现，社会科课程在促进个体发展方面也发挥着重要作用。在一些国家，社会科选入的大量议题与青少年自身的问题紧密相连，如文化多元与族群平等、性别平等、宗教间对话等，这些不仅仅是社会问题，而且是青少年成长过程中面临的关于自身的问题。在社会科的学习中，师生通过复杂的对话表达自我并确认自我与他者、个体与社会的关系，通过丰富的社会实践活动建构关于社会的知识与观念。

与此同时，社会科的教师也不仅仅是"正确知识"的传声筒，他们对社会科的多元理解以及对社会科的反思和批判，都被作为重要的学习资源。北美课程大师威廉·派纳（William F. Pinar）教授的"生命历程法"（currere）既是对教师的研究方法，也是对包括社会科在内的课程的研究方法，它是让教师发出自己声音的方法，是展现活的社会科实践的方法。同时，它还成为提升教师专业能力和提升社会科教学质量的重要策略。

显然，社会科不仅仅是历史课、地理课和政治课的简单合并，它的整合性、立体性、实践性和现实批判性等构成了超越传统学科教学的美妙图景，国际上在这门课程的建设与实践方面所积累的丰富经验已经让我们无法视而不见。

近年来，郑璐博士一直关注综合课程。在攻读博士期间，他获得了前往加拿大不列颠哥伦比亚大学留学的机会，并有幸师从威廉·派纳教授。留学期间，他不仅研读了关于加拿大社会科的历史发展、理论基础、课程政策等方面的大量文献，而且大胆地运用派纳提倡的"生命历程法"对一位社会科教师的教学生涯进行了研究，他循着派纳教授的指引，将这位教师活生生的生命体验与她的社会科的教学实践结合起来。他不是基于课程标准来观照课程实践，也不是对教学现场进行技术性观察，而是让教师在充分的自我表达和深刻的自我反思中，与教师一道，共同理解社会科课程及其实施，共同重塑对社会科的认知框架。回国之后，郑璐一边译介派纳教授的最新论著，一边将他留学期间的研究撰写成书。

郑璐博士是一位有情怀的青年学者，他长期关注社会问题，特别是对处境不利的人们寄予了深切的同情，他总是积极地思考教育在解决社会矛盾与问题上所能发挥的作用，这一点从他硕士阶段对新西兰毛利人教育的关注就可以看得出来。对"弱势"、对"边缘"的关切，让他的研究很少有"为稻粱谋"的味道，这与这个时代的风气似乎有些不太相称。在与他共同研讨中，会发现他和很多与教育学结缘的青年一样纯粹，总是对儿童、对学生充满了兴趣，对教师充满了理解。

做有情怀的学者，做有风骨的学问，真是值得我们追求的事。

是为序。

高益民

北京师范大学国际与比较教育研究院

2019 年 9 月 10 日

目 录

第一章

导　论

第一节

研究缘起

21世纪以来，人类社会步入全球化3.0时代。[1]一方面，全球化使社会分工越来越精细化、专业化，教育也因向机器与大工业生产供应专门的劳动力而存在培养碎片化、工具化的人的巨大危险；另一方面，随着以个体为单位卷入全球范围内竞争与合作的加强，教育又不得不承载培养具备国际化视野、跨文化沟通能力、信息运用与处理能力等综合能力的全球化人才的使命。然而，以往的课程框架多为分科教学，而现实中用单一的任何一门学科来认识世界都是不可能的，用单一的任何一门学科来进行创新更是难以想象。

在这种背景下，要求今天的教育培养"全人""完整的人""全面发展的人"的呼声不绝于耳。实际上，多年以来，重物质教育轻精神教育，重智识教育轻情感教育，重专业教育轻人文关怀，加之学校与社会的脱节、专业与生活的脱节、知识与价值的脱节等现象日益加剧，已经引起了人们的警惕。人的片面性存在、人的主体性缺失、人的单向度发展也引起了世界上众多教育家的思考。作为人类最为重大的问题之一，人的主体地位受到永恒主义、人本主义、存在主义、生态主义等流派的关注，"全人教育""完人教育""整合教育"等教育

---

[1] ［美］托马斯·弗里德曼.世界是平的：21世纪简史［M］.何帆，肖莹莹，郝正非，译.长沙：湖南科学技术出版社，2008：9.

思想的时代意义也日益凸显。

如果培养"全人""完整的人""全面发展的人""良好公民"的教育目标得以确立，那么随之而来的则是对"什么知识最有价值""学校应该如何传授哪些知识"等经典教育学命题的时代思考。具体在课程论上的最核心体现便是分科课程与整合课程之争。近年来，随着时代发展的日新月异，学校分门别类的科目框架疏离于现实世界和学生经验的问题愈加突出。在这种情况下，实施整合课程的呼声与日俱增。有学者认为，从认知的角度来讲，综合课程可以提供整体的知识的观念，有利于联系知识的不同领域；从内在动机的角度来讲，综合课程是按学习者的心理需要以及兴趣和好奇心来编制的，有助于学生学习和个性发展；从学习者社会化的角度来讲，综合课程有利于知识与社会生活的联系，有利于学习者运用所学知识去解决实际问题。[1]

2015年8月，联合国教科文组织发布报告《面向2030处于争论与教育改革中的课程：21世纪课程议程》（The Curriculum in Debates and in Educational Reforms to 2030: For a Curriculum Agenda of the Twenty-first Century）[2]，该报告指出，整体和综合是21世纪课程发展的新方向。所谓整体，是打破原有的分学段设计，重新将各学段打通进行整体设计，以加强学段间的紧密联系；而综合则是学科与学科之间的融合。由此可见，构建整合课程框架，进行跨学科课程与教学是至关重要的。

---

[1] 杨明全.课程概论［M］.北京：北京师范大学出版社，2010：101.

[2] UNESCO. "The Curriculum in Debates and in Educational Reforms to 2030: For a Curriculum Agenda of the Twenty-first Century," http://www.ibe.unesco.org/en/document/curriculum-debates-and-educational-reforms-2030-ibe-working-papers-curriculum-issues-n%C2%B0-15, 2016-11-09.

　　北美整合课程的理论与实践起源于19世纪末赫尔巴特（J.F. Herbart）提出的"关联原则"和"统觉原理"，以及在此基础上建构的关联课程。多年来，加拿大和美国沿承了开展整合课程的传统，20世纪前期进步主义教育运动中，杜威（John Dewey）创建的经验主义整合课程理论体系及帕克（Francis Wayland Parker）的儿童中心统合法为后来的整合课程的理论和实践发展奠定了基础。[1]由此可见，传统教育的代表赫尔巴特和新教育的代表杜威均高度关注整合课程，这从另一个侧面说明整合课程既符合教育规律又符合儿童发展规律的自身合理性。整合课程获得制度革新支持的鼎盛时期是"八年研究"（eight-year study）[2]。这一时期出现的核心课程可以视为今天整合课程的前身。核心课程一般是围绕某个问题组织内容，围绕所研究的问题，可能介入更广泛的学科知识，包括科学、数学、语言和文学、艺术、社会科课程、健康和体育等。其中，公共问题往往成为课程的核心。[3]从此，整合课程开始正式在北美生根发芽。

　　随着1957年苏联成功发射人造地球卫星，国际国防竞争压力陡增，美国于次年便颁布《国防教育法》，重新强调学科结构课程，这在一定程度上影响了整合课程的发展。但20世纪80年代北美再次顺应时代潮流，成为全球整合课程发展的中心，加拿大和美国在中小学

[1] Mckenna, J.C. The Development and Implementation of an Integrated Curriculum at an Elementary Math, Science, and Technology Magnet School [D]. University of California, 2007.
[2] 亦称"三十校实验"，美国进步教育学会制定了一项为期八年（1933—1941）的大规模的高中教育改革实验研究计划，参加实验研究的是从全美推荐的200所中学中选出的30所中学。旨在对进步主义学校毕业生和传统学校毕业生在大学的学习情况作对比研究，以了解两种不同类型的课程、教法的优劣。参见：吴式颖.外国教育史教程 [M].北京：人民教育出版社，1999：560-561.
[3] 吴国珍.综合课程革新与教师专业成长 [M].北京：北京师范大学出版社，2013：39.

整合课程领域形成了一批前沿理论并展开了多元化的实践活动。

彼时的北美课程领域，刚刚经历了一场如火如荼的概念重建运动。以泰勒（Ralph W. Tyler）为代表的传统课程领域被重新建构，该领域的主要概念、研究方法、研究范式均产生了颠覆性的变化。"由本质上指向于（通过具体改善实践而）维持实践的制度目的，转向用一种批判的、解释学的视野而理解实践和经验的目的。"[1]其中，概念重建主义对整合课程、个体建构的强调也重塑着北美整合课程的模式与实践。

北美实施整合课程的传统能够延续至今，其中最重要的因素便是与分科课程相比，整合课程具备其特有的优势和价值。美国著名整合课程专家詹姆斯·比恩（James A. Bean）指出，20世纪90年代是更新课程综合兴趣的阶段，在多方面汇聚了推进综合课程的动力。其一是知识的应用，培养应用知识解决问题的能力，需要更具有挑战性的内容。其二是推测大脑在学习中处理信息更强调整体一致性，而不是靠片段的联系来组织信息，认为知识相互关联的一致性越强，越"与大脑和谐"，学起来越容易。其三，按照后现代和后结构主义的观点，知识既不是固定的，也不具有普遍性，语言和行动有多重意义，知识是社会性建构。其四，越来越多的学者认识到，真正意义上的问题不能只凭一门单独学科解决，超越学科来看世界越来越有必要。其五，坚持进步主义教育的原则，推崇如完整语言、单元学习、主题课程和以问题为中心设计的"整体学习"，要求结束学科领域内部支离破碎的状况，将课程与更重大的问题和现实冲突联系

---

[1] ［美］威廉·F.派纳，等.理解课程——历史与当代课程话语研究导论（上）[M].张华，等译.北京：教育科学出版社，2003：前言V.

起来。[1]

加拿大布洛克大学（Brock University）教授苏珊·德雷克（Susan M. Drake）通过定性与定量的数据支持进行了大量的相关研究。这些研究结果也证明，通过整合课程培养出的学生一般要比其他运用学科课程学习的学生表现得更好。[2]此外，学业成就与学习成绩的高低只是评价学生的一个方面，即使出现学生通过分科课程学习取得的分数高于参加整合课程所取得的分数的情况，也不应由此就将整合课程打入"冷宫"。加拿大课程研究专家大卫·史密斯（David Smith）曾说："那些最充分'掌握'了当代规范的学生，在理想、道德、情操、社会良知方面恰恰最为短视，最无见地。"[3]这充分说明，学生在课堂上获得的不仅仅是知识，还应包括课程标准中所要求的态度情感和价值观，以及民主意识、批判性思维、创新意识、合作意识、动手能力、信息收集与处理能力、解决问题能力等。因此，正如派纳所言："学校课程的宗旨不在于促使我们成为学术科目的专家。学校课程的宗旨不在于培养能在测验中取得高分的人，从而促使美国在标准化测试中获得比日本或德国更高的分数。学校课程的宗旨在于促使我们关切自己与他人，帮助我们在公共领域成为致力于建设民主社会的公民，在私人领域成为对他人负责的个体，运用智力、敏感与勇气去思考和行动。"[4]

概念重建运动结束之后，当下的北美课程领域进入后概念重建主

---

[1] 吴国珍.综合课程革新与教师专业成长［M］.北京：北京师范大学出版社，2013：47-48.

[2] Drake, S.M. Creating Standards-Based Integrated Curriculum: The Common Core State Standards Edition ［M］. California, Corwin, 2012.

[3] ［加］大卫·杰弗里·史密斯.全球化和后现代教育学［M］.郭洋生，译.北京：教育科学出版社，2000：150.

[4] ［美］威廉·F.派纳，等.理解课程——历史与当代课程话语研究导论（上）［M］.张华，等译.北京：教育科学出版社，2003：868.

义时期，掀起了对课程本质的新一轮思考。从愈加强调多元化，愈加关注国际化，愈加巩固个体化的后概念重建主义视角来审视北美整合课程，已然成为课程领域的最新发展趋势。

锁定整合课程作为未来课程的发展方向以及培养良好公民与"全人"的最佳路径之后，寻觅更为精确的研究对象成为本书的关键点。通过对北美中小学两大核心整合课程——社会科与科学——进行权衡之后，本书决定将加拿大社会科课程作为研究对象。为何选择加拿大社会科课程？第一，源于社会科的学科特点。社会科课程是涵盖了公民教育、道德教育、全球教育、STS教育等教育空间的一个有机的整体，也是各个人文社会学科内容共同构成的课程文本，用形象的比喻来说，是一个学科的"课程之伞"。[1]除了综合性这一核心属性之外，社会科还具有实践性、开放性、生活性、流动性、反思性、批判性等特征，一方面，这些特点契合知识经济时代需要学校提供多元、开放、灵活、终身化、个性化的教育需求；另一方面，这些特点更加接近现实生活，更加符合良好公民所应具备的条件。第二，源于加拿大社会科的特殊性，以及与我国社会科同处于探究与摸索中的状况。我国从1991年起开始在浙江和上海的初中试点社会科课程，并在21世纪初把开设社会科写入我国《基础教育课程改革纲要（试行）》，新增"品德与社会"和"历史与社会"等课程。一直以来，国内学界的相关研究主要集中在美国中小学社会科课程的理论与实践。当前我国已进入基础教育课程改革的反思阶段，同时，经过25年的成长与发展，社会科课程也迈入了理论与实践发展的新阶段。在此，倘若选择性地避开美国，转向与我国同为借鉴者、学习者角色的加拿大，通过

---

[1] 严书宇.社会科课程研究：反思与构建 [D].上海：华东师范大学，2004.

回顾加拿大社会科课程如何由全面照搬美国逐步走向本土化之路，也许会对我国社会科课程发展带来更大的启示。此外，加拿大的历史文化与地缘政治受到英国、法国、美国的深刻影响，加之多元文化的现代社会结构，又为其社会科增加了别样的魅力。第三，源于笔者自身的研究条件。2014年12月至2016年6月，笔者受加拿大不列颠哥伦比亚大学课程与教学系教授威廉·派纳的邀请，并得到国家留学基金委的资助，有幸前往大洋彼岸的小学课堂探寻原汁原味的加拿大社会科课程，并利用这18个月以及2016年12月至2017年2月，共计20个月的时间，与温哥华市一所小学的社会科课程教师洁芮展开了一场主体之间，同时也是主体内个体与自我的跨越时空的"复杂对话"（complicated conversation）[1]。

确定研究对象之后，本书所使用的研究方法也浮出水面。根据笔者自身的研究旨趣及方法论立场，上篇为宏观的、整体性的政策研究，采用相对传统的研究方法，如文献分析法、比较历史法；下篇为微观的、个体的实践研究，运用派纳的生命历程法的四个步骤或时刻。如此安排主要是出于四个层面的考量。其一，"走出书斋，走出象牙塔；到对象国去，到教室中去"。这也许是每位比较教育研究者的使命与夙愿。不满足于官方政策的"权威"解读，不满足于历史文本的宏大叙事，不满足于二手文献的人云亦云，不满足于理论研究的固化呆板，笔者希望进入研究现场，进入被研究者个体的生活世界（life-world）与生活经验（lived experience），由此探寻"活的课程"（lived curriculum）。其二，较之量化研究，本书与

---

[1] 派纳认为，课程即复杂对话。参见：Pinar, W.F. What is Curriculum Theory? (Second edition) [M]. New York, Routledge, 2012.

质性研究方法更为契合。帕特里卡·波茨（Patrica Potts）说："社会研究是相当复杂的，其结果具有难以避免的不确定性。这样的研究既挑战了实证主义者理论化过程的线性思维，也妨碍了预期中的进步。我认为，一种恰当的比较教育研究方法论应该存于人文学科而不是自然科学之中。"[1]因此，作为一种跨学科、超学科的有时甚至是反学科的研究方法，生命历程法或许是研究以整合性为核心属性的社会科课程的最佳选择。其三，"校外的事情比校内的事情更重要"。正如100年前社会科的诞生更多地源于"校外的事情"——"由于美国贫困人口和新移民的到来，他们在城市学校的出现，导致了学校需要一种'东西'来教给这些孩子们：到底什么是美国？"[2]百年来加拿大社会科课程的发展同样不能脱离特定的历史与文化背景，以及当下的社会现状与时代脉搏。其四，20世纪70年代以来，北美课程领域由探究普适性的教育规律转向寻求情境化的教育意义。这种"范式转换"在课程研究领域表现为由"课程开发范式"转向"课程理解范式"，课程被视为一种多元"文本"而加以解读。课程实践随之作出积极的回应，充满各种意义的文本成为丰富的教育载体。[3]笔者坚信：课程即经验。若想真正理解社会科，需要深入教师的生活经验——过去、当下、未来，探索课程变革中的教师，教师成长中的课程。"我们有时说起'独创性的科学研究'，似乎这是科学家的特权，或者至少也是研究生的特权。但是一切思维都是科研，一切研究即使在旁人看来，已经知道他在寻求什么，但对从事

---

[1] ［英］贝磊，等.比较教育研究路径与方法［M］.李梅，等译.北京：北京大学出版社，2010：66.

[2] 严书宇.社会科课程研究：反思与构建［D］.上海：华东师范大学，2004.

[3] 吴支奎.课堂中的意义建构——学生参与课程发展研究［D］.重庆：西南大学，2009.

研究的人来说都是独创性的。"[1]可见，笔者与被研究者的每次复杂对话，都是派纳思想下联通社会科课程的桥梁，以及主体间个体的不断奔跑。

需要指明的是，整合课程并非没有争议，甚至可以说在它所提倡的每个方面都存在着不同的看法。比如，整合课程究竟有无限度？是否任何教育阶段都适合开展整合课程？有学者认为，由于整合课程涵盖了不同相关学科的知识和经验，在组织知识和课程内容上缺乏系统性。而且，整合课程考虑了课程内容的范围和广度，必然在一定程度上牺牲知识的结构化和内容的深度，这不利于学习者系统深入地学习某一种知识。因此，往往在义务教育阶段的学校教育实践中，整合课程的数量较多；但到了中学阶段，分科课程就占据了绝对的优势，尤其到了高等教育阶段，专业划分日趋精细，基本上就没有整合课程了。[2]基于此，本书仅限于加拿大中小学社会科课程研究。

考虑到国内学界目前鲜有关于加拿大社会科课程的历史研究，并缺乏对于其21世纪以来历次课程改革新进展的系统追踪，加之最后一部分关于社会科课程教师的个案研究需要相关的理论铺垫与历史背景，因此，本书以加拿大社会科的历史发展为切入点，从20世纪初进步主义运动的兴起，直到21世纪历史教育与区域课程的再次崛起，洞悉加拿大社会科由"美国创造""美国制造"到"加拿大本土化"的发展历程。在此基础上，重点对新千年以来加拿大英语区特别是不列颠哥伦比亚省[3]的社会科课程改革进行了全面梳理，这或许能为我国

[1] [美]约翰·杜威.民主主义与教育[M].王承绪，译.北京：人民教育出版社，1990：162.
[2] 杨明全.课程概论[M].北京：北京师范大学出版社，2010：101.
[3] 不列颠哥伦比亚省（Province of British Columbia）三种最为流行的译法分别为：英属哥伦比亚省、卑诗省和不列颠哥伦比亚省，其中英属哥伦比亚省中中译"英属"一词有侵犯加拿大主权之嫌，卑诗省中"卑诗"一词有侵犯原住民之嫌，因此本书将其译为不列颠哥伦比亚省。

社会科课程改革提供些许启示。回溯历史、描写现状之后，本书探讨了多年以来加拿大社会科课程的一些重大理论问题，如身份认同、理论范式，以及一些当前正在热议的问题，如核心目标等。在完成相关理论探讨之后，本书开启了对一位不列颠哥伦比亚省小学社会科教师的实践研究。这也是国内学界第一次尝试严格运用生命历程法的四个步骤或时刻——回溯（the regressive）、预想（the progressive）、分析（the analytical）、综合（the synthetical）——进行个体教师的自传研究。同时，生命历程法这种建立在过去、当下、未来三个空间，通过教师生活经验与学术性知识的有机结合，最终完成自我重构与社会重构的方法论，也许能够成为我国教师研究的新路径。综上所述，本书第二、三章介绍了加拿大社会科课程的历史与现状；第四、五章梳理了加拿大社会科课程的理论与实践。在此结构中，一方面，本书上篇试图通过加拿大社会科课程的百年演化史，探究在不同的历史阶段，社会科教师在课程教学内容上有哪些不同的侧重点，从概念重建运动到后概念重建时期加拿大社会科课程经历了哪些变迁，21世纪以来历次课程改革中，社会科课程教师面临哪些新的挑战；另一方面，本书下篇旨在探索关于生命历程法的一系列理论与实践问题，例如在研究过程中，研究者与被研究者处于何种关系；采用生命历程法时，是否有必要以被研究教师的学科背景为基础展开研究。最终，笔者期望探究生命历程法能否成为社会科课堂（公共空间）与教师生活体验（私人空间）之间的一座桥梁。

关于本书结构框架的设置依据以及如何衔接，在核心概念的界定以及文献综述的梳理之后，笔者将在本章最后一节"研究思路"中做出进一步的阐释和说明。

第二节

加拿大社会科课程的研究现状

一、难以定义的社会科课程

社会科课程是……一首诗

何为社会科课程?

这是一个怎样的问题?

应该如何追寻答案?

这是多么艰难的任务。

是否应该聚焦宗教?

早期定居者视之为新哲学的核心。

抑或是历史?

穿越时空,以古论今。

抑或是社会学?

在那里,学科领域无限广阔!

是否是地理?

在那里,我们见证种群。

抑或是人类学？

在那里，我们见证文化创新。

是否是政治科学？

具有政府视野。

抑或是经济学？

具有消费视角。

我的课程应该由老师指导还是靠我自己？

我是否可以通过自己的探究来深入学习？

写这首诗时，

我似乎岔开了话题。

总之，我认为社会科课程的定义应该包括人类的发展与进步。[1]

——堂娜·罗宾逊（Donna Robinson）

  社会科课程教师罗宾逊的这首打趣诗形象地描绘了定义社会科课程的难度。令人遗憾的是，社会科诞生已有一个多世纪，仍未能出现一个关于社会科课程的权威定义。马里恩·布雷迪（Marion Brady）曾戏谑地说道："社会科课程所处的混沌状态与那些难以置信的堆杂物并无差别，它包含着一些过去的习俗，一点点社会科学，一些尚未消化的时尚残余，一种回应州议员、特殊利益群体以及其他分配给社会

---

[1] Case, R., Penney Clark, P. The Anthology of Social Studies: Issues and Strategies for Elementary Teachers [M]. Vancouver, Pacific Educational Press, 2008: 8.

科课程的杂七杂八的需求的混合物。"[1]

　　然而，学界对关于如何定义社会科课程的讨论从未停止，来自不同国家、不同文化背景、不同种族的学者对此看法不一，甚或出自一个学校的课程专家给出的定义也截然不同，但仍然不可否认，社会科课程的定义包含一些共性。加拿大不列颠哥伦比亚大学教授伊恩·赖特（Ian Wright）总结出加拿大学界最具代表性的14种关于社会科课程的相关定义与阐释[2]：

　　（1）社会科课程是将社会科学简化为教学用途。

　　（2）社会科课程应该成为提供一个针对人类与社会相关的价值判断与规范命题进行分析与评价的平台。

　　（3）社会科课程是学习社会科学与培养公民能力的整合。通过借鉴人类学、考古学、经济学、地理学、历史学、法学、哲学、政治科学、心理学、宗教学和社会学的相关知识，并汲取数学、自然科学与人文学科等内容，为学生提供系统、丰富、相互关联的课程。社会科课程的主要目的在于使年轻人见多识广，且能够对公共利益做出理性决定，从而帮助他们成为在一个民主社会、一个多元文化国家、一个相互依存的世界中生活的合格公民。

　　（4）社会科课程是一门基于历史学、地理学和社会科学的整合课程，其首要目标是开展公民教育。

　　（5）社会科课程是社会科学与人文学科的跨学科整合，以此培养学生对于有争议社会话题的公民技能实践。

---

[1] Brady, M. What's Worth Teaching? Selecting, Organizing and Integrating Knowledge [M]. Albany, NY, State University of New York Press, 1989: 80.

[2] Wright, I. Elementary Social Studies: a Practical Approach to Teaching and Learning (6th ed.) [M]. Toronto, Pearson Prentice Hall, 2005: 4-5.

（6）社会科课程属于小学和中学课程体系的一部分，其职责是帮助学生发展能够积极参与当地社区、国家和世界的公民生活所必备的知识、技能、态度、价值观。

（7）社会科课程是学习人类与社会、环境之间的相互关系，在课堂上获得的知识、技能和价值观可以帮助学生认清历史、审视当下、感知未来。

（8）社会科课程是通过历史学、社会科学和人文学科的整合学习来提升公民竞争力。

（9）社会科课程高度关注公民教育。在民主社会，公民身份包含既相连又偶尔独立的两部分：社会化和反社会化。

（10）社会科课程帮助学生获得成为一名负责任的公民所需要的基本知识、技能和态度。该课程的内容借鉴历史学、地理学、经济学和其他社会科学，以及行为科学和人文学科。

（11）社会科课程寻求审视并理解具有不同文化、不同传统、不同特点的当地社区、国家和世界。

（12）社会科课程借鉴人类学、经济学、地理学、历史学、政治科学、心理学和社会学，还从人文学科、数学和自然科学中吸收了相关知识，为学生提供系统的、协同的学习内容。该课程认识到各学科对于传授给学生意识、理解、认清各类问题所需知识的重要性，同时为学生创建多学科视角，以此从个体视角、学术视角、多元文化视角和全球视野审视影响他们生活的诸多问题。

（13）社会科课程研究人与人之间和人与世界之间的相互关系。在加拿大曼尼托巴省，社会科课程由历史学和地理学组成，并借鉴社会科学和人文学科的相关知识。该课程研究物理、社会和文化环境中人的存在，审视过去和现在，从而预知未来。社会科课程帮助学生获得成为积极的民主社会公民的必备技能、知识和价值观，为社区、地区、国家和世界贡献合格公民。

（14）社会科课程提出与知识、权力、文化有关的诸多问题，在过去20年，使相关人文学科和社会科学变得更加有生气。该课程在理论上传授给学生如何通过阅读文本来建构自己的生活，如何通过写作来重建世界。

与学者们五花八门的定义如出一辙，加拿大各省教育部门对社会科课程也未能形成统一的定义，但这些定义都体现出该课程的跨学科、多学科性，以及培养良好公民的课程目标。比如，《加拿大西部协议》（the Western Canadian Protocol）公共课程框架将社会科课程定义为：一门采用历史、地理、经济、法律、政治科学及其他学科对人与人、人与世界之间的关系进行研究的跨学科课程。社会科课程帮助学生成为在社区、当地、国家以及复杂多变的世界中积极、负责的公民。[1]阿尔伯塔省2003年课程项目将"基于问题"一词加入社会科课程作为一门跨学科课程的定义，强调"培养理解并投入面对人类和社会所出现的实践问题及道德问题时的批判性探究能力"[2]。《加拿大大西洋诸省的社会科课程基础》（The Foundation for the Atlantic Canada Social Studies Curriculum）将社会科课程描述为一门运用人类学、经济学、地理、历史、政治科学、心理学、社会学，以及人文学科、数学、自然科学中适当内容的系统的整合课程。[3]

诚然，随着时代变迁与社会发展，对于社会科课程定义的解释与质

[1] Western Canadian Protocol for Collaboration in Basic Education. Common Curriculum Framework for Social Studies: Kindergarten to Grade 9 [M]. Winnipeg, Manitoba Education, Training and Youth, 2002: 5.

[2] Alberta Learning. Social Studies Kindergarten to Grade 12 Validation Draft [M]. Edmonton, 2003: 1.

[3] Atlantic Provinces Education Foundation. Foundation for the Atlantic Canada Social Studies Curriculum [M]. Halifax, Nova Scotia Education and Culture, 1999: 2.

疑也推陈出新。比如，有些批评者认为公民教育是一个太过宽泛的概念，有时很难对其具体内容进行界定。也有学者质疑社会科课程是对现有社会秩序的复制，仅仅培养了一些对现存社会秩序毫无批判意识的顺民。在他们看来，加拿大社会科课程在概念上越来越淡化培养学生成为积极公民的重要性，有些虽然在课程目标和课程设计上包括了一些积极公民养成的内容，但当进入真正课堂教学时却消失得无影无踪。加拿大新不伦瑞克大学社会科课程专家艾伦·希尔斯（Alan Sears）举了1995年发生在新不伦瑞克省的一个案例。当时学生们试图改变学校一些老化低效的规则，而学校则威胁学生说，如果他们在请愿书上签字，那么他们就会受到纪律处分。[1]由此可见，学生们在这种重压之下很难积极参与民主事务。

此外，当社会科课程触及历史教育、多元文化教育、全球化教育等议题时，一些争论更是接踵而至。面对种种质疑，更是可以清晰地洞察社会科课程的复杂性、整合性、交融性、政治性与敏感性。也许正如怀特（Ian Wright）在总结社会科课程概念时所言，"也许我们不应该定义'什么是社会科课程'，取而代之的应该去追寻'社会科课程应该发展成什么样子'"[2]。

因此，在本书中，社会科课程被描绘成如下"样子"：其研究对象是处在自然环境、社会环境、文化环境中的人；研究范围涉及社会科学、自然科学、人文学科等多学科、跨学科的知识整合；研究的目的是培养未来世界积极公民所必备的知识、技能、价值观；研究的核心在于如何使学生具有理性思考的能力，具备批判性思维，具有多元

---

[1] Wright, I., Sears, A. eds. Trends and Issues in Canadian Social Studies [M]. Vancouver, Pacific Educational Press, 1997: 23.

[2] Wright, I. Elementary Social Studies: A Practical Approach to Teaching and Learning (6th ed.) [M]. Toronto, Pearson Prentice Hall, 2005: 7.

文化主义情怀，具备在民主社会生活的责任与能力等。

二、国内关于国外社会科课程的研究

厘清何为社会科课程之后，笔者开始对本书的研究对象——加拿大社会科课程的国内外相关理论与实践研究进行梳理。

通过在中国知网进行检索后发现，我国目前共有 6 篇关于我国社会科课程的博士论文[1]，另有 3 篇讨论美国公民教育的博士论文[2]，由于美国中小学公民教育主要通过社会科课程实现，因此可以勉强把这 3 篇论文列入国外社会科研究。但严格意义上讲，我国目前没有 1 篇真正以国外社会科为研究对象的博士论文。由此可见，我国对西方国家社会科课程的研究极为欠缺。

在硕士论文中，由于社会科于 1916 年正式在美国诞生，其课程的理论基础与实践经验在很大程度上影响着世界各国的社会科课程发展，因此，我国关于国外社会科的研究对象国主要集中在美国。其中，一部分研究聚焦于社会科课程的基本原理，诸如发展历程[3]、课程结构[4]、课程标准[5]等研究；另一部分则着眼于社会科所涵盖的知识内

---

[1] 严书宇.社会科课程研究：反思与构建 [D].上海：华东师范大学，2004；王文岚.社会科课程中的公民教育研究 [D].兰州：西北师范大学，2004；段俊霞.我国中小学社会科课程统整研究 [D].重庆：西南大学，2009；任京民.社会科课程综合化的意蕴与追求 [D].上海：上海师范大学，2010；姚冬琳.多元文化教育视域下穗港台小学社会科教科书内容比较研究 [D].上海：上海师范大学，2012；郭慧君.小学社会科的品格教育研究 [D].上海：上海师范大学，2016.
[2] 付宏.从国家公民到世界公民：美国公民教育目标的转向 [D].武汉：华中师范大学，2011；聂迎娉.美国中小学公民学课程标准研究 [D].武汉：中国地质大学，2014；杜海坤.美国公民教育课程模式研究 [D].武汉：中国地质大学，2014.
[3] 卢珊.美国小学"新社会科运动"之研究 [D].上海：上海师范大学，2010；尹丽.美国小学社会科课程的历史嬗变及反思 [D].济南：山东师范大学，2014.
[4] 王晓艳.美国中小学社会科课程结构研究 [D].长春：东北师范大学，2011.
[5] 孙捷.美国基础教育社会科国家课程标准探析 [D].广州：华南师范大学，2003；刘宏福.美国"加州公立学校历史-社会课程标准（K-12）"研究 [D].上海：上海师范大学，2013；杨丹萍.美国社会科课程标准之新变化——关于新修订（2010 年版）的探讨 [D].上海：上海师范大学，2014；阿丽叶·哈力木拉提.美国社会科课程标准（2010 年版）简论 [D].上海：上海师范大学，2015.

容，具体包括公民教育[1]、历史教育[2]、公益教育[3]等研究。此外，还有一些关于美国各版社会科教科书的研究[4]，以期为我国社会科教科书的进一步完善提供有价值的参考。除美国之外，国内学界对于其他国家社会科课程的研究主要散见于一些专业硕士论文中关于中外（日本、韩国、英国、澳大利亚、印度）教科书的比较研究[5]。

关于国外社会科课程研究的学术文章在国别上与学位论文情况相似，主要聚焦于美国社会科课程研究，但在研究内容方面，学术文章触及的内容更为丰富。除了学位论文所涉及的研究范围，学术文章还将研究范畴扩展到：美国社会科课程目的、结构与形态的论争[6]、社会科教师角色[7]、教学原则[8]等研究，日本社会科在社会认识教育与公民资质教育这一中间地带的理论与实践探索，韩国社会科教科书中的国家形象与传统文化分析，新加坡社会科教育及公民参与的困境与出路等研究[9]。

[1] 吴田田.中美初中社会科公民教育比较研究［D］.南京：南京师范大学，2013；林一琦.美国中学社会科中的公民教育研究［D］.上海：上海师范大学，2015.

[2] 何千忠.论美国社会科中历史教育的目标及内容要素［D］.上海：华东师范大学，2010.

[3] 于希勇.美国社会科公益教育研究［D］.上海：华东师范大学，2008.

[4] 程夏.中美两国小学社会科教科书比较研究［D］.上海：上海师范大学，2009；徐娜.中美小学社会科教科书比较研究——以人教版《品德与社会》和哈特·米福林版 Social Studies 为例［D］.上海：上海师范大学，2010；金李花.哈罗德·拉格的社会科教科书研究［D］.上海：上海师范大学，2010；尹霞.美国小学社会科教科书中的文化内容研究［D］.上海：华东师范大学，2011；马天宝.美国社会科教科书探究——以 McGraw-Hill 2013 版《世界历史和地理》教科书为例［D］.上海：上海师范大学，2016.

[5] 陈晔.日本小学社会科教材分析及对我国《品德与社会》教材设计的启示［D］.长春：东北师范大学，2008；陆艺.中韩小学社会科课程标准比较研究［D］.扬州：扬州大学，2015；李妍.中英两国小学社会科课程标准比较研究［D］.扬州：扬州大学，2015；孔明英.中澳小学社会科课程标准的比较研究——以中国和新南威尔士州现行的小学社会科课程标准为例［D］.扬州：扬州大学，2015；黄伟.中印现行小学社会课程标准的比较研究——以小学中高年级为例［D］.扬州：扬州大学，2015.

[6] 李稚勇.美国中小学社会科课程的百年之争——美国社会科课程发展的生机与活力［J］.课程·教材·教法，2008（4）.

[7] 任京民.当代美国社会科教师角色论析［J］.教育科学研究，2009（1）.

[8] 任京民.美国社会科有效教学的原则及其实现［J］.外国中小学教育，2010（7）.

[9] ［日］池野范男.日本社会科教育的新理论与新实践——公民资质的培养能否成为社会科的目标［J］.全球教育展望，2010（2）；赵亚夫.日本学校社会科教育研究［M］.北京：北京师范大学出版社，2001；［韩］权五铉、沈晓敏.韩国社会科教科书中的国家形象透析［J］.全球教育展望，2010（11）；［韩］权五铉.韩国小学社会科教科书中的"传统文化"［J］.全球教育展望，2012（9）；［新加坡］沈文燕.新加坡社会科教育及公民参与：困境与出路［J］.全球教育展望，2010（2）.

相较于其他国家，我国对加拿大社会科课程的研究更是凤毛麟角，通过搜索Sprinerlink、Proquest、Sciencedirect、Eric、中国知网以及中国国家图书馆等电子资源库，笔者发现关于加拿大社会科课程的专题研究目前只有2篇硕士论文。其中，北京师范大学高春华的硕士论文《加拿大多元文化教育中的国家认同与族群认同问题研究——以安大略省小学社会科课程为例》用一个章节，以安大略省小学一至六年级的社会科课程为案例，从课程目标、课程内容和课程教学案例三个方面对国家认同与族群认同问题进行具体分析。[1] 扬州大学潘姣姣的硕士论文《中加小学现行社会科课程标准比较——以安大略省为例》从两国社会科课程标准演变、课程标准的框架结构、课程目标、课程内容等几个方面进行了比较分析，并为完善我国小学社会科课程标准提出了丰富社会科课程资源、加强跨学科沟通、运用多种评价方式、关注儿童个性发展等建议。[2]

除此之外，赵亚夫在《学会行动——社会科课程公民教育的理论与实践》一书以及相关文章中摘录了加拿大魁北克省小学社会科课程标准。[3] 胡军、刘万岑在《加拿大基础教育》[4]、郭艳芳在《国外小学社会科课程与公民教育初探》[5] 中也有零星的关于社会科课程的介绍。

正如有学者所指出的，我国对国外社会科课程的"比较研究范围主要集中在各国社会科课程的历史演变、教科书、教学的方法等等，基本上还处于各国课程实践状况的静态扫描。同时偏重于对各国社会

[1] 高春华：加拿大多元文化教育中的国家认同与族群认同问题研究——以安大略省小学社会科课程为例 [D].北京：北京师范大学，2010.
[2] 潘姣姣.中加小学现行社会科课程标准比较——以安大略省为例 [D].扬州：扬州大学，2015.
[3] 赵亚夫.学会行动——社会科课程公民教育的理论与实践 [M].北京：高等教育出版社，2004：293-298；赵亚夫.特色鲜明的加拿大家政课程 [J].外国教育研究，2005（7）.
[4] 胡军，刘万岑.加拿大基础教育 [M].上海：同济大学出版社，2015.
[5] 郭艳芳.国外小学社会科课程与公民教育初探 [D].北京：首都师范大学，2004.

科课程内容的分析，而缺乏对于课程的理念、课程的具体实施层面进行深入的多维度的比较研究与分析，以及哲学的、文化的、社会的、课程观的多角度透视"[1]。

三、国外关于加拿大社会科课程的研究

不列颠哥伦比亚大学教育学院一直是加拿大社会科课程研究的重镇。在加拿大社会科课程实践方面，2008年，不列颠哥伦比亚大学潘妮·克拉克（Penney Clark）与西蒙弗雷泽大学罗兰·凯斯（Roland Case）在为有志于成为加拿大中小学社会科教师的教育学院学生编撰的教科书[2]中，系统地介绍了加拿大社会科的理论基础、目的与手段以及实施策略。具体包括：内容知识、批判性思维、信息收集与报告、个人与社会价值标准、个人与集体行动、教学设计、学习资源、学生评价。除此之外，加拿大社会科课程的教师参考书还包括：不列颠哥伦比亚大学伊恩·赖特撰写的《小学社会科课程：一种实践方法》（*Elementary Social Studies: A Practical Approach*），阿尔伯塔大学约瑟夫·基尔曼（Joseph Kirman）撰写的《小学社会科课程》（*Elementary Social Studies*）。

在加拿大社会科课程理论方面，1997年，伊恩·赖特与新不伦瑞克大学艾伦·希尔斯（Alan Sears）组织一批加拿大社会科学者编写了《加拿大社会科课程的趋势与问题》（*Trends & Issues in Canadian Social Studies*），该书详细分析了加拿大社会科课程所涉及的历史教育、地理

---

[1] 严书宇.社会科课程研究：反思与构建［D］.上海：华东师范大学，2004.
[2] 参见：Case, R., Clark, P. The Anthology of Social Studies: Issues and Strategies for Elementary Teachers［M］. Vancouver: Pacific Educational Press, 2008; Case, R., Clark, P. The Anthology of Social Studies: Issues and Strategies for Secondary Teachers［M］. Vancouver: Pacific Educational Press, 2008; Sears, A., Wright, I. (Ed.). Challenges and Prospects for Canadian Social Studies［M］. Vancouver: Pacific Educational Press, 2004.

教育、多元文化教育、处于信息与科技时代的德育、全球化教育、法
律教育、和平教育、媒体教育、艺术教育等知识内容，并探讨了相
关理论问题。[1]2004年，该书在重新修订的基础上，又邀请一些学者
根据社会科课程的最新研究成果为新版本撰文，新书为《加拿大社
会科课程的挑战与展望》(*Challenges & Prospects for Canadian Social
Studies*)。新版本深化了关于加拿大社会科的历史研究，如潘妮·克拉
克撰写的《加拿大英语区社会科课程的历史语境》、西安大略大学史蒂
芬·莱维斯克(Stephane Levesque)撰写的《魁北克省社会科与历史
课程：一个历史视角》；与此同时，新版本在课程内容上也有所扩充，
如关于第一民族诸多问题的讨论、涉及性别问题的争论等。[2]

　　除了这些关于加拿大社会科的宏观理论研究外，一些学者致力于
相对微观的研究。不列颠哥伦比亚大学彼得·塞沙斯(Peter Seixas)[3]
多年来专注于社会科中历史学研究。塞沙斯认为，历史教育不能仅仅
依靠那些毫无选择的史料堆积，还需要整合历史意义、证据、连续
性与变化、原因与结果、历史视角、伦理维度六大核心要素，才有
可能真正使学生们具备历史思维。[4]不列颠哥伦比亚大学韦恩·罗斯
(Wayne Ross)[5]则是从批判主义视角切入社会科研究，他的研究触及

[1] Wright, I., Sears, A. eds. Trends and Issues in Canadian Social Studies [M]. Vancouver: Pacific Educational Press, 1997.
[2] Sears, A., Wright, I. (Ed.). Challenges and Prospects for Canadian Social Studies [M]. Vancouver: Pacific Educational Press, 2004.
[3] 参见：Wright, I., Sears, A. eds. Trends and Issues in Canadian Social Studies [M]. Vancouver, Pacific Educational Press, 1997; Seixas, P. A discipline Adrift in an "Integrated" Curriculum: The Problem of History in British Columbia Schools [J]. Canadian Journal of Education, 1994(19); Seixas, P. The Purposes of Teaching Canadian History [J]. Canadian Social Studies, 2002 (Winter); Stearns, P. N., Seixas, P. and Wineburg, S. eds. Knowing, Teaching, and Learning History: National and International Perspectives [M]. New York, New York University Press, 2000.
[4] Seixas, P., Morton, T. The Big Six: Historical Thinking Concepts [M]. Toronto: Nelson Education Ltd, 2013.
[5] Ross, W. The Social Studies Curriculum: Purposes, Problems, and Possibilities [M]. New York, State University of New York Press, 2014.

教师、民主、公民、全球化、第一民族、种族主义、反种族主义、性别、社会阶层、可持续性、社群、媒介素养、反思等一系列与社会科紧密相关且充满张力与批判性的内容。

第三节

生命历程法的理论与实践

一、生命历程法的前世今生

派纳在北美课程领域概念重建时期对"课程"（curriculum）一词进行了动词化的诠释，用"currere"来代替，并将其作为一种课程研究的自传方法加以运用。多年来，"currere"的概念和方法贯穿了派纳的整个课程理论，同时也随着派纳对课程研究的深入和发展而有所变化。[1]一方面，"currere"是课程（curriculum）的拉丁语词源，遵循派纳的理解，将其看作一个动词不定式——奔跑，而不是名词——跑道。对于这一意义上的"currere"，为了表现出其本身反对固化课程，强调课程动态性与发展性的特点，可以换一种新的中文译法加以表现，笔者将其译为"学程"。虽然"学程"这种译法也不甚理想，但至少"学"较之"课"，其动态含义更为明显。另一方面，

---

[1] 王永明.威廉·派纳课程理论的研究［D］.北京：北京师范大学，2015.

"currere"是一种通过教师对自身生命历程的回顾，唤醒教师的课程观，并阐释与改进教师实践的方法，它通过四个步骤或时刻（即回溯、渐进、解析、综合）得以实现。派纳由此勾勒出一条区别于实证主义，更加关注个体与自我的自传法研究路径，同时也为主体间的复杂对话、个体重构与社会重建创造了更大的公共空间。对于这一意义上的"currere"，则可以用"生命历程法"来意译。

关于"currere"一词的中文翻译，目前国内学界基本遵循"存在体验课程"[1]的译法。但若仅从中文表述来看，"存在体验课程"非常容易被理解为课程的一种形式，而非一种方法论。此外，"currere"一词本身的内涵也远比"存在体验课程"丰富。除了作为方法论，它也是对课程这一概念本身的重建，亦是一种以人为本的教师教育理念，更是整个概念重建运动的发起点与永动机。尽管国内也有相关研究对"currere"一词不做翻译，[2]但出于学术规范性以及"currere"作为本书一个重要研究方法等因素的考量，笔者在下文中将"currere"译为"生命历程法"，体现出通过传记对教师生活史进行研究，探讨教师与课程关系，从而促进教师自我反思的经验与历程。

由于运用生命历程法是本书的创新之处，同时也是研究加拿大社会科课程的突破口，因此，除了对其进行一般的定义之外，笔者在此希望探讨一些相关问题，具体包括：生命历程法产生于怎样的理论背景？如何具体操作生命历程法的四个步骤或时刻？随着理论与实践的推进，生命历程法这一概念的外延和内涵有何变化？等等。

---

[1] 参见：陈雨亭.教师研究中的自传研究方法——对威廉·派纳"存在体验课程"的研究［D］.上海：华东师范大学，2006.
[2] 参见：王永明.威廉·派纳课程理论的研究［D］.北京：北京师范大学，2015.

（一）理论基础——概念重建

在这里简单回顾北美课程领域从概念重建运动到后概念重建时期的理论发展历程，主要基于以下三点原因：第一，回答派纳的研究到底属不属于课程领域的问题。王永明认为，回答这个问题之前先要回答另外一个问题：派纳的课程理论是不是凭空产生的？有没有历史的源头和连续性？很显然，派纳是在深谙泰勒及其前后辈们课程理论的基础上对其进行批判与纠正的。此外，派纳的课程理论与杜威对直接经验的重视和民主理想的期待，与亚当斯（Jane Addams）的教育实践、与康茨（George Sylvester Counts）和拉格（Harold O. Rugg）等人的改造主义，与古德曼（Paul Goodman）、科尔（Herbert Kohl）、伊里奇（Ivan Illich）等人的激进主义，与休伯纳（Dwayne E. Huebner）、弗莱雷（Paulo Freire）等人的教育或课程思想都有着或深或浅的连续性。[1]第二，回答派纳的生命历程法（本书主要运用的研究方法）属不属于课程方法论的问题，并为生命历程法的创建从理论上进行背景铺垫。20世纪60年代末，派纳等人在北美课程领域展开了概念重建运动。以泰勒为代表的传统课程领域被重新建构，该领域的主要概念、研究方法、研究范式均因此产生了颠覆性的变化。"课程不是由学科（subject）组成的，而是由主体（subject）、主体性（subjectivity）组成的。课程的开展就是建构自我、建构主体性生活体验的过程。"[2]正是基于这样的课程理念，派纳重构"currere"，不仅将其理解为动词，而且创造出生命历程法，使其成为整个派纳课

[1] 王永明.威廉·派纳课程理论的研究［D］.北京：北京师范大学，2015.
[2] ［美］威廉F.派纳.自传、政治与性别：1972—1992课程理论论文集［M］.陈雨亭，王红宇，译.北京：教育科学出版社，2007：175.

程理论的核心，同时也奠定了概念重建运动的理论基础。第三，回答
北美概念重建运动与加拿大社会科课程的历史发展究竟有无关系的问
题。从学科结构运动时期开始，北美概念重建运动的风潮逐渐影响到
加拿大课程领域，而社会科课程作为一门由历史、政治、地理、公民
等学科组成的整合课程，其学科的天然属性便毫无疑问会留下概念重
建运动的痕迹。再加之泰德·青木（Ted T. Aoki）、范梅南（Max Van
Manen）等深入参与概念重建运动的加拿大教育学者们开始向加拿大
中小学社会科课程传递自己的课程理念，并开展社会科课程项目研
究，从而进一步助推了概念重建运动对于加拿大社会科课程的影响。

1. 北美概念重建运动的缘起与主张

20世纪60年代末至70年代初，一批课程学者对以泰勒原理占统
治支配地位的北美课程领域进行了根本性批判。泰勒原理最初被认为
是课程开发的一个理性方案，后来逐渐变为狭隘的行为主义原理，把
课程仅仅简化为目标和结果。北美当时的课程理论深受实证主义科学
观的影响，追求"技术理性"，把课程视为一种外在于学习者的东西，
认为课程就是为人们提供一种普适性的规则或规律，追求静态知识量
的增长和死记硬背能力的提高，是对以前课程原封不动的一种粘贴、
复制和翻版。在这种模式下，造出一个单面人，一个道德沦丧的人，
这种结果是非人性化的。[1]

1969年，施瓦布（J.J. Schwab）在《实践：课程的语言》中发表
了十年里攻击传统课程领域的第一篇文章，提出了三个指控：宣称课
程领域已经"岌岌可危"；认为课程领域之所以出现这种状况，是由
于"根深蒂固地、不假思索地依赖理论"；宣布课程领域将永远不会

---

[1] 转引自：王爱华.概念重建主义课程理论研究 [D].吉林：吉林大学，2009.

"复兴"，除非该领域的主要精力从理论的考虑转向实践、准实践和折中。[1]詹姆斯·麦克唐纳（James Macdonald）则提出课程领域工程学的危险：课程理论不是仅仅侧重于技术理性的规范，而是应该受到整个人类理性潜能的规范，既有审美理性也有技术理性。[2]事实上课程领域在十年后确实采纳了这个观点，即致力于理解课程——而不仅仅是开发课程。

派纳曾在《什么是概念重建?》一文中指出："'概念重建'一词来自麦克唐纳。我通过使用这个词汇来勾画出一幅关于这个领域曾经在哪里，现在在哪里，可能会走向哪里的图画。"[3]其本质上"就如这个词的字面定义所表示的——它持续不断地被重新定义，是一种认知者、认知过程和认知对象之间的辩证关系。它的主题特征必须并且将要通过它的参与者们的对话和学术成就来确认和建构"。[4]派纳将"概念重建"定义为一种变化，即美国课程领域在20世纪六七十年代里经历了深刻的变化，对该领域的主要概念、研究方法、地位以及该领域在更大的教育领域中的作用进行了根本性的概念重建。[5]

具体而言，"术语'概念重建'确切地描述了20世纪70年代在课程领域所发生的事情。这个领域正在从一个主要是非理论的、假的实用主义的（也就是狭隘的技术的）领域，转化为一个理论上有效、概念上自治的领域，并且最为重要的是，这个领域以各种渴望转变教育

[1] ［美］威廉·F.派纳，等.理解课程——历史与当代课程话语研究导论（上）［M］.张华，等译.北京：教育科学出版社，2003：169.
[2] 同上：173—174.
[3] ［美］威廉·F.派纳.自传、政治与性别：1972—1992课程理论论文集［M］.陈雨亭，王红宇，译.北京：教育科学出版社，2007：58.
[4] 同上：68.
[5] ［美］威廉·F.派纳，等：理解课程——历史与当代课程话语研究导论（上）［M］.张华，等译.北京：教育科学出版社，2003：12.

和学校教育的方式，系统地探究这二者之间的多维度现实"。[1]

　　保罗·克洛尔（Paul Klohr）曾与派纳一起参与对概念重建的主题因素进行理论化，并鉴别出后来被认为是"概念重建主义者"中共同的9个主题：（1）对人类以及他或她与自然的关系，采取一种整体的、有机的观点；（2）个体成为建构知识的主体，他/她是文化的创造者，也是文化的传播者；（3）课程理论家在很大程度上靠自身的经验基础作为其研究方法；（4）课程理论将前意识的经验领域视作主要来源；（5）他们理论的基础在于存在哲学、现象学和激进精神分析学，同时还汲取源于互有关联的领域如社会学、人类学和政治科学的人本主义的概念重建；（6）个人解放与更高层次意识水平的获得，成为课程开发过程中的中心价值所在；（7）多样化和多元性在社会目的以及计划达到这些目的的建议中得到褒扬；（8）支持政治、社会运作的概念重建是基本的；（9）开发新的语言形式以解释新的意义——例如隐喻。[2]

　　菲利普·杰克逊（Philip Jackson）就"概念重建学派"（reconceptualists）的共同特征作了三个方面的描述：（1）不满足于泰勒的基本原理；（2）采用折中主义的方法研究课程，例如心理分析理论、现象学、存在主义；（3）吸收和利用了马克思主义和新马克思主义的政治观点，关注种族和民族的不平等、女性主义、和平运动等问题。[3]

　　1978年，加拿大著名课程学者泰德·青木在《以新的曲调面向课程研究》（*Toward Curriculum Inquiry in a New Key*）中，以当时刚刚启

---

[1]　[美]威廉·F.派纳.自传、政治与性别：1972—1992课程理论论文集 [M].陈雨亭，王红宇，译.北京：教育科学出版社，2007：66.

[2]　[美]威廉·F.派纳，等.理解课程——历史与当代课程话语研究导论（上）[M].北京：教育科学出版社，2003：217-218.

[3]　[美]威廉·F.派纳.课程：走向新的身份 [M].北京：教育科学出版社：2008：导言Ⅳ.

动的不列颠哥伦比亚省社会科课程评估为例，[1]通过进行多重角度分析，提供了经验性分析、情境解释、批判性反思三大内容框架。最终，青木与范梅南一起选择了情境解释研究取向，创建了以现象学为文本的理解课程，从而推动了加拿大课程领域的概念重建运动。[2]至此，范梅南在阿尔伯塔大学继承了荷兰乌特勒支学派的现象学教育学研究传统，在重新阐释传统的同时，也创造性地形成了阿尔伯特学派。

1985年青木在蒙特利尔召开的加拿大课程研究协会（Canadian Association for Curriculum）会议上对课程领域提出了四点问题：第一，提出技术取向在课程领域的盛行源于工具理性；第二，探寻课程作为一门人类研究的原始依据；第三，质疑在课程理解中呈现出的认识论大于本体论的考量；第四，质疑基于课程研究领域中假设的充分性。[3]

对此，派纳也承认："概念重建描写了各个课程专家进行研究的顺序的一个基本转变——范式转变——而形成与传统领域相反的统一的联合体。因为'概念重建'一词在本质上是历史性的，它的适应性就有局限……这个领域将固定在哪里，以及构成下一个重要范式的是哪些东西，这都是有待回答的问题。"[4]正如盖勒·坎内拉（Gaile S. Cannella）所认为的，批判性的概念重建是一个持续的、永无休止的过程。这一运动永远追求完美，概念重建的问题从来没有圆满的答案。[5]同时，"就像后结构主义是对结构主义的直接反应一样，后概念

[1] Pinar, W.F. Curriculum in a New Key: The Collected Works of Ted T. Aoki [M]. New York: Routledge, 2009: 96-98.
[2] 蒋开君.走近范梅南[M].北京：北京师范大学出版社，2014：95.
[3] Pinar, W.F. Curriculum in a New Key: The Collected Works of Ted T. Aoki [M]. New York: Routledge, 2009: 31.
[4] [美]威廉·F.派纳，等.理解课程——历史与当代课程话语研究导论（上）[M].张华，等译.北京：教育科学出版社，2003：229.
[5] [美]威廉·F.派纳.课程：走向新的身份[M].陈时见，潘康明，等译.北京：教育科学出版社，2008：155.

重建也因概念重建运动而生"[1]。

2. 后概念重建过程中的国际化探索

承认特有的学科历史和国际语境，在某个主题具有可识别性是学科化的主要手段。[2]如果说概念重建时期派纳的重心在于重新构建课程领域的历史，提出与传统相异的课程理念与课程方法，那么后概念重建时期，派纳的重点则移向课程国际化，意在推动全球范围的课程民主化。"珍妮特·米勒（Janet Miller）提出课程研究的'世界性'（worldliness）说服我在20年之后离开路易斯安那州立大学接受课程领域加拿大研究主席一职。随着联邦研究基金的支持，加之摆脱了对国土安全事务方面的关注，我得以在巴西、中国、印度、墨西哥和南非这些与众不同的国家继续从事课程研究领域的复杂对话。"[3]

2003年，派纳在《国际课程研究手册》（*International Handbook of Curriculum Research*）中提出，"后概念重建"带来"下一场运动"。比如，近年来全球化背景下的美国公立教育不断处在"被改革"的状态，这些改革都是合理的吗？存在哪些问题？派纳从后概念重建主义课程研究的视角，对这些问题进行了反思，质疑了经济学对教育研究和课程研究领域的侵蚀，揭示出"技术中心主义"对美国公立学校教育的危害，在此基础上提出深化课程研究的必要性和紧迫性。[4]

在2005年召开的贝加莫会议上，派纳宣称课程领域的许多主要研

---

[1] Morris, M. Back Up Group: Here Comes the (Post) Reconceptualization [J]. Journal of Curriculum Theorizing, Winter 2005, 21(4): 3.

[2] Pinar, W.F. Educational Experience as Lived: Knowledge, History, Alterity [M]. New York: Routledge, 2015: 37.

[3] Ibid.: 7.

[4] ［美］威廉·F.派纳.公立学校教育的"终结"和范式转换——美国课程研究的境遇与回应 [J].全球教育展望，2013（6）.

究范畴已经进入后概念重建主义时期。[1]2006年，普渡大学（Purdue University）埃里克·玛勒维斯基（Erik Malewski）领导的新一代年轻的课程学者开创了一个崭新的"后概念重建"学术性知识领域的集中地，并积极倡导后概念重建运动。年轻一代的课程学者对诸如双性恋、全球恐怖主义、侵略、战争等边缘性问题的探讨与研究更为深刻。[2]

近年来，派纳将课程研究的国际化作为后概念重建的重要内容。其实，在概念重建运动时代，派纳已经开始把课程理解为国际文本，但在《理解课程》的第14章只是进行了简要介绍。随着全球化的不断深入，加之对全球化时代社会、经济、政治、文化特征的反思，派纳意在建构与全球化时代相适应的新的课程理论。

当然，课程研究的国际化并不强求"统一性"。派纳认为，课程研究的国际化并不意味着标准化与统一化，更不会变成美国化。因为根据目前的状况以及将来可预见的发展，课程的调查研究是以国家为界进行的，并且常常要利用国家的政策及权力进行传达，因此它必然常有国别特征。[3]从2003年开始，派纳开始专注于课程国际化研究，特别是那些母语为非英语国家的课程研究，包括美洲的墨西哥、阿根廷、巴西，欧洲的爱沙尼亚、法国、意大利、荷兰、挪威、罗马尼亚，亚洲的中国、以色列、日本、韩国、菲律宾、马来西亚，非洲的博茨瓦纳等国。[4] "在过去的八年（2008年至2015年），我通过自我报

[1] Morris, M. Back Up Group: Here Comes the (Post) Reconceptualization [J]. Journal of Curriculum Theorizing, Winter 2005, 21(4): 3.
[2] 王爱华.概念重建主义课程理论研究 [D].吉林：吉林大学，2009.
[3] 沈岚霞.威廉·派纳与课程的概念重建主义运动 [D].上海：华东师范大学，2004.
[4] Pinar, W.F. International Handbook of Curriculum Research [M]. New Jersey: Lawrence Erlbaum Associates, Inc., 2003, Introduction.

告和国际对话在五个国家进行课程研究。在项目的第一阶段，我采访了一些参与该项目的学者，了解关于他们的学术生活史以及个人在该领域的投入。项目的这一阶段——我概况为'位于自我'（situating-the-self）——使我们认识到'其他'是'来自'哪里的。在第二阶段，参与项目的学者们撰写文章勾画出他们各自国家课程研究的知识史及现实环境，强调他们自己的参与和研究。在第三阶段，国际专家组成员针对他们的文章提出问题；我总结并对这些交流互动作出评论，与参与者分享这些信息，请求他们参与评价并在结尾发表评论，进行'总结陈词'。"[1]

通过以上简单梳理可以看出，北美课程领域经历了迅速且相当彻底的概念重建，课程可以被理解为历史文本、政治文本、种族文本、性别文本、现象学文本、后结构主义文本、后现代主义文本、自传文本、美学文本、神学文本、制度文本、国际文本以及其他主要的学术性分支。派纳则于1988年宣布概念重建已经完成。[2]随着后概念重建的起势，课程研究的领域开始逐步扩大，课程被理解为精神分析学文本、文化研究文本、记忆文本、生态学文本、宇宙学文本等[3]，具有当下性、未完成性、开放性等特点，其关注的焦点也日益呈现多元化的趋势。后概念重建者所作的尝试与努力也表明：课程研究的概念重建具有重要的历史性意义，它不断地丰富着原有的课程话语，为课程发展提供生命源泉，推动着课程领域的可持续发展，也预示着未来概念

---

[1] Pinar, W.F. Educational Experience as Lived: Knowledge, History, Alterity［M］. New York: Routledge, 2015: 39.

[2] 转引自：徐文彬, 孙玲. 课程研究领域中概念重建运动的新近发展与趋势［J］. 比较教育研究, 2007（10）.

[3] Morris, M. Back Up Group: Here Comes the (Post) Reconceptualization［J］. Journal of Curriculum Theorizing, Winter 2005, 21(4): 4.

重建的可能方向。[1]

派纳在2015年根据学科结构的垂直状态（verticality）与水平状态（horizontality）两个维度建构起自己的课程研究体系。"其中，第一个学科结构是垂直状态，我指示的是学科的学术史。……垂直性记载了构成复杂对话的思想，这便是课程研究。当然，没有课程对话，便不存在共同的历史。此外，课程对话很难在一个隔音的房间内不受外界干扰地开展。这个领域之外发生的事件——国家历史、文化转型、政治事件，甚至是具体的机构设置——影响着我们彼此的对话以及与学校其他同事的对话。所以当我定义垂直性作为学科知识史时，历史需要持续关注那些产生思想的外部环境。"[2]第二个学科结构是水平状态，课程国际化便包含其中。"水平状态不仅是指该领域当下的学术发展的整套环境——如今组成学科对话的概念——同时也受到社会和政治环境的影响，所有这些都建构着整套学术环境。对该领域'外部'情况的研究补充着持续关注领域内的知识史。"[3]与此同时，派纳强调，在学科结构中，水平状态与垂直状态相互交错。[4]生命历程法正是在学科结构的垂直状态下应运而生，又在水平状态下顺势发展。

（二）研究方法——从生命历程法到寓言

经历了多年角逐，关于量化研究与质性研究孰优孰劣的争论越来越显得浅薄且缺乏意义。近年来，混合研究法的兴起更是淡化了这些

[1] 徐文彬，孙玲.课程研究领域中概念重建运动的新近发展与趋势［J].比较教育研究，2007（10）.
[2] Pinar, W.F. Educational Experience as Lived: Knowledge, History, Alterity ［M]. New York: Routledge, 2015: 38.
[3][4] Ibid: 39.

论争。研究者们逐渐达成共识，量化与质性各具特色，不分伯仲。通过量化研究可以寻求应用于不同社会、不同文化的教育现象中的普遍规律；借助质性研究能够提供丰富、深刻、翔实的描述，并对复杂的现象进行分析、解读和解释。因此，选择量化研究还是质性研究主要是出于研究者的哲学假设、推论逻辑与学术偏好，出于研究本身所需要的最为适合的研究方法，出于研究对象的复杂程度与历史文化背景，出于研究的可行性与有效性等因素。

具体到课程领域，充斥着技术性的课程研究是当前的普遍现象，在相当长的一段时间里，人们把课程当作学校中的技术问题，也就是一批课程论和学科的专家学者共同研究如何设置某门课程，研究该课程应该具有什么样的内容和体系，等等，因而课程更多地被定位为一个单纯的技术问题。[1]这些研究主要采取"科学教育学"的取向，用自然科学的范式来研究教育现象，将衡量研究结果的标准放在方法的使用上，追求研究的"客观性""可重复性"和"可推广性"。[2]

然而，教学实践具有复杂性、不确定性、不稳定性、独特性和价值冲突性的特点。[3]如舍恩所言，"在实践的不同地形中，有块干爽坚实的高地；实践者可以在那里有效地使用基于研究的理论与技术；不过，同时也存在着一片湿软的洼地，那里的情境是令人困扰的'混乱'，技术的解决之道是行不通的。而困难的是，高地上的问题（吸引了技术的旨趣），通常是对社会或当事人相对较不重要的；而在低洼湿地中的问题，却更为人们所关切。那些处于低洼之处工作的人，

---

[1] 陶西平.21世纪课程议程：背景、内涵与策略 [J].比较教育研究，2016（2）.
[2][3] 陈向明.教育改革中"课例研究"的方法论探讨 [J].基础教育，2011（2）.

当被人问及他们的探究方法时，他们总是说靠经验、尝试错误、直觉及摸爬滚打来应对问题"。[1]

对于比较教育学科而言，能够在对象国进行实地考察是最理想的研究方式。鉴于笔者有幸赴加拿大学习、调研一年半，为了使研究更加深入，本书将更为关注"低洼湿地"中的人与故事，因此质性研究将成为本书的研究范式，主要运用派纳的生命历程法，通过复杂对话洞悉小学社会科课程教师的自我成长，从而更好地理解加拿大社会科课程的理论与实践。

当然，生命历程法并不是本书采用的唯一方法，"从完全不同的理论立场出发，应该采用不同的探究方法。比较教育研究如果真能阐明问题，并真正有用，它就不能只是保守地停留在一种单一学科上"[2]。因此，除生命历程法之外，本书上篇运用文献分析法、比较历史法，下篇采用参与式观察法、生命历程法与社会制图学，这些研究方法将在各个章节予以具体介绍。

1. 生命历程法的诞生

重新释义课程领域的核心概念是北美概念重建运动的重中之重。传统课程观中的"课程"（curriculum）一词，从词源学的角度看，其含义是在"跑道"（race course）这一原始意义上生发出来的。作为名词的"课程"，通常被界定为来自外部的经验、目标或材料[3]，从而忽视了个体的感知、体验与思想。

有鉴于此，派纳提出，在这里，"课程"已不是"curriculum"，而

---

[1] [美]舍恩.反映的实践者 [M].北京：教育科学出版社，2007：35.

[2] [英]贝磊等.比较教育研究：路径与方法 [M].李梅，主译.北京：北京大学出版社，2010：66.

[3] 如课程即教学科目、课程即有计划的教学活动、课程即预期的学习结果、课程即学习经验、课程即社会文化的再生产、课程即社会改造等。参见：施良方.课程理论——课程的基础、原理与问题 [M].北京：教育科学出版社，1996：3-7.

是回归到该词的拉丁文词根"currere"。派纳认为将"currere"理解为一个动词更合适，强调围绕跑道"跑"这一动态过程。[1]同时，这也是一个个体体验的过程，课程是可以体验、实施、重建的。[2]这便为教师和学生参与课程提供了一个方法，使他们可以研究学术知识与符合自我理解和社会重建生活史之间的相互关系。[3] "作为动词的'currere'使课程变成一种复杂多元对话，对话者们不仅仅谈论他们自己，也谈论那些不在场的人；不仅仅谈论他们可能正在研究的历史人物和无名的人物及地点，也谈论活着的和死去的政治家和父母；更不用说谈论着他们已经经历的、正在成长着、未来可能成为的那个自我。教育需要主体性，从而可以进行对话，使其变得具体，变得真实。主体性的教育机构并未消失，却被照本宣科的课程和标准化考试带来的强令的一致性取代。"[4]

20世纪70年代初期，派纳和玛德莱娜·格鲁梅特（Madeleine R. Grumet）将生命历程法引入自传课程理论，借助学生和教师可以研究学术知识、生活史及主观意义之间关联的方法，详细阐述了生命历程法。[5]从此生命历程法开始强调个体对其"自传"进行"概念重建"。

---

[1] 也有学者对这种动态理解提出质疑，如特伦斯·R.卡森追问："沿着这样破碎的课程之路跑出来的人是个什么样的人。我们可以大胆地说，以这样的方式造就出来的人，极有可能是一个孤独、自私自利的人，一个受个人利益驱使、可能对社会的要求表现出反感、对不得不回应迈克尔·伊格纳蒂耶夫称为的'陌生人的需要'感到不快的人。这种人一定坚信世界是一个不确定、不安全、充满危险的地方；要想在这样一个世界拼出一条路来，人人得具备必要的、令自己能在未来这个杀机四伏的疆场驰骋的技能、知识和品质。自私自利的人对自己的成败得失背负着千斤重担；他/她获悉前面有一系列可供选择的职业，但同时又懂得那些职业均有其不稳定和内在的不安全因素。新经济和全球职业与市场竞争意味着每个人都不能指望在任何一个地方安居乐业。这样一个人只不过是他/她碰巧暂时寄居的那个地方——在该地方此人与较大的集体之间只有极少的联系——名义上的公民而已。除此之外，他/她还能是什么？"参见：[加]乔治·H.理查森，大卫·W.布莱兹.质疑公民教育的准则[M].郭洋生，邓海，译.北京：教育科学出版社，2009：18-19.

[2] Pinar, W.F. The Character of Curriculum Studies: Bildung, Currere, and the Recurring Question of the Subject [M]. New York: Palgrave Macmillan, 2011: Preface.

[3] Pinar, W.F. What is Curriculum Theory? (Second edition) [M]. New York: Routledge, 2012: 44.

[4] Ibid.: 43.

[5] Connelly, M.F. The Sage Handbook of Curriculum and Instruction [M]. California: Sage Publications, 2008: 498.

具体到派纳的理论体系中，生命历程法是一种教师教育研究的方法论，也是一种"派纳式"的自传研究法。派纳在1974年和1975年的几篇论文——《生命历程法：走向概念重建》《探寻一种方法》《自我与他人》《方法》——创造了生命历程法的概念和方法，奠定了其基本框架和内涵。[1]

为什么派纳要通过这种自创的方法来研究教师与课程？一方面是源于他受到精神分析学、存在主义、现象学、意识流小说、后结构主义等思想流派的影响，以及荣格（Carl Gustav Jung）、弗洛伊德（Sigmund Freud）、萨特（Jean Paul Sartre）、尼采（Friedrich Wilhelm Nietzsche）、加缪（Albert Camus）、克尔恺郭尔（S.A. Kierkegaard）、胡塞尔（Edmund Husserl）、海德格尔（Martin Heidegger）、伍尔夫（Adeline Virginia Woolf）、福柯（Michel Foucault）等思想家的启发，加之内心对个体生命的极度推崇、对个体体验的切身感悟以及对个体反思的高度重视。派纳坦言："生命历程法为研究个体的体验以及社会环境对这种体验的影响提供了机会。它寻求描述和反思性地理解社会环境和主体的过去对个体现时的教育体验所产生的影响。与传统教育研究的经验分析范式相比，生命历程法回归个体的经验，寻找使他们不足以思考主流行为科学的那些特质：对环境的依赖性以及选择和行动中的自主能力与才智。"[2]另一方面是源于派纳对课程领域中工具主义、技术主义、标准化考试、分数至上、问责制等现状的深恶痛绝，而这也贯穿于派纳的整个学术生涯。在2015年的最新著作中，派纳通过回顾加拿大公共知识分子乔治·格兰特（George Grant）的生活细节，总

---

[1] 王永明.威廉·派纳课程理论的研究［D］.北京：北京师范大学，2015.
[2] ［美］威廉·F.派纳，等.理解课程——历史与当代课程话语研究导论（上）［M］.张华，等译.北京：教育科学出版社，2003：435.

38

结出他对于科技化和现代化进行批判的关键要素。"科技对于格兰特而言，是一种形式的盲目崇拜，用物质代替灵性，干扰我们的对话际遇（dialogical encounter）——通过面对面的交流的主观存在——使我们转移进入屏幕，在那里我们被迫遵循由可以产生利润的商业实体创造的节目，在头脑里毫无自由。虽然不是技术恐惧者，但格兰特已经清楚地认识到，在现代信仰中技术已经取代宗教，切断了我们从历史性精神层面去追求人类卓越的渴望。"[1]聚焦到教育领域，派纳尖锐地指出："在美国的学校改革中，呈现在教室里的总是前沿技术，而并不是一种教学法，却能彻底地牟取暴利，而且通过修改相关法令近年来这种情况已完全合法化。推测起来，为了实施《不让一个孩子掉队法》，小布什启动问责制方案，使畸形的教育机构逐步商业化，正是美国贫困学校改革失败的最佳例证。"[2]同时，派纳更是疾呼：数字化教学意味着教育的消逝，因为课堂完全忽视个体教育者的智识辨别力，而教育的终结则预示着美国民主的失败。[3]基于此，"为了强调教育是通过学术探讨而完成自我塑造的一个概念，我设计出生命历程法的方法"[4]。

2. 生命历程法的四个步骤或时刻

20世纪70年代，基于对传统教育将人性扭曲的反思，[5]派纳系

---

[1] Pinar, W.F. Educational Experience as Lived: Knowledge, History, Alterity [M]. New York: Routledge, 2015: 64.

[2] Ibid.: 71.

[3] Pinar, W.F. What is Curriculum Theory? (Second edition) [M]. New York: Routledge, 2012: 43.

[4] Ibid.: 44.

[5] 派纳在1972年撰写了《健全、疯狂与学校》一文，揭示传统学校教育扭曲人性的12种表现：幻想生活的过度膨胀或萎缩；由于模仿他人而使自我分裂，或使自我迷失于他人之中；依赖他人，且自主性的发展受到禁锢；受他人批评，且自我怜悯消失；附属性需要受到挫折；自我的疏离，且疏离的自我影响了个性化过程的进行；自我导向的人格沦为他人导向的人格；自我迷失，且将外在自我内化于己；将压迫者内化于己；虚假自我体系的扩展；由于学校群体的非个性化而使真实的个性遭到异化；由于得不到肯定而使人格萎缩；审美知觉能力萎缩。转引自：张华：经验课程论 [M].上海：上海教育出版社，2000：130-131.

统地确立了生命历程法，对当时美国中小学教育状况和课程研究状况进行批判。1975年，他提出生命历程法的四个步骤或时刻（step or moment）——回溯（the regressive）、渐进（the progressive）、解析（the analytical）、综合（the synthetical）。[1]

"在回溯步骤或时刻，我试图重新经历过去'有生命的（lived）'存在经验。"[2]派纳假设一个人的生活或存在经验是"数据源"。为了生成"数据"，我们自由地联想，遵循心理分析的技巧，回忆过去的教育经历，扩展——从而转变——我们的记忆。这个阶段的要点是观察过去的运作。[3]所谓的过去是指与个体教育经历产生关联的一切生活、地点、人物、事件，尤其是那些能够对今后自我教学或学习产生直接且深刻影响的经验。因为，每个个体的教育经验在任何特定的时刻都位于当时的历史和文化中，总是处于一种极其有意义的方式，在这种情形下通过课程完成自传式的表达。传记情形（biographic situation）暗示着遵从过去情境的具有生命意义的自我重建，这个意义包含着也许尚未明确表达的过去、当下以及可能的预期未来之间的矛盾。[4]值得注意的是，派纳提出的教育经验完全超出了"过去""现在""未来""课上""课下"等时间概念以及"校园""教室""社区"等空间概念。

在渐进步骤或时刻，派纳向前看，期待现在尚未存在的情境。他注意到未来——像过去一样——栖居于现在之中。借助冥想，在生命历程法情境中的学生逐步想象可能的未来，包括恐惧以及幻想的

[1][2]　Pinar, W.F. What is Curriculum Theory? (Second edition)［M］. New York: Routledge, 2012: 45.

[3]　［美］威廉·F.派纳.自传、政治与性别：1972—1992课程理论论文集［C］.陈雨亭，王红宇，译.北京：教育科学出版社，2007：16.

[4]　Pinar, W.F. What is Curriculum Theory? (Second edition)［M］. New York: Routledge, 2012: 45.

满足。个体对于当下已经形成的自我具有重要意义，通过同事和学生等同时代人的学术知识而研究自我。如同过去一样，未来浸润在文化情境之中，但对幸福的渴望不仅具体到个体和他或她的家族历史，同时也融入了国家历史和文化等元素。[1]派纳提醒，在这个步骤或时刻需要更进一步，在关照过去的同时对未来进行"自由联想"（free association）。"既然我们的兴趣是教育经历，所以要轻轻地把注意力拉回到与你的理智兴趣有关的事情上，并允许你的心灵自由联想。记录下想起来的东西。试着辨别你的理智兴趣的所到之处，这些萌发着的兴趣和你的私人生活之间、这两者与展开着的历史情境之间的关系。"[2]

　　解析步骤或时刻的主要任务是批判的反思，目的是揭示过去、现在和将来之间的主体关系。生命历程法的解析正如现象学中的"悬置"一样，一个人与自己的过去及未来保持距离，从而给予现在更多的自由。"我们尝试着识别出过去如何自然存在于当下以及未来的幻想中，其中一项工作便是理解文化和历史怎样已然将主体性特征具体化。"[3]派纳强调，这里的解析完全不是出于为了达到公共绩效指标的自查，主体性生活中显露出的自我戏剧化已经成为一种社会景象。在这个步骤或时刻，生命历程法的特点通过与日常生活接触得以加强，主体则经过跨越时空的再建构再解析得以完善。

　　派纳通过对"综合"（synthetical）一词进行词源学分析揭开了生命历程法的最后步骤或时刻，"从词源上讲，'syn'的意思是'一

---

[1] Pinar, W.F. What is Curriculum Theory? (Second edition)［M］. New York: Routledge, 2012: 46.

[2] ［美］威廉·F.派纳.自传、政治与性别：1972—1992课程理论论文集［M］.陈雨亭，王红宇，译.北京：教育科学出版社，2007：18.

[3] Pinar, W.F. What is Curriculum Theory? (Second Edition)［M］. New York: Routledge, 2012: 46.

起'（together），'tithenai'的意思是'到场所'（to place），即重新进入有生命的当下"[1]。在所处的历史和自然世界仔细倾听自我的内在声音，"当下的意义何在"？综合步骤或时刻加强了对他者的内在表达，对此，自传性课程理论的代表人物玛丽·多尔（Mary Doll）诗意地表达："课程也是……一种奔驰，像电流一般。课程理论者的工作传递着课程内部通过人内心的强大电流，从而点燃或赋予个体能量来源以新的生命。"[2]在这里，自我学习成为重建公共服务。派纳总结说："将它联成一体。所有的一切——智力、情绪、行为——通过身体并在身体内发生。正如身体是一个具体的整体，在身体内和通过身体发生的一切也应该成为一体，有意义地统合在一起……适当地运用头脑，我形成当前情境的概念。"[3]

纵观四大步骤或时刻，生命历程法要求"扩大个体记忆的内存，聚焦对未来的想象，同时理解历史背景和当前现状，使研究行为不仅仅局限在课堂中，这四个步骤指向关于教育经验的自传研究中的瞬时结构。实际上，它们是在描绘教育经验中那些瞬时结构的形成与特征。通过对学术知识和生活体验进行主体性重建，能够如同识别我们私人定制的方式一样来理解公共世界"[4]。换言之，生命历程法寻求探清学术研究对于理解某人生活作出的贡献，反之亦然，此外还要探寻两者如何在社会、政治与文化中相互覆盖。对此派纳坦言，"由于受到女性主义理论和文学理论的影响，在这层意思上，生命历程法也是

---

[1] Pinar, W.F. What is Curriculum Theory? (Second Edition)［M］. New York: Routledge, 2012: 46.

[2] Ibid.: 47.

[3] ［美］威廉·F.派纳，等.理解课程——历史与当代课程话语研究导论（下）［M］.张华，等译.北京：教育科学出版社，2003：542-543.

[4] Pinar, W.F. What is Curriculum Theory? (Second edition)［M］. New York: Routledge, 2012: 45.

一种文化批判的形式"。[1]

此外，早在1975年派纳便对生命历程法的内涵做出了清晰的说明：生命历程法在本质上是时间的和概念的，它的目标是培养一种超越时间和超越概念的发展观。从一个角度来说，这种方法是自觉地将时间概念化；从另一个角度说，它是通过时间来观察被概念化的事物。所以我们希望探索时间和概念之间的复杂关系。在这样做的过程中，我们或许能够揭示它们与自我、自我的演化和教育之间的关系。[2]这四个步骤或时刻既可以同时应用，也可以只运用其中的一部分，每一个阶段都有不同的侧重点。

3. 生命历程法的延续——寓言

近年来派纳在生命历程法的具体操作上进行了明显转向。"我已经调整了自传方法的研究重点，从自我研究到通过学术知识表达自我，它指向外部世界，也源于外部世界。"[3]的确，生命历程法在派纳笔下已被运用得炉火纯青，意大利著名电影导演皮埃尔·帕索里尼（Pier Pasolini）、美国第一位获得诺贝尔和平奖的女性简·亚当斯（Jane Addams）、美国当代最重要的教育思想家之一玛克辛·格林（Maxine Greene）以及乔治·格兰特等知识精英都成为派纳的研究对象。[4]通过分析这些著名知识分子的过去、现在、未来以及他们的生活经验和学术知识，派纳使其倡导的"课程即复杂对话（complicated conversation）"与生

---

[1] Pinar, W.F. What is Curriculum Theory? (Second edition)［M］. New York: Routledge, 2012: 45.

[2] ［美］威廉·F.派纳.自传、政治与性别：1972—1992课程理论论文集［M］.陈雨亭，王红宇，译.北京：教育科学出版社，2007：11-12.

[3] Pinar, W.F. The Character of Curriculum Studies: Bildung, Currere, and the Recurring Question of the Subject［M］. New York: Palgrare Macmillan, 2011: xiii.

[4] 参见：Pinar, W.F. Educational Experience as Lived: Knowledge, History, Alterity［M］. New York, Routledge, 2015; Pinar, W.F. The Character of Curriculum Studies: Bildung, Currere, and the Recurring Question of the Subject［M］. New York: Palgrave Macmillan, 2011; Pinar, W.F. The Worldliness of a Cosmopolitan Education［M］. NewYork: Routledge, 2009.

命历程法在研究教师时形成有机统一。一方面，正是在生命历程法之下，教师才有可能进行复杂对话，才有可能在历史与文化语境下构筑个体主体性并完成公共服务；另一方面，复杂对话又为生命历程法提供了研究对象与实现路径。个体与自我、个体与他者、他者与他者、个体与群体、个体与社会、个体与世界之间的关于有生命的生活、学术性知识、个体成长与反思等内容的复杂讨论使生命历程法可以完成个体的反思性重构与社会的历史性重建的使命。概括来说，在一定程度上，可以说复杂对话与生命历程法不分彼此，你中有我，我中有你。

如果说40年前派纳将生命历程法引入课程领域是出于对当时美国课程开发从根本上变得程序化和系统化，始于目标确立，终于评估结果，教学完全沦为执行过程以及完全失效的教师教育的不满，那么40年后"寓言"（allegory）的引入则是派纳对于全球化加速教师与课程标准化趋势以及美国已完全由课程改革沦为"学校畸变"（school deform）的痛心疾首。派纳认为，标准化考试渐渐破坏了那些有生命力的口头语言（课堂是按照一个公共广场去定义）和内心对话（在自己内心空间进行）之间的链接。"课程设想成对话，邀请学生们邂逅自我以及他们栖息的世界，从而通过学术研究、学术知识、流行文化、日常经验来占据它们，所有这些都通过自身生活经验这条线贯穿起来。然而，在标准化考试中最被看重的考试分数砍断了这条线。"[1]

基于此，2012年，为了更好地帮助教师自我成长、自我反思，更好地将复杂对话作为教师教育与课程研究的核心，派纳将研究重点转向"寓言"这一概念。"我们如何才能恢复学生的暂存感——对于过

---

[1] Pinar, W.F. Educational Experience as Lived: Knowledge, History, Alterity [M]. New York: Routledge, 2015: 30.

去凌厉的感知，能够识别当下，预兆未来——通过与学生们的复杂对话使之成为学校的课程？我的答案是寓言，一个概念赋能我们去理解、参与、主观地处于此境且理解历史的课程开发与设计。"[1]与最初研究生命历程法时一样，派纳从"寓言"的词源学意义入手，"寓言是一个古老的概念，意味着'在集会上公开讲话'"。寓言在学科谱系学中最重要的一点便是它的教育学及交际的属性。[2]寓言讲述一个具体的故事，背后暗含着更普遍的意义。它的人物角色同时具备特殊性和象征性，并伴随着历史感和元历史，甚至是神话学。寓言地理解课程可以自觉地融合过去与现在，穿越个体的主观性。

为何派纳选中"寓言"作为自己教师教育方法论得以延续的核心概念？其一，寓言本身蕴含着教育意义，认可学术知识对于其自身的重要性，这完全符合派纳对于依靠学术性知识建构个体生活体验的追求；其二，寓言强调个体生活由庞大的影响圈建构：从家庭、朋友到各位公民，所有人赋予文化以人性，作为社会的象征，并使历史具体化，这点满足了派纳对于自传外部延展性的需求；其三，"我之所以认可寓言这个概念，是因为它处于历史以及其所呈现问题的最前沿，这些成为通过研究理解自我与社会的核心"[3]。也就是说，寓言的展开不光是向外的，同时也有自我的内省，正如寓言引起的关于科学的反思，不仅仅涉及那些各具特色的思想文化史及当下情境所支持的特定学术科目，也涉及合乎公众利益的社交。

从生命历程法到寓言，过去、现在、未来这组时空概念始终萦绕在派纳心头："我认为未来并不在当下而是在过去"[4]，"如果我们沉浸

---

[1][2]　Pinar, W.F. Educational Experience as Lived: Knowledge, History, Alterity［M］. New York: Routledge, 2015: 27.

[3]　Pinar, W.F. What is Curriculum Theory? (Second edition)［M］. New York: Routledge, 2012: 52.

[4]　Ibid.: 49.

于当下,我们便不能发现未来"[1]。派纳不断强调过去对于现在与未来的重要性,"寓言正在把过去带入当下,残酷地拒绝两者的融合会引发内在于历史情感的'创造性冲突'(creative tensionality)。这样的感觉能使我们聚焦到细节,而不忽略它的历史缘由和其中的关联"[2]。由此可以看出,在派纳眼中,寓言包含着相似(resemblance)与差异(difference),包含着历史普遍性与历史特殊性。[3]当然,在重视"过去"的同时也不可忽略"现在"的地位,"当下是复杂对话之天籁(sounds),在这里,教师是课程计划与有生命的课程、国家与民众、历史与文化之间的桥梁"[4]。通过学术知识表达一个人的主体性是如何将有生命的课程与课程计划相连接,如何充分地向学生证明学问可以同他们对话,如何在现实中用学识引导他们讲话。为了即将到来的时刻,有意义的抽象唤起当下的强制顺从,未来就在此时此刻。在一个遍布现代主义与自我陶醉的时代,发现未来并不容易。事实上,我们根本不可能发现眼前的未来,而仅仅能看到我们的背后。在重新激活过去的同时,重建当下,以便我们可以找到未来。[5]

派纳认为,寓言始于教师的学术研究,随之转置课程设计或更加简单地称为教学(未必是"课堂")计划。但是"目标"并不是最主要的关注点,真正重要的是对话。寓言的"目的"在于学生学到的知识,他们的命运几乎无法从教师的职权里移除,但也从未决定性地依

---

[1] Pinar, W.F. What is Curriculum Theory? (Second edition)[M]. New York: Routledge, 2012:57.

[2] Pinar, W.F. Educational Experience as Lived: Knowledge, History, Alterity [M]. New York: Routledge, 2015: 28.

[3] Pinar, W.F. What is Curriculum Theory? (Second edition)[M]. New York: Routledge, 2012: 50.

[4] Pinar, W.F. Curriculum in a New Key: The Collected Works of Ted T. Aoki [M]. New York: Routledge, 2009: 83.

[5] Pinar, W.F. Educational Experience as Lived: Knowledge, History, Alterity [M]. New York: Routledge, 2015: 33.

赖教师。众人皆知的是，即使那些最具创造性、最令学生兴奋的课堂也有可能达不到预想的效果。[1]这是由课程的复杂性决定的，只有教师的主体性在课程中得到生长与重塑，才有可能唤醒学生的主体性。"一个当下的寓言结合了独特性和真实性……在这个意义上，教师是一名艺术家，复杂对话是教师的媒介。"[2]唯有有血有肉的教师与学生面对面，才能超越基于场景性的每一次转向式学习体验。[3]

派纳特别强调的是，主体性与社会性两者有时本身也是类似的。作为教师，个体化意指承担着将我们个性之特殊塑造成兼具发展性与专业性，但是必须清楚，它又不可避免地从属于社会性，凭借在复杂对话中的学术研究和教学参与从而形成课程。[4]这样从内而外的活动，通过我们个人主观经验来说明情境的独特性，我们可以由差异确认相似之处。同时，抽象和具体，过去和现在，这样的教学工作是具有寓意的，通过学术知识努力转向沟通交流。[5]

出于更为清晰地呈现寓言与复杂对话之间的关系，派纳将课程领域中的寓言比作电影世界中的蒙太奇（montage）[6]，跨界、拼贴、重构、再造、模糊、混沌、悬置、隐喻、并置、互释、联想，这些蒙太奇式的典型语言与方法映衬了派纳对课程特别是对课程中复杂对话的理解。寓言通过自身"有结合力的架构"（combinatory structure），同时亦通过内部的元素以及自身对于多学科、主体性与社会结构的配置，从而实现其重要性。德国学者安吉莉卡·劳赫（Angelika Rauch）

---

[1]　Pinar, W.F. Educational Experience as Lived: Knowledge, History, Alterity［M］. New York: Routledge, 2015: 29.

[2]　Ibid.: 28-29.

[3]　Zhang Hua and Pinar, W.F. Autobiography and Teacher Development in China［M］. New York: Palgrave Macmillan, 2015: 186.

[4][5]　Pinar, W.F. Educational Experience as Lived: Knowledge, History, Alterity［M］. New York: Routledge, 2015: 30.

[6]　Pinar, W.F. What is Curriculum Theory? (Second Edition)［M］. New York: Routledge, 2012: 56.

把这些寓言看成"象形文字",也当作"历史文化中零零散散的残余物",若并置两者便可创建出一种"历史经验"的混沌形象。[1]在混沌领域中的行为对任何细小的变化都非常敏感。[2]教师和学生自己可以判断多少"混沌"及多少"连续性"是合适的、理性的,同时在精神上达到易于控制的学习过程。

寓言这类自传式工作不仅仅体现主体内在性,它同时也具有寓意,正如它有着社会交往的需求,并通过社会交往得以沉淀。如此在自己与他人之间进行复杂对话,再次振兴了"口述传统",它强调对话与逻辑、价值观与哲学层面的思索,以此形成与具有流动性的科技文化相抗衡的另一种文化。作为生命历程法的延续,寓言呈现拟人化和具象化——通过有意识地培养主体性的瞬时结构,强调特殊性及过去、现在和未来的共时性,以此反驳现代主义。时间复杂性的差异并

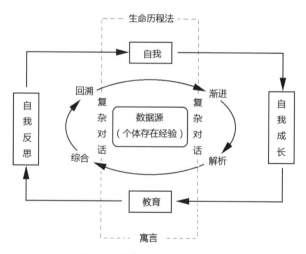

图1-1　生命历程法运行示意图

[1] Pinar, W.F. Educational Experience as Lived: Knowledge, History, Alterity [M]. New York: Routledge, 2015: 29.
[2] [美]小威廉·E.多尔.后现代与复杂性教育学 [M].张光陆,等译.北京：北京师范大学出版社,2016：294.

不是消失在没精打采的、永无止境的"当下"，而是如被述说一样被拉伸延展，根据暂时的、空间的差别重构当下。[1]

4. 小结

派纳曾在2015年依数列出自己对课程领域所作的七大贡献，而"currere"毫无悬念位列榜首。"我提出'课程'一词的动词不定式形式的概念：学程。我第一次唤醒它是在20世纪70年代，这意味着课程从被定义为教学大纲（或教学目标或教学结果或对其任何静态实体的概念化，用名词加以暗示）到被设想为'复杂对话'的教育经验的标志性转折。在开展课程领域学术研究的最初15年里，学程这一概念与我旨在通过教育经验而形成理解课程所设计的自传法，成为我那时的全部。"[2]的确，在美国的课程情境中，生命历程法是自传研究方法的开端。它有充分的理论铺垫，有明确的研究步骤，有发表过的案例研究，可以明确地辨认出它的理论渊源。它深刻地影响了美国的课程研究领域，并且直到现在，派纳本人以及其他一些学者还在继续研究它、运用它、扩展它。

派纳运用生命历程法充分打开了教师教育与课程领域的外部世界，从诸多人文领域获得给养。"自从我与格鲁梅特一起运用自传方法进行教育经验主体性研究以来，首先吸引我去研究文学和哲学，然后我便沉浸在历史、政治、性别、种族，2008年我关于主体性的研究与世界性（cosmopolitanism）邂逅。"[3]如今，寓言将派纳的课程自传体系在理论上又向前推进了一步，这种蒙太奇式的叙述对过去、现在

---

[1] Pinar, W.F. Educational Experience as Lived: Knowledge, History, Alterity［M］. New York: Routledge, 2015: 31.

[2] Ibid.: 1.

[3] Pinar, W.F. The Worldliness of a Cosmopolitan Education［M］. New York: Routledge, 2009: x.

与未来的理解更加深刻，也为主体间的复杂对话、个体重构、社会重建创造了更大的公共空间。

诚然，派纳课程自传体系也有一些不足之处，例如派纳对于寓言的探索还仅仅局限于理论层面，还未给出如生命历程法的四个步骤或时刻那样具体的操作方法，当然，一向反工具主义、反官僚主义、反现时主义、反权威主义的派纳，也许根本就没有打算提供所谓的"科学方法"。[1]此外，亦有国内学者指出，"派纳现在似乎更强调在更广阔的生活世界中，借助学术性知识和学术性研究去理解自我的生活史的表达、重构自我和自我所生活的世界，而非单纯的自我生活经验和生活世界的平铺直叙，也不是简单的日志记录和实物素描"。[2]的确，近年来派纳在生命历程法的具体操作上发生了明显转向，朝更为复杂、更加追求智识、更能构建自我主体世界的方向发展。然而，正如贝雷迪（George Z.F. Bereday）提出的比较教育四步法（描述、解释、并置、比较）[3]，一旦进入实际研究阶段，由于社会文化背景的差异、教育制度的不同、研究者水平的局限性等原因，很少有学者可以真正完成全部步骤。因此，遗憾的是，本书仍将采用"单纯的自我生活经验和生活世界的平铺直叙以及简单的日志记录和实物素描"。最重要原因当然是笔者水平有限，无法如派纳般驾驭生命历程法。此外，由于上篇的研究内容为加拿大社会科课程，下篇的研究对象是一位小学教师，因此一定程度上过于庞杂的学术性知识或许会影响基础教育实践的鲜活性。"归咎于预防自我宣传癖和暴露的危险，所以我拒绝推荐将生命历程法作为一种教学策略在学校课堂中使用，但我却能感觉到于教育者而言它可能会变得极为珍贵，使

---

[1] Pinar, W.F. What is Curriculum Theory? (Second edition)［M］. New York: Routledge, 2012: 45.

[2] 王永明.威廉·派纳课程理论的研究［D］.北京：北京师范大学，2015.

[3] 王承绪.比较教育学史［M］.北京：人民教育出版社，1999：100.

他们致力于自己和学生们通过学术研究而进行持续的自我形塑。"[1]一方面，这是派纳的自谦之词；另一方面，某种意义上也可以窥见学术性研究和学术性知识与教师（特别是中小学教师）相联结时的复杂与困难。因此，只有通过对教师成长过程中自我反身性（self-reflexivity）的系统研究，才有可能在具有生命的生活体验与学术性知识之间建构起一座达成自我理解、自我成长、自我实现甚或社会重构的主体性之桥。

基于此，本书将在下篇的个案研究中，运用生命历程法对一名温哥华小学社会科教师进行长达18个月的课堂观察及深度访谈，洞悉她在实施整合课程过程中的自身体验，力图展现个体参与社会科课程的主体性存在。通过采用派纳从生命历程法到寓言这套未完待续的教师教育方法论，无疑是希望能够提供一条区别于实证主义的更加关注个体与自我的不同研究路径。就像休伯纳（Dwayne E. Huebner）在40年前指出的，"教育应该关切正在演变着的个体自传以及正在演变着的社会和群体的历史"[2]。

二、国内对生命历程法的相关研究

生命历程法正式进入我国，源自2003年派纳的著作《理解课程》中文版的问世以及随后汪霞、陈雨亭、时延辉、王永明等学者的系统介绍。[3]其中，陈雨亭受到生命历程法的启发，其博士论文的前言和

[1] Pinar, W.F. What is Curriculum Theory? (Second edition)［M］. New York: Routledge, 2012: 45.
[2] Hillis, V. The Lure of the Transcendent: Collected Essays by Dwayne E. Huebner［M］. New York: Routledge, 2008: 185.
[3] 汪霞.建构课程的新理念——派纳课程思想研究［J］.全球教育展望，2003（8）；陈雨亭.教师研究中的自传研究方法——对威廉·派纳"存在体验课程"的研究［D］.上海：华东师范大学，2006；陈雨亭.如何研究学校教育情境中的自我——威廉·派纳的"存在体验课程"研究［J］.全球教育展望，2009；时延辉.威廉·派纳的自传式课程理论研究［D］.重庆：西南大学，2006；王永明.威廉·派纳课程理论的研究［D］.北京：北京师范大学，2015。

结语采用了自传式写作，把学术兴趣根植于自己的生活史，从而阐明了在一段时间内，研究者向外的寻找与向内的求索如何相互影响、相互映照[1]。此外，她在辨析生命历程法与普通教育自传异同的基础上，分别提供了我国教师"教育自传"的案例以及研究者进行"教育自传"研究的案例。[2]

在对生命历程法的理论有所了解之后，国内学者引入了生命历程法的一个经典案例——玛丽莲·多尔（Marilyn N. Doerr）的高中环境自传课。1998—1999学年，多尔在美国一所私立高中的两个班级开设一门生态学课程，一共20名学生。多尔认为通过回溯、渐进、解析、综合四个步骤或时刻的自我剖析，选修这门课的学生有机会把环境原则内化到他们的生活中，然后在决定如何度过自己生活的时候，也许能做出有意识的决定。[3]此外，多尔尝试性地分析了生命历程法的局限性，包括意义的缺失、自我意识的迷恋、实际操作的窘迫、伦理问题的考究等问题。具体而言，比如生命历程法中研究者与研究对象之间的关系："研究者自始至终以局外人的身份观测整个探究活动，那么，研究者能否和参与者的回忆描述做到感同身受？能否沉浸于参与者的喜怒哀乐情绪之中？能否以他人之镜照自己之路？"[4]

随着国内学界对生命历程法理论与实践愈加熟悉，一些学者开始尝试在自己的研究中运用该方法，他们虽未完全依照生命历程法的四个步骤或时刻开展研究，但从其研究中依然不难看出深受派纳思想或生命历程法的影响。例如，2014年，熊和平曾在关于自己30

---

[1][2] 陈雨亭.教师研究中的自传研究方法——对威廉·派纳"存在体验课程"的研究 [D].上海：华东师范大学，2006.

[3] 陈雨亭.自传的课堂教学方法——美国高中环境自传课的案例分析 [J].全球教育展望，2006（9）.

[4] 李阳莉.威廉·派纳自传式课程研究方法之探析 [D].重庆：西南大学，2015.

多年学校教育的身体叙事中受到派纳"从内部出发"（working from within）的影响，用自传的方法探讨知识、身体与学校教育的关系。[1] 又如，香港学者林德成经过3—4年间断地访谈8位香港中小学校长及教师，洞察到一位校长的课程意涵最接近生命历程法的精神，从而以这位校长为研究对象，展开了一连串诠释性现象学的访谈，探索生命历程法如何能为教师的课程信念提升、专业发展及教师个人生涯之意义重整等三方面作出贡献。[2] 更为可贵的是，他意识到利用生命历程法不仅可以使研究对象完成自我经历之概念重建，而且"研究者个人及研究对象的课程知能及意识亦透过此研究获得提升，让个人对学生为本课程之意涵及实践，打开了一全新视界窗口，一存在存有论的现象学窗口，好使各有志的有心人能共同建构一'视域融合'境界"[3]。

通过整理文献可以看出，国内学者对于生命历程法的研究虽然经历了从最初的理念介绍与分析，到引入国外经典生命历程法研究案例，最后到试探性地在自己的研究中触及生命历程法三个阶段的发展，但其中极少涉及研究者与研究对象形成研究共同体的生命历程法研究，更没有一项严格遵循生命历程法的四个步骤或时刻展开的田野研究。

三、国外对生命历程法的相关研究

（一）关于自我的研究

1973年，派纳在《贝内特先生和布朗夫人》（Mr. Benett and Mrs.

---

[1] 熊和平.知识、身体与学校教育——自传的视角 [J].教育学报，2014，10（6）.
[2][3] 林德成.人本课程/学生为本课程之意涵探索：一个诠释性现象学的个案研究 [J].课程研究，2009，4（2）.

Brown）一文中运用自传的方法批判课程领域为"停滞的"。尽管历史上课程界一直强调"个体"，但派纳认为这只不过是一个标语，是不具备具体生活的一种抽象。他继续说，课程领域忘记了实实在在的个体。单单专注于公众世界、可见的世界、设计、序列化、实施、评价以及课程材料，课程领域忽视了个体对这些材料的体验："并非是公众世界——课程、教学、目标——不重要；只是为了更好地理解它们在教育过程中的作用，我们必须在一段时间里不再注意它们，而是要开始漫长的、系统的对内部经验的搜寻。"[1]

在此基础上，派纳"在1974年的论文《生命历程法：走向概念重建》一文中明确提出了'生命历程法'的概念，在1975年的论文《生命历程法的方法》（*The Method of Currere*）一文中提出了他至今沿用的生命历程法的四个步骤或时刻，即回溯—前瞻—分析—综合，这几乎成为派纳以后所有课程思想的核心方法论，派纳所吸收到的许多思想和方法都被融入到这个方法论中，并由这个方法论进一步衍生或重新解释"[2]。

从此，北美课程领域掀起了运用生命历程法的高潮期，特别是美国路易斯安那大学、北卡罗来纳大学、哈佛大学，加拿大多伦多大学、不列颠哥伦比亚大学、阿尔伯塔大学的博士生们对生命历程法产生了浓厚的兴趣。早在1983年，北卡罗来纳大学克里斯汀·福斯特·迈尔斯（Christine Foster Myers）为了探寻环境教育课程中个体生活经验与土地之间的关系，将解释学螺旋（hermeneutic spiral）融入生命历程法，分别剖析了春（引入）、夏（阐释）、秋（反思）、冬

---

[1] ［美］威廉·F.派纳,等.理解课程——历史与当代课程话语研究导论（下）[M].张华,等译.北京：教育科学出版社,2003：541-542.

[2] 王永明.威廉·派纳课程理论的研究 [D].北京：北京师范大学,2015.

（理解）四个时期自我的生命体验，从而扩展出环境课程应该以探究法为主开展教学等结论。[1]

　　1992年，派纳在著名的《鹤的失语：生命历程法回溯步骤或时刻中的窗子和镜子》一文中采用个案研究，从自我入手思考课程，内容贯穿了他的阅读、他的朋友们和他的家庭。他认为，回溯步骤或时刻是重新进入过去以及它与现在有意识的重新结合。[2]依照派纳这个案例，1999年，理查德·哈特塞尔（Richard J. Hartsell）使用生命历程法分析自己的三篇论文，仔细思考作为作者、教师与学生三重身份的自我成长，从而探寻正式教育与个体经验之间的关联。最后，哈特塞尔认为，派纳有些过高地预估了能够真正融入教室的个体经验以及个体经验与正式教育的制度性需要碰撞时所保持的纯洁性。[3]2002年，美国新墨西哥大学雨果·查康（Hugo Alejandro Chacon）回顾与自己生命经验相关的语言、科学、文化、社会阶级与教育之间的关系，聚焦于被社会、心理、文化因素塑造出的教学模式，从而揭示了一位拉美教育者成长为一名双语高中科学教师和大学教授的独特旅程。[4]2009年，作为一名瑞典裔加拿大人、第二代移民，同时还是一名穿梭于加拿大和日本两国之间的英文教师，坎迪斯·禄蔻（Candace P. Lewko）开始思考三个问题：是什么经历促使他成为一名加拿大教师？个体的移民历史对这些经历产生怎样的影响？作为一名

[1] Myers, C.F. A Personal Inquiry, Through Currere, into the Person/Earth Relationship, Using the Hermeneutic Spiral as Model［D］. University of North Carolina, 1983.

[2] ［美］威廉·F.派纳.自传、政治与性别：1972—1992课程理论论文集［C］.陈雨亭、王红宇，译.北京，教育科学出版社，2007：218.

[3] Hartsell, R.J. Just As We Are: Education, Experience, and William Pinar's Poor Curriculum［D］. University of North Carolina, 1999.

[4] Chacon, H.A. The Making of A Bilingual Science Educator: An Autobiographical Study［D］. University of New Mexico, 2002.

教授成年移民者及难民学生第二语言的英语教师，他的身份如何影响这些经历？带着这些问题，禄蔻开始寻觅自传式的移民故事怎样与教学生活产生关联，又怎样影响自己的课程实践。遵循着概念重建主义者要求教师陷入对社会、历史、教学场景的自我反思的原则，禄蔻逐渐进入身份、文化、家庭、地点与种族的自我反思，每个主题的叙述均采用生命历程法。第一代移民与第二代移民的叙述穿插散置于四个步骤或时刻，同时，对派纳、泰德·青木、格林、休伯纳、珍妮特·米勒等教育哲学家的著作加以分析。这些叙述揭示出教师的过去、当下与未来之间的存在状态以及如何敏锐地存在于多元文化的教室与复杂的他者生活环境之中。[1]2012年，多伦多大学尼基·洛塔斯（Nikki Rotas）以自己的身体作为生命历程法的数据源，将母亲的花园创建成一个自我表达的空间，令其成为与教室相互交织的教育场域。从中不仅重新思考课程的意义，而且通过故事叙述创造了一种可能性——使其有机会重新思考生活、自我、身份、语言、与他者的关系以及自我与他人所承担的责任。[2]

除了以上这些利用生命历程法进行的自我剖析，2014年，加拿大卡尔加里大学四名刚刚入学的博士生还试探性地展开了生命历程法的合作自传研究，意在更加深入地理解课程研究。在研究过程中，他们每个人分别承担生命历程法的四个步骤或时刻的一个步骤或时刻，相互分享自己的反思。合作研究大大加强了研究者自身与课程领域相关的自我反思性，也扩展了复杂对话的话语语境，还出乎意料地创建了一个真实的学习共同体。此外，生命历程法不仅令他们将自己的故事

[1] Lewko, C.P. Migrating Through Currere: A Narrative Inquiry into the Experience of Being A Canadian Teacher [D]. University of Lethbridge, May 2009.
[2] Rota, N. Bodied Curriculum: A Rhizomean Landscape of Possibility [D]. University of Toronto, 2012.

融入课程研究，而且还迫使大家参与到自我构成与自我转换的过程之中，而这恰好是教育工作的重中之重。[1]

（二）对他者的研究

生命历程法作为一种自传方法，其研究对象是否局限于研究者本人？能否运用生命历程法对他者进行研究？20世纪80年代开始，美国哥伦比亚大学教师学院教授珍妮特·米勒与基础教育领域的教师一起利用批判的、女性的、自传的观点去探究构成美国教育的社会、历史、经济、文化和话语的情境与标准。其中，在同5名研究者（包括1名一年级教师和4名六年级教师）进行的6年正式及非正式交往中，作为研究者的米勒与作为小学教师的5名研究者通过例会、讨论、野餐、写给他人的日记和个人日记写作，一起探索"知者/被知者""专家/保育员"之间的父权性等级式二元对立[2]以及自传在课程理论化中的意义。

此后，利用生命历程法对剖析他者的研究逐渐增多。1991年，阿尔伯塔大学运用解释学调查与生命历程法相结合的方法，分三个阶段探究5位资深小学教师的生活经验。[3]2004年，哈佛大学教育学院罗达·珍妮·伯纳德（Rhoda Jeanne Bernard）对6位小学音乐教师进行"音乐家—教师"（musician-teachers）的身份认同研究。[4]伯纳

---

[1] Beierling, S., Buitenhuis, E., Grant, K., Hanson, A. Course' Work: Pinar's Currere as an Initiation into Curriculum Studies [J]. Canadian Journal for New Schlars in Education, Summer, 2014, Volume 5, Issue 2.

[2] ［美］珍妮特·米勒.打破沉默之声——女性、自传与课程 [M].王红宇，吴梅，译.北京：教育科学出版社，2008：137-154.

[3] Daniel, D.K. Teaching as Hermeneutics [D]. University of Alberta, Fall 1991.

[4] Bernard, R.J. Striking a Chord: Elementary General Music Teachers' Expressions of Their Identities as Musician-Teachers [D]. Harvard University, 2004.

德采用叙事访谈、为期3个月的课堂观察以及课后访谈等方法充分搜集材料之后，利用生命历程法对安妮（Anne）、莎伦（Sharon）、布拉德（Brad）、罗琳（Lorraine）、凯瑟琳（Catherine）和彼得（Peter）进行自传研究。伯纳德与几位教师遵循派纳提出的"从内部出发"，也就是从教师的童年、身体、生活经验出发，探寻教师与音乐、教师与音乐课、教师与学生、学生与音乐之间的相互关系，最后总结出教师传记产生音乐经历、教师与学生一起创造新的音乐、从音乐经历中产生身份认同等有助于中小学音乐教师自我成长以及音乐课程持续迭代的观点。2011年秋，加拿大阿尔伯塔大学布伦特·威廉·麦基翁（Brent William McKeown）同样严格依照生命历程法的四个步骤或时刻（回溯—渐进—解析—综合），结合叙事研究、拉康式心理分析、定量研究等方法对阿尔伯塔省高中英语教师这一群体进行了深度剖析。研究对象包括参加开放式调研的56名高中英语教师以及其中6位投入深入访谈的教师。麦基翁意在寻求高中英语教师在自身职业的挑战与快乐的认知上显露出来的主体潜在的身份建构与需求，以此探讨生命历程法本身能否成为教师职业转变的催化剂。[1]

2016年，美国东田纳西州立大学教育学院教授洛莉·迈耶（Lori Meier）聚焦于美国奥兰多迪士尼未来世界主题公园，利用两年时间研究迪士尼与社会科的关联。动因在于未来世界是世界上最具教育意义的迪士尼主题公园，致力于向世界分享与文化、社会、科学、技术相关的人类文明。迈耶通过与学生们进行复杂对话，收集了有关未来

---

[1] McKeown, B.W. Imagining English Teaching Through Currere: An Exploration of Professional Identity in High School English Language Arts Teachers [D]. University of Alberta, Fall 2011.

世界主题公园的8个小时的访谈材料，以及一些一手资料、反馈意见与教育经验。例如，参与者们谈论未来世界如何具有教育价值，对他们的成长起着怎样重要的作用，各自的生活中有着多少难以忘怀的往事，主题公园中的空间、建筑、媒介对每个人身体产生的影响是否类似于宗教性活动的体验等话题。其中两个受访者不约而同地谈到，未来世界主题公园是他们获得多元文化意识的启蒙之地，在那里，他们与世界各地的朋友相识，享受着不同文化、不同语言、不同美食带来的快乐。另一些受访者叙述着未来世界主题公园为他们提供的那些探索科学、技术、水栽培、运输、通讯、太空旅行的宝贵机会。与此同时，迈耶还搜集了来自学界对于迪士尼文化席卷全球的担忧与批判。这些故事使迈耶意识到，迪士尼真真切切地影响着学生们，影响着他们的教育经历，影响着他们当下的社会科课程，或许也影响着未来的课堂。

为了更好地探寻迪士尼在社会科中起到的作用，纠正自己对迪士尼的种种偏见，迈耶采用生命历程法的四个步骤或时刻深刻剖析了自己的成长经历。在回溯步骤或时刻，她回忆自己童年的迪士尼记忆以及成为社会科教师后的迪士尼旅程；在渐进步骤或时刻，迈耶开始自由联想一切与迪士尼有关的画面，特别是将来社会科课程与迪士尼相冲突、相竞争的场景；在解析步骤或时刻，她意识到在课堂上向学生们传递批判性思维的责任，意识到应该把握住找寻个体经验中有意义瞬间的机会，与此同时，她开始思考连接社会科课程内容、历史分析、文献资料的各种方法，以及挑战动画片中一些刻板印象和历史神话的方法；最后的综合步骤或时刻，迈耶重新定义当下的意义。整个过程使迈耶感受到自己的个体经验与迪士尼之间有着强烈的、紧密的联系，这些也成为她在社会科课程中呼吁批判教育学的源泉。[1]

此外，美国俄克拉荷马州立大学教育学院王红宇（Hongyu Wang）[2]、美国特拉华大学乔晓芬（Xiaofen Qiao）等在海外工作或学习的中国学者也有着关于生命历程法的相关研究。比如，乔晓芬以8位在美国大学攻读研究生的中国学生为研究对象，创新性地将生命历程法的四个步骤或时刻改编为三轮自传写作，即第一轮的自由联想，第二轮基于第一轮核心问题的自我反思以及第三轮的综合问答，意在洞悉中国学生在中美两国之间不同的英语学习经验。在整理分析他者自传的基础上，作为一名英语专业学生以及一名未来的大学英语教师，乔晓芬同样将自己视为研究对象，试图获得个体学习者在英语学习过程中的内心体验以及进一步了解英语学习怎样变成学习者生活的组成部分。最后，作者还对中国英语课程改革提出了一些建议，如从启示阶段帮助学习者建立宏观视野，为学习者创设运用英语的真实环境，改变传统的以写作为中心的评估方式等。[3]

通过对国内与国外学界运用生命历程法的相关研究进行梳理，可以发现以下特点：首先，生命历程法由研究者本人的自传研究逐步发展到以他者教师生命经验为研究主体的传记研究；其次，运用生命历程法对他者进行研究，通常需要借助他者的学科背景作为基础；最后，生命历程法的开放性、兼容性逐渐增强，能够与叙事研究、现象学、解释学、心理分析理论甚至一些定量研究方法和谐共生。

---

[1] Meier, L. Outside Curriculum, Currere, and Spaces of Learning: Embracing Tensions at the Margins of Teacher Education [J]. in Collected Papers, Curriculum and Teaching Dialogue, Charlotte, IAP, 2016, Vol.18, 1&2: 157-160.

[2] Wang Hongyu. The Call from the Stranger on a Journey Home: Curriculum in a Third Space [M]. New York: Peter. Lang, 2004.

[3] Qiao Xiaofen. Foreign Language Curriculum Inquiry Through Autobiographies: A Study Using An Adaptation of The Method of Currere [D]. University of Delaware, Spring 2011.

第四节

有关本书的一些说明

在本书中，一方面，笔者将梳理概念重建运动影响下的加拿大社会科课程，特别是青木、范梅南等加拿大学者的课程理论与课程实践；另一方面，由于把课程理解为自传/传记文本是概念重建运动的重大突破之一，因此，派纳通过生命历程法进行的存在主义的、心理分析的、现象学的探索成为横跨概念重建与后概念重建时期课程研究的标志性方法论。笔者深入研究对象国，以他者的身份进入田野现场，运用生命历程法对异国社会科课程与教师展开研究，在突出概念重建核心方法论的同时，符合课程研究国际化这一后概念重建时期的核心特质。

具体而言，笔者首先从远景追溯加拿大社会科课程近百年来的历史记忆，随后全景俯瞰加拿大英语区社会科课程现状，接下来透过中景分析不列颠哥伦比亚省四年级社会科在21世纪以来的三次课程改革，最后突破近景"闯入"温哥华四年级社会科课程教师洁芮的生活世界。对于纷繁复杂的加拿大社会科而言，也许唯有如此，才能拼凑出一幅加拿大社会科课程的模糊拼图。

结构框架的建构出于何种理论依据？

1979年，美国著名教育家约翰·古德莱德（John I. Goodlad）在《课程探究：对课程实践的研究》（*Curriculum Inquiry: The Study of Curriculum Practice*）中提出课程的五种形式：理想的课程（ideological curriculum）、正式的课程（formal curriculum）、领悟的课程（perceived curriculum）、实施的课程（instructional curriculum）与体验的课程（experiential curriculum）。[1]依照此分类，上篇所描绘的社会科属于课程的目标、内容、组织和评价等由研究机构、学术共同体、课程专家以最纯粹的形态所呈现的理想的课程，以及获得加拿大各省和地区教育部门认可，列入学校必修课程内容的正式的课程；下篇展现的社会科则涵盖了教师头脑中所领悟的课程、课堂上实际实施的课程，以及学生真正体验的课程。由此可见，如果本书仅有上篇，那么只能了解"飘在云中"的课程理念；如果仅有下篇，也许只能获悉"扎在地下"的课程实践。因此，唯有呈现出课程的全部五种形态，才能真正全面理解加拿大社会科课程。

理论与实践如何衔接？

不同时期的历史条件与社会生态孕育出不同的社会科课程。对于下篇个案部分的研究对象洁芮而言，加拿大社会科课程注定捆绑了她的一生，从童年生活到职业生涯都与社会科紧密相关。而对于洁芮那个几乎毫无任何高等教育背景的家族而言，她的父母甚至祖父母所获得的那些为人处世、养家糊口的最核心智慧，也许均源于各自中小学时的社会科课堂。这反过来又进一步形塑了洁芮的性格养成与认知范畴。因此，正是社会科与洁芮的教学与生活经验之间那若隐若现、交缠复杂的关系，使本书得以有效衔接。上篇有关加拿大社会科理论、历史、发展、现状等方面的介绍为最后描写教师洁芮的个体经验夯实了学科基础，与此对应，下篇关于洁芮的自传式研究使那些略显"枯

---

[1] Goodlad, J.I. Curriculum Inquiry: the Study of Curriculum Practice [M]. New York: McGraw-Hill, 1979: 344–350.

燥"的知识内容有了自己的"温度"。

怎样处理个案研究?

一般而言,研究者引导教师精心撰写自传,记述他们曾从"犯错"或"不熟悉"或"没有准备好"逐渐蜕变为对自己、学生和教学实践充满丰富的知识和智慧。[1]在研究者的"威逼利诱"下,教师自传逐渐形成了一种规范化描述,如米勒指出的,太多的"教师故事"倾向于提供不加怀疑的描述,将教师"经验"描述为透明的、线性的、权威性的"现实"。在这些故事中的"教师认同"通常被雕琢为一体的、充分自觉的、普遍的、没有矛盾的认同。[2]

然而,本书展开生命历程法研究不是为了塑造一位堪称完美的标准化名师,也不是为了使学生在某项标准化考试中取得高分,更不是为了制定一套放之四海皆准的课程模式或教师自传研究模板。本书

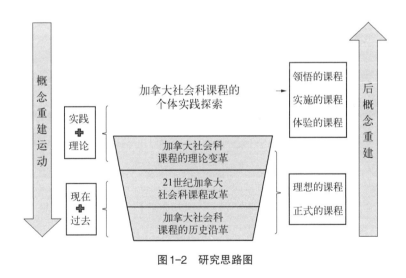

图1-2　研究思路图

[1]　[美]珍妮特·米勒.打破沉默之声——女性、自传与课程 [M].王红宇,吴梅,译.北京:教育科学
　　　出版社,2008:216.
[2]　同上:序XIV.

的目的在于勇敢地"闯入"研究对象自身已经大胆闯入过的生活与课堂，通过与研究对象进行差异化、情境性、多元化的复杂对话，寻觅课程中的缝隙，从而在理解加拿大社会科课程的基础上，探寻由课程知识、生活史以及主体建构编织而成的教师生命。

上　篇

第二章

加拿大社会科课程的
历史沿革

第一节

对美国进步主义社会科课程的全面照搬

1867年7月1日《英属北美法案》（British North America Act）生效后，加拿大自治领成立。虽然伦敦政府并不总是直接处理加拿大事务，但加拿大人依赖于它给予的身份和支持。英国米字旗在加拿大土地上自豪地飘动，维多利亚女王的肖像星罗棋布。在大城市里，女王的雕像就是她有形的存在。[1]女王从未访问过加拿大，如果她到访，就会发现以她名字命名不列颠哥伦比亚省的首府、魁北克省的一个城镇以及新不伦瑞克省和安大略省的郡，而这仅是几个例子。如果说美国是华盛顿的国家，那么加拿大是维多利亚的国家。[2]但是对于加拿大民众而言，女王和她的君主政体所带来的主要收益是心理上的。成为大不列颠和大英帝国的一部分，意味着身份、传统和稳定。

虽然在1931年凭借《威斯敏斯特法案》（Statute of Westminster），加拿大实际上已成为主权国家，但结果没有太大改变。如果加拿大具有特殊身份，那么它是作为英联邦的一部分，传统和贸易将其与大不列颠联系起来，米字旗仍飘扬在加拿大各地。[3]加拿大的英国身份唤起了不同程度的激情，但也会偶尔出现民众对这个所属帝国的种种抱

---

[1]　［加］罗伯特·博斯韦尔.加拿大史［M］.裴乃循，符延军，邢彦娜，耿小岩，译.北京：中国大百科全书出版社，2012：202.

[2]　同上：228-229.

[3]　同上：325.

怨与不满。英国与加拿大这种错综复杂的历史文化关系，同样体现在加拿大社会科课程领域。一方面，加拿大国内很多地区的社会科课程致力于学习英国地理和历史；另一方面，在一些教科书中呈现出对于加拿大公民身份的向往。审批后的教科书、传入学校的课外临时材料以及一些爱国主义运动相互结合，使学生努力建构出一个智识主义主导的社会环境，从而鼓励并促进加拿大人那包裹在对大英帝国无比忠诚的信封里的公民意识。[1]

随着时间的推移，以加拿大逐步独立为一个自主国家而骄傲的思想已经与忠于大英帝国的思想并置，并慢慢开始在当时的教科书中流行。在由邓肯·麦克阿瑟（Duncan McArthur）主编并得到广泛使用的《加拿大历史高中版》（*History of Canada for High Schools*）中，英国与加拿大之间的关系好似"溺爱孩子的父母对待一个已经长大的儿子，欣喜地看到他的成就，并愿意为他提供帮助与建议，但是他必须能够对自己的行为完全负责"。[2]

倘若将视线从加拿大的宗主国移向身边的邻居，便不难发现，至少由于地缘关系，美国对加拿大的现实影响早已存在。1930年，一个社会科课程项目展开了一项针对加拿大1 288名十二年级学生的阅读调查，发现其中有28%的生活在不列颠属哥伦比亚省维多利亚市和温哥华市的学生从不阅读英国的期刊报纸，相比之下，学生们广泛阅读美国刊物，同时美国的广播节目也成为加拿大学生的最爱，当时最受欢迎的节目前七名均为"美国制造"。此外，学生们以压倒性票数认为美国电影比英国电影精彩。最有趣的是，对美国电影最

---

[1] Sears, A., Wright, I. (Ed.). Challenges and Prospects for Canadian Social Studies [M]. Vancouver: Pacific Educational Press, 2004: 20.

[2] McArthur，D. History of Canada for High Schools [M]. Toronto: W.J. Gage, 1972: 484.

高的好评率竟然出自维多利亚市，这个"被游客们认为最具英国风的城市"[1]。由此不难看出，那时在加拿大青年学生心中，美国的地位逐渐取代了大英帝国。一方面当然是由于英国势力的衰落，这不仅改变了加拿大与外部世界的关系，而且最终对加拿大自身的体制和政治平衡产生影响；另一方面则是由于美国的日益崛起，1820年后，美国的发展速度远远超过加拿大。高速公路、运河和铁路从美国西部修到密西西比河流域，之后穿越大草原和群山到达俄勒冈和加利福尼亚，那里的淘金热诱使移民前往。在美国人心中，加拿大逐渐成为一潭死水。[2]

聚焦到教育领域，可以毫不夸张地说，加拿大教育界早在20世纪20年代就完全"拜倒"在美国进步主义教育运动大旗下，出现了从省级教育官员、课程开发者到学校教师全面拥抱美国进步主义教育运动的景象。在此期间，加拿大全国重大的课程修订都以进步主义教育哲学为指导思想，强调"儿童中心"，以活动中心课程为主，鼓励学生动手参与项目。杜威提出的"教育即生活""教育即生长""教育即经验的持续不断的改造""教育是一个社会化的过程"等实用主义教育哲学给那一时期的加拿大社会科课程打下了很深的烙印。加拿大正是在20世纪20年代末至30年代开始大量引入美国社会科课程。1931年，萨斯喀彻温省（Saskatchewan）率先引入社会科课程，1933年新斯科舍省（Nova Scotia）紧随其后，阿尔伯塔省（Alberta）和不列颠哥伦比亚省也于1936年开展该课程，安大略省（Ontario）在1937年，

---

[1] Angus, H.F. Canada and Her Great Neighbour: Sociological Surveys of Opinions and Attitudes in Canada Concerning the United States［M］. Toronto: Ryerson Press, 1938: 370.

[2] ［加］罗伯特·博斯韦尔.加拿大史［M］.裴乃循，符延军，邢彦娜，耿小岩，译.北京：中国大百科全书出版社，2012：177.

曼尼托巴省（Manitoba）、新不伦瑞克省（New Brunswick）和魁北克省（Quebec）在接下来的三年里也纷纷开设社会科课程。[1]

20世纪30年代后期，美加两国教育界交往频繁。除了一些美国教育者纷纷前往加拿大授课之外，1939年美国进步教育协会的成员们前来参加加拿大教师大会，这些学者中便包括后来对社会科课程的发展产生深远影响的希尔达·塔巴（Hilda Taba），以及《变革社会中的人》（*Man in a Changing Society*）一书的作者哈罗德·罗格（Harold Rugg），该书是当时社会科课程研究的重要文本之一，被喻为"影响加拿大学校课程最为深远的出版物"。[2]1940年，唐纳德·迪基（Donalda Dickie）运用进步主义教育理念与方法撰写的教学参考书《企业的理论与实践》（*The Enterprise in Theory and Practice*）成为"加拿大课程活动计划的圣经"。[3]书中引用了一批美国思想家的理论，并列举了大量美国学校的课程活动和企业案例。同时，许多加拿大教育工作者前往美国学习研究生课程。据统计，仅仅在1923年到1938年之间，便有1 097位加拿大教师来到美国哥伦比亚大学教师学院进修。[4]因此，许多美国的教育思想与课程理念通过这种途径直接传入加拿大的各个地区。考虑到这一时期美国文化统治的强大影响力，不得不承认其在加拿大课程领域的无孔不入。

此外，在加拿大国内不同省份、地区之间，当时还存在着许多交叉传授、交叉影响的现象。例如，在不列颠哥伦比亚省，首先时

[1] Sears, A., Wright, I. (Ed.). Challenges and Prospects for Canadian Social Studies [M]. Vancouver: Pacific Educational Press, 2004: 18.
[2] Ibid.: 19.
[3] Sheehan, N.M., Wilson, J.D., Jones, D.C. (Ed.). Schools in the West: Essays in Canadian Educational History [M]. Calgary: Detselig, 1986: 44.
[4] Brickman, W.W. William Heard Kilpatrick and International Education [J]. Educational Theory, 1966（16）: 20.

任省教育厅长的韦尔（G.M. Weir）专门要求课程开发者基于博比特（Franklin Bobbitt）、斯奈登（David Snedden）、康茨等美国教育家的理论来制定课程的基本原则。[1]随后，教育部门邀请一位来自安大略省的进步主义教育家普特曼（J.H. Putman）与韦尔一起撰写了省《学校系统概观》（*Survey of the School System*），并于1925年出版。[2]新不伦瑞克省也坦承在1939年根据进步主义思想进一步修正本省社会科课程的原理与方法时，完全借鉴了西部省份和安大略省的成功经验。

由此可以看出，美国进步主义教育思想从两个维度影响加拿大社会科课程，即美国教育界的直接影响，以及那些求学于美国而后回到加拿大各省的教育界的人带去的相互交融的间接影响。

第二节

对美国结构主义课程理论的全面借用

第二次世界大战之后，加拿大迎来了战后的"婴儿潮"。更多的孩子意味着需要更多的学校。1945—1955年间，多出百万的学生进入

---

[1] Weir, G.M. The Revision of the Curriculum [J]. The B.C. Teacher XIV, 1935 (April): 21.
[2] Putman, J.H., Weir, G.M. Survey of the School System [M]. Victoria: King's Printer, 1925.

小学和中等学校；1955—1960年间，又多出90万名适学儿童。[1]学生数量的增加对当时的加拿大基础教育提出了如何重构课堂、怎样有效组织教学等崭新的问题。

20世纪50年代，加拿大迎来了一场关于进步主义教育有效性的激烈的公共辩论。这场辩论与萨斯喀彻温大学历史系教授希尔达·尼特比（Hilda Neatby）写于1953年的公开信《理智消逝：加拿大教育的控告书》（So Little For the Mind: An Indictment of Canadian Education）有关。文章尖锐地谴责加拿大进步主义教育运动，质疑进步主义教育毫无智识目标，认为教学是"由那些水平一般的、受折磨的、平庸的教师采用乏味的、老套的、难以刺激想象力的教学方法得以实施"。同时，她哀叹社会科课程"不仅与历史、地理、政治等课毫无区别，而且在时间、空间与因果关系上毫无该学科应该具备的逻辑关联"[2]，并把社会科课程描绘为"典型的进步主义课程中的强迫灌输部分"，因为"一切都要服从于无数目标和态度"[3]。尼特比以不列颠哥伦比亚省初中社会科课程为例，课程要求学生具备10种技能和正确学习习惯，11项正确理念与态度，以及14种令人满意的能力。当时处于冷战的国际政治局势更加重了民众对北美进步主义运动的质疑。1957年苏联成功发射人造地球卫星，引起美国对苏联领先的科技领域的担忧，教育成为"替罪羊"。美国中小学科学及其他一些科目的教学效果被广泛认为是美国在科技上落后于苏联的原因。由于加拿大官方教育部门一直大力拥抱进步主义教育哲学，因而他们也受到了来自

---

[1] ［加］罗伯特·博斯韦尔.加拿大史［M］.裴乃循，符延军，邢彦娜，耿小岩，译.北京：中国大百科全书出版社，2012：367.

[2] Neatby, H. So Little for the Mind: An Indictment of Canadian Education［M］. Toronto: Clarke, Irwin, 1953: 179.

[3] Ibid.: 162.

尼特比等人的批评。

实质上，与曾经"席卷"加拿大的进步主义教育运动如出一辙，20世纪60年代加拿大教育者同样受到了美国"学科结构"运动的影响。各个省份和地区的社会科课程开始强调每门学科的核心知识，要求学生系统地学习历史、地理、政治等课程，从而掌握学科的基本概念和原理，形成学科知识之间内在联系，养成学科的学习态度和学习方法。很多加拿大社会科课程教育者在思想上遵循杰罗姆·布鲁纳（Jerome Bruner）在《教育过程》（*The Process of Education*）一书中提出的"教育的目的是让学生理解我们所教学科的基本结构"，即每一学科都有其特定的结构，而且学生也可以掌握。理解一门学科的结构使学生能够理解学科是怎么运转的：它如何理解问题？它使用了什么概念和方法论工具来解决这些问题？哪些东西组成了该学科的知识？学生对学科结构的理解使他们能够学习必要的学科知识，不管其认知水平如何。[1]

在《教育过程》出版后的十年里，该书的理念已成为美国联邦政府向课程投入资金的标准，一些社会科课程的项目由此得到了资金。布鲁纳曾宣言，"只要忠于各个年龄段儿童发展的智力水平，任何知识都可以有效地传授给学生"，[2]这极大地挑战了那些正基于社会科课程结构研发加拿大中小学社会科课程的学者。在这些课程研发项目中，与以往简单直接地给学生提供答案不同的是，教师们通过鼓励学生一起学习、一起思考问题来共同寻找解决问题的方法与路径。同时，课程采用多媒体方法，设置一些引发学生兴趣的问题，迎合不同学习类

---

[1] ［美］威廉·F.派纳等.理解课程——历史与当代课程话语研究导论（上）[M].张华，等译.北京：教育科学出版社，2003：154.

[2] Bruner, J. The Process of Education［M］. Cambridge, MA: Harvard University Press, 1960: 11.

型与学习能力的学生。此外，课堂上还提供各种各样的教学策略，包括阅读小册子、观看电影、参与游戏与模拟活动、建造模型等。

当时，在加拿大最具影响力的一些社会科课程项目包括："人类：一项研究课程"（Man: A Course of Study），提供给资质出众学生的"埃德温·芬顿社会科课程项目"（Edwin Fenton），由罗纳德·卡斯韦尔（Ronald Carswell）和安格斯·冈（Angus Gunn）两位加拿大地理教育家负责的"高中地理项目"（The High School Geography Project）。其中，"人类：一项研究课程"更是在20世纪70年代风靡北美和英国。该课程基于布鲁纳主张的"螺旋式"组织形式，以学科基础理论知识为中心，逐步提高、深化，试图传递给学生一些人类学概念和探究学习的方法。课程以"生命线"（lifeline）这个概念为核心徐徐展开，探讨生物体的整个生命历程。首先将目光投向生活在太平洋海岸只有简单生命周期的三文鱼；随之转移到较为复杂的生命体银鸥，从而引出"养育"（nurturing）的概念；然后探讨初具社会性情境的狒狒群体，从而导入本能行为与习得行为的差异；最后以因纽特人为案例开启对人类生命周期的探究，同时还对因纽特人与驯鹿和海豹等其他生命体的交互关系进行了讨论。在课堂上，教师们运用电影、游戏、视觉教具等多种形式与手段组织教学，其中很多活动充满想象力，比如一个活动是通过模拟驯鹿负重迁移直至死亡向同学们介绍"生命本能"的概念；另一个游戏则是组织同学们制作纸质海豹。由于海豹是因纽特族的特有图腾，被视为因纽特人的整体存在。当学生们将纸质海豹撕成碎片，每一个碎片象征着一个因纽特社群，随后碎片被重新拼接还原成海豹，由此使大家更好地理解独具特色的因纽特文化。该项目在美国开展时曾由于有些偏离"以学科内容为中心"的主导思想而招致一些争议，后来在加拿大同样受到了挑战。争议起于1971年的卡尔加里市，当时一班七年级的学生写信给卡尔加里市动物协会，抗议动物园里没有为狒狒提供足够的生活空间。这封信通过校外教学活动传到动物园，通过对比人类和动物的行为，意在帮助学生回答"人类：一项研究课程"中的一个重要问题，即人之所以为人的原因是什么？[1]

与美国一样，结构主义的课程与教学思想给以综合、整合为核心特点的社会科课程带来巨大冲击，此时的加拿大明显开始强调历史和地理在社会科课程中的独立地位与作用。这种趋势在不列颠哥伦比亚大学教育学院小学社会科课程的教学上也有所体现，1962—1963学年，该课程名称由"小学社会科课程与教学"变更为"历史与地理课程与教学"。[2]有趣的是，10年之后的1974—1975学年，不列颠哥伦比亚大学教育学院这门课的名称又加上了社会科。正如不列颠哥伦比亚大学教授伊迪丝·戴伊尔（Edith Deyell）所言，"20世纪60年代，社会科课程在加拿大和美国均处于一种动荡状态"[3]。社会科课程作为一门学科逐渐分崩，被历史、地理等课程取代。

虽然许多新的课程材料登场，但大部分只是借鉴了美国的课本，而没有根据加拿大的具体情况详细制定项目。其中，历史材料强调对重要资料的运用，鼓励学生们成为小历史学家。两卷本《创造加拿大历史》（*Making Canadian History*）得到授权，在安大略省和不列颠哥伦比亚省的中学里使用，学生们利用原始文献投入到历史学家般的工

[1] Dueck, K., Horvath, F., Zelinski, V. "Bev Priftis" Class Takes On the Calgary Zoo [J]. One World XVI, 1977 (Summer): 7-8.

[2] Sears, A., Wright, I. (Ed.). Challenges and Prospects for Canadian Social Studies [M]. Vancouver: Pacific Educational Press, 2004: 21.

[3] Deyell, E. Ferment in the Social Studies: Where Will It Lead? [J]. Canadian Education and Research, 1964(4): 56.

作之中。该书开篇写道："今年你得到了一个像历史学家一样的工作机会。本书为你提供一些过去目击者所见的事实……我们会先提供各种各样的历史学家所要求的图片、地图、目击者的陈述等，希望你能认真研读证据，并得出自己的结论。"[1]

此时，加拿大社会科课程还同时受到英国的影响。比如，虽然助长以学科为中心的社会科课程的大气候是从美国发展而来，但实际的推动力则来自英国在地理教育上采用的发现式教学（discovery approach），其中最具代表性的人物便是当时世界地理教育的领军人物内维尔·斯卡夫（Neville Scarfe）。1951年斯卡夫从英国来到加拿大曼尼托巴大学，出任教育系主任一职。之后开始调研加拿大地理教育的情况，他认为，当时社会科课程在加拿大学校中的地位微不足道，特别是在西部省份。在加拿大东部，社会科课程则通过分科的形式得到了更多的关注。斯卡夫指责一般的通用教科书，"他们的展示方法正在谋杀地理课"。[2]因此，他与其他英国地理学家最早将英国地理课本带入加拿大。随后，1963年斯卡夫与乔治·汤姆金斯（George Tomkins）和多琳·汤姆金斯（Doreen Tomkins）两位加拿大地理学家合著《新版加拿大地理》（A New Geography of Canada）。在此期间，加拿大还出版了其他地理学家编撰的课本，包括乔治和希尔斯（Theo Hills）的《加拿大：区域地理》（A Regional Geography）以及多琳·汤姆金斯的《发现我们的土地》（Discovering Our Land）。这些教材全部依照发现教学法，培养学生使用地图和其他资料进行研究与分析，最后得出结论。汤姆金斯认为，实际上斯卡夫所开展的发现教学法要先于布鲁纳。此

---

[1] Sutherland, N. and Deyell, E. Making Canadian History, Book 1 [M]. Toronto: W.J. Gage, 1966: vi.

[2] Scarfe, N.V. The Teaching of Geography in Canada [J]. The Canadian Geographer, 1955(5): 4.

外，地理课在加拿大学校的复苏要早于美国尝试重建已经在中学失势的地理学科而发起的"高中地理项目"。[1]因此，在一定意义上，美国的结构主义教育运动似乎只是强化并鼓励了本已在20世纪60年代的加拿大学校地理教育中呈现的学科结构化趋势。

学科结构化运动带来的影响同样体现在加拿大省级课程上。1962年，安大略省展开了一项针对所有社会科课程的评估项目：学习设计（Design for Learning），并提交了一份详细的报告。据该报告主编弗莱（Northrop Frye）介绍，布鲁纳的思想深深地贯穿了整个调研过程。[2]这个时期，虽然不列颠哥伦比亚省的中学课程沿用"社会科课程"这一名称，但是实质是历史与地理两门学科的独立教学，双方各占整个学年的一半课时。1968年，在不列颠哥伦比亚省中学社会科课程指南中提出，应为历史与地理科目提供实际的学科内容。[3]

20世纪60年代到70年代，加拿大各高校教育学院的教师们在为社会科课程编写的教材中同样渗透着结构主义课程理论。其中，以专著《社会科课程中的学科教学》（*Teaching the Subjects in the Social Studies*）和《历史与地理教学：一本建议书》（*Teaching History and Geography: A Source Book of Suggestions*）为典型代表。后者序言中提道："社会科课程的主要目的是培养小学生开始学习各门社会科学的思考模式与结构。"[4]

在教学实践中，美国课程学者希尔达·塔巴（Hilda Taba）与她

---

[1] Choquette, R., Wolforth, J., Villemure, M. (Ed.). Canadian Geographic Education [M]. Ottawa: University of Ottawa Press, 1980: 3–17.

[2] Frye, N. Design for Learning [M]. Toronto: University of Toronto Press, 1962: 8–12.

[3] Province of British Columbia, Department of Education. Division of Curriculum, Secondary School Curriculum Guide, Social Studies [M]. Victoria: Queen's Printer, 1968: 13.

[4] Hardwick, F.G., Deyell, E., Sutherland, J.N., Tomkins, G.S. Teaching History and Geography: A Source Book of Suggestions [M]. Toronto: W.J. Gage, 1967: i.

的同事们在加州康特拉科斯塔县（Contra Costa County, California）的工作成为美国传来的又一大影响。加拿大教师依据塔巴的教学策略，采用核心概念组织课堂教学。塔巴坚持泰勒原理的课程设计过程，并在其基础上进行改造与完善，于1962年提出课程设计过程的八步模式：诊断需求、建立目标、选择内容、组织内容、选择学习经验、组织学习经验、评价、检查平衡与顺序。20世纪70年代，塔巴撰写的《小学社会科课程教师手册》（*Teachers' Handbook for Elementary Social Studies*）广泛应用在加拿大各高校的社会科课程与教学之中。与此同时，她的同事被邀请到加拿大的学术会议上发表演讲；塔巴编写的小学社会科课程教材由艾迪森-韦斯利出版社出版（Addison-Wesley），并授权在加拿大多个省份的小学使用。[1]一方面，塔巴辨析了许多"关键概念"。1973年，安大略省历史课程运用此方法来识别"改变、多样性、秩序、个人主义、集体利益、个人价值、关心他人、劳动尊严、传统、文化"等概念，并将这些作为"人类生活经验的核心价值"。[2]另一方面，与布鲁纳一样，塔巴也以"螺旋式"组织社会科课程内容，即在不同的年级，根据学生的直接生活经验开展不同的概念辨析，且逐步提高难度，越来越抽象。例如，"相互依赖"这个概念可以延伸到家庭、社区、国际贸易等领域。这种"螺旋式"课程很快便出现在加拿大一些省份的社会科课程文献里。1978年阿尔伯塔省社会科课程采取该方法进行了13个概念的教学，分别为：人类需求、身份、价值、视角、探究、交往、影响、社会变革、调解、环境、制度、力量、资源。对这些概念的学习从小学贯穿到高中阶

---

[1] Sears, A., Wright, I. (Ed.). Challenges and Prospects for Canadian Social Studies [M]. Vancouver: Pacific Educational Press, 2004: 23.

[2] Ontario Ministry of Education. History: Intermediate Division [M]. Toronto: Author: 5.

段。[1]塔巴认为，课程规划应该考虑到社会文化的需要、学习过程、个人发展以及学科的具体特点和独特贡献。她认为泰勒原理主要是通过学习经验从目标陈述到评价的线性运动过程。与此不同，塔巴设想了一个环形过程，过程中间有新目的和新目标出现。这个修正与杜威的源自师生交互作用的目的概念更加一致。从这个意义上说，评价应该是"形成性的"，而不完全是"终结性的"，即在课程规划和教学过程中而不是在结尾时进行评价。[2]这一时期，埃德温·芬顿（Edwin Fenton）采用探究法在加拿大开展的社会科课程项目同样成果显著。芬顿延续了布鲁纳的理念，认为学生应该同研究者一样，使用学科探究法建构关于学习内容的探究模型。[3]这是芬顿的探究法首次在加拿大社会科课程中得以运用，到20世纪70年代该方法凸显其重要性。

当参加完1966年在美国举办的国家社会科课程委员会会议回到加拿大时，一位加拿大教育家宣称："如果你问我，那个时候社会科课程的最新进展是什么，我会回答，请阅读布鲁纳和芬顿。"[4]正如已经结束的美国进步主义运动，布鲁纳的学科结构主义理论为加拿大社会科课程提供了一个聚集点，这种课程理念与方法很快出现并运用在各省学校的文件与教科书中，同时也培训了一批教师。就像潘妮·克拉克所指出的，加拿大社会科课程持续着"美国制造"。[5]

[1] Education, A. 1978 Alberta Social Studies Curriculum: Interim Edition［M］. Edmonton: Author, 1978: 11-13.

[2] ［美］威廉·F.派纳，等.理解课程——历史与当代课程话语研究导论（上）［M］.张华，等译.北京：教育科学出版社，2003：168.

[3] Fenton, E. Teaching the New Social Studies in Secondary Schools: An Inductive Approach［M］. New York: Holt, Rinehart & Winston, 1966.

[4] Holt, B.G. The National Council for the Social Studies Convention at Cleveland［J］. Exploration 7, 1967 (June): 2.

[5] Sears, A., Wright, I. (Ed.). Challenges and Prospects for Canadian Social Studies［M］. Vancouver: Pacific Educational Press, 2004: 23.

第三节

加拿大研究的兴起与社会科内容本土化

20世纪60年代末,加拿大浮现出诸多更为现实的社会问题,加之民众逐渐意识到结构主义课程运动也许只是政治家耸人听闻的危机论调,而课程模式与内容常年过度美国化,更是直接导致整个学界对加拿大社会科课程本土化及重塑加拿大身份认同的呼声日益升高。在此背景下,概念重建运动下的加拿大社会科课程正在逐步被理解为历史文本、政治文本、种族文本、性别文本以及现象学文本。

一、加拿大研究兴起的动因

首先,在《教育过程》出版10年之后,布鲁纳在思想上发生了接近180度的大转弯。20世纪60年代美国社会、政治、种族的危机使他意识到,除了与学术学科结构相联系的问题外,课程还必须解决其他问题。他在1971年写道:"除非我们尽力补偿使穷人、流浪者以及那些有点不适应我们等级制度的人——不管是黑人还是一无所有的人——所遭受的创伤,作为社会和人类的我们将是自杀……我将很高兴宣布,如果不是暂停的话,那也是不必再强调必须处理历史结构、物理结构和数学连贯性之类的东西,而是要联系我们所面临的问题情境来处理它。"[1]而加拿大社会同样存在着一系列需要解决的新问题。诸如种族

---

[1] Bruner, J. The Process of Education Revisited [J]. Phi Delta Kappan, July 1971(53): 21.

主义、性别歧视、环境恶化、原住民自治的需求高涨及魁北克独立运动的往复等。这些社会问题都需要加拿大新课程更加注重强调历史与地理，培养学生应对新问题的基本能力。据此，怀特认为，社会的特点与现状对社会科课程上教师如何教学，学生怎样学习产生了重大影响。此外，社会科课程也应对新兴的社会问题予以回应。[1]

其次，在加拿大，一些空想家常常使用危机话语来证明重大教育改革的正确性。西尔斯等人指出，被用来当作加拿大联邦政府干预公民教育的正当理由的事例不胜枚举，比如指责移民在20世纪40年代大战期间表现出的不支持态度，夸大40年代和50年代战后大批移民涌入带来的问题，升级60年代和70年代使用法语与使用英语的加拿大人之间的对立矛盾，强调青少年、妇女、少数族群、残障人等的受排斥感等。"多年来，危机的口号叫得越来越响，而国家将公民教育作为提高国家身份和全民团结的工具的兴趣相应地愈来愈浓。"[2]当加拿大民众体察到结构主义教育一定程度上同样也有可能出自政客们危言耸听的言语，且对教育改革进行干涉时，便开始对新一轮联邦政府的"花言巧语"有所警惕。

最后，加拿大社会科课程对美国教育思想的依赖在20世纪60年代末期受到了挑战，尤其是来自被誉为"加拿大公共管理研究之父"的约翰·亨杰兹（John Hodgetts）的质疑。亨杰兹根据所谓"缺陷研究"（flawed research）得出结论，认为加拿大的公民教育和历史教学亟待改善。[3]

---

[1] Wright, I. Elementary Social Studies: A Practical Approach to Teaching And Learning (6th ed.)［M］. Toronto: Pearson Prentice Hall, 2005: 26.

[2] ［加］乔治·H.理查森，大卫·W.布莱兹主编.质疑公民教育的准则［M］.郭洋生，邓海，译.北京：教育科学出版社，2009：4.

[3] Wright, I. Elementary Social Studies: A Practical Approach to Teaching And Learning (6th ed.)［M］. Toronto: Pearson Prentice Hall, 2005: 26.

其实，长久以来加拿大人一直在与美国的文化殖民做斗争。加拿大女权主义政治学者吉尔·维克斯（Jill Vickers）认为，加拿大的生存之道取决于强调与美国的差异。加拿大研究基金会（The Canadian Studies Foundation）副主任、课程历史学家乔治·汤姆金斯也提到："自从50年代以来加拿大课程相当美国化，一个渐渐破坏加拿大英语地区旧的帝国课程的过程，激发起一种以要求更多加拿大内容为形式的反应……同时，加拿大课程还在继续表明其对于传统的依赖及派生特征。"[1]

如果说尼特比的著作《理智消逝：加拿大教育的控告书》是20世纪50年代加拿大社会科课程里程碑式的出版物，布鲁纳的《教育过程》是20世纪60年代的里程碑，那么似乎不必怀疑亨杰兹的《何谓文化？何谓传统？》（What Culture? What Heritage?）在20世纪70年代的加拿大享受同样的地位。该书是对美国文化霸权与加拿大身份丧失的直接回应。作为国家历史项目的最终报告，该书历时两年，广泛调查了全国范围内的历史与公民教育，于加拿大建国百年庆典时发布，在当时产生了不同寻常的反响。作为一名历史学者，亨杰兹认为："我们正在进行着一种枯燥乏味的、不切实际的且对历史保持统一版本的教育，遵循着乏味至极的毫无争议的政治经济连续不断进步的编年体故事。"他发现"很多学生强烈表示不喜欢加拿大研究，更多的则透露出对于美国历史的偏爱，他们还经常声称自己是更有见识的"。[2]亨杰兹激进地疾呼将新的教学方法应用到加拿大研究中，使

---

[1] ［美］威廉·F.派纳，等.理解课程——历史与当代课程话语研究导论（下）［M］.北京：教育科学出版社，2003：861.

[2] Hodgetts, A.B. What Culture? What Heritage? A Study of Civic Education in Canada ［M］. Toronto: OISE Press, 1968: 24, 45, 121.

学生们不再仅仅是被束缚在座位上的听众，而是鼓励他们发现一个真正的、充满活力的加拿大。乔治·汤姆金斯也指出，这本介绍公民教育现状、被广泛阅读的报告得出的结论是，加拿大的历史教育浸淫在狭窄甚至迂腐的方式中，全然不能激发学生的兴趣。正如雷斯尼克（Resnick）断言，"加拿大的历史枯燥乏味……迥异于似乎革命流淌在血液中的美国和法国等国家"。[1]对此，亨杰兹指责道，加拿大历史的死气沉沉不仅体现在加拿大中小学教师身上，大学里的教授同样如此。

二、加拿大研究运动的开展

出于对当时社会科课程教育的不满，亨杰兹提出建立一个全国性的加拿大研究组织，意在推进跨省合作。1970年3月，加拿大研究基金会的成立使加拿大研究运动走向制度化，基金会致力于长期改善中小学加拿大研究的质量水平。[2]基金会任命亨杰兹为首任主任，并一直持续到1986年。该基金会赞助全国各个地区的项目，共形成150部出版物和大量课程研究报告，涉及1 300名参与课程开发的教师和教育者，为30 000名教师提供在职培训。[3]其中，课程开发项目分成三个小组，包括安大略省和魁北克省的劳伦森项目（The Laurentian Project）、覆盖沿海诸省以及纽芬兰与拉布拉多省的大西洋项目（Project Atlantic Canada）、涉及四个西部省份的西部项目（Project Canada West）。由此，加拿大省级课程开始将关注点更多地聚焦在加

---

[1][2] Pinar, W.F. Educational Experience as Lived: Knowledge, History, Alterity［M］. New York: Routledge, 2015: 49.

[3] Grant, J.N., Anderson, R., McCreath, P.L. (Ed.). The Canada Studies Foundation［M］. Toronto: The Canada Studies Foundation, 1986: 11.

拿大本土的相关知识，亨杰兹的研究与实践标志着加拿大研究运动的正式诞生，这场运动的影响也一直延续到今天。

1972年，乔治·汤姆金斯明确地说："关于加拿大的研究已经开始进入了以政治、性别与体育为主题的鸡尾酒会谈话。"[1]尽管这可能只是限于汤姆金斯个人经验的一种夸张说法，但从中可以窥见，加拿大研究在这一时期已经引起了广泛的关注。20世纪70年代到80年代每个省的课程都展现出对于加拿大研究内容的增强，大批的最新研究资料在课程中得以体现。那段时期，几乎每个省都开展项目用来研发课堂教材。例如，1982年不列颠哥伦比亚省的一家出版商道格拉斯&麦金太尔（Douglas & McIntyre）与小学达成协议，出版了一系列社会科教材。这些教材提供给不列颠哥伦比亚省的所有小学，并在全国市场流通。[2]

加拿大研究无疑是加拿大社会科课程本土化的重要步骤。汤姆金斯认为，"外国或外部对加拿大课程带来的影响所产生的负面效应在一定程度上也起到了相反的效果，这种文化霸权已经唤起了加拿大的自我身份认同"[3]。加拿大研究基金会的形成以及社会科课程材料的激增都是在各省教育主管部门的支持下完成的，在每个省的课程中也突出强调了对于加拿大这一国家共同体的认知，这些都极大地反抗了美国文化霸权。因此，尽管霸权本身带来的反应是消极的，但产生的结果是积极的。然而，根据派纳考证，在某一时刻——二十年前——加拿大研究被认为未能抓住重点。例如，维克斯提出，由于"加拿大事务"研究之初便被印上了创建民族主义的标签，这便使后辈学者从

---

[1] Tomkins, G. S. And Just What Is the Canada Studies Foundation? [J]. The B.C. Teacher, 1972 March(52): 212.

[2] Langford, L., Heath, C. Explorations: A Canadian Social Studies Program for Elementary Schools [M]. Vancouver: Douglas & McIntyre (Educational), 1983-1985.

[3] Tomkins, G.S. Foreign Influences on Curriculum and Curriculum Policy Making in Canada: Some Impressions in Historical and Contemporary Perspective [J]. Curriculum Inquiry, 1981(11): 158.

理论上阐明加拿大经验作为"我们真实的生活体验"时"严重受限"。她认为，加拿大研究是一个"很大程度上不合逻辑、语无伦次"的领域，只是通过创建人们遗留下的民族主义和反美主义将其结合在一起。[1]当然，派纳也同意汤姆金斯"那些美国化的课程激发出'更多的对于加拿大本土内容的需求'"的观点。[2]汤姆金斯强调，"从一开始，课程改革中采用的'自上而下'或者'教师试验'的方法，都在表征着20世纪60年代的课程改革的太过美国化已经遭到拒绝"。派纳再次重申，加拿大的特殊性被定义为与美国的不同之处。"加拿大国家意识"——概述了何为雷根斯特赖夫（Regenstreif）所见的"强化加拿大的国家主义的证据"——在此有所体现，其中，越来越多的加拿大教师变得关心自己国家学校中关于加拿大研究的教学工作。[3]

第四节

加拿大研究的深化：
对社会议题及价值观教育的关注

随着加拿大研究的如火如荼，很多加拿大课程学者进一步反思学科

[1] Pinar, W.F. Educational Experience as Lived: Knowledge, History, Alterity [M]. New York: Rout ledge, 2015: 49-50.
[2][3] Ibid.: 50.

结构运动给加拿大社会科带来的负面影响。其中，一些核心问题包括：过度重视知识目标和社会科学的学科过程，却忽视了学生需求、兴趣以及大量社会问题；教材过于复杂；普通教师并未参与教材开发；无视性别、社会阶层、宗教、伦理等问题引发的隐形课程；许多科目的逻辑过于复杂化；一旦涉及大班授课、多重课程准备、调皮的学生等情况时，搭建在研究者和真实教学情境之间的文化差异连接之桥彻底失败；对于课程开发政治化的天真理解，包括选定教科书的方法和出版社的影响力。[1]基于这些问题，从概念重建运动伊始，除了强调本土问题与研究，加拿大社会科课程的趋势便转向了对价值观教育和社会议题的关注。

一、范梅南与帕森斯的四大新课程项目

此时，布鲁纳又一次表达了对社会科教育最新的关注，这次他的关注点在于教授学生检验自己的价值观以及通过结合、借鉴、吸收社会和个人的观点，成为积极的决策者。在《再论教育过程》(*The Process of Education Revisited*)中，布鲁纳列举了贫困、种族主义、不受欢迎的越战等美国社会问题，还涉及一定程度上学校已经成为"社会邪恶力量的工具"。[2]加拿大著名历史学家肯恩·奥斯本（Ken Osborne）也指出，那一时期加拿大同样处于"价值观危机"之中，出现了诸如性别歧视、来自第一民族（first nations，特指加拿大原住民）的抗议以及联邦政府与各省之间关系的恶化。

由此可见，在以边界愈发模糊、互联性日益增强为特征的全球化环境下，公民政策中的多元化和价值观问题需要教育界对课程与

[1] Sears, A., Wright, I. (Ed.). Challenges and Prospects for Canadian Social Studies [M]. Vancouver: Pacific Educational Press, 2004: 25.
[2] Bruner, J. The Process of Education Revisited [J]. Phi Delta Kappan, July 1971(53): 21.

教学方法进行更加深入的探讨。[1]如同美国的反应，加拿大开始改变省级社会科课程的目标和教材。作为深入参与概念重建运动的加拿大学者，范梅南和吉姆·帕森斯（Jim Parsons）通过对20世纪70年代到80年代众多加拿大社会科课程加以分类，从中研发出四个新的课程项目类型，包括社会重建与反思意识（social reconstruction and reflective awareness）、道德教育与评估过程（moral education and valuing processes）、环境教育与社会问题方法（environmental education and social problems approach）、加拿大研究与公民教育（Canada studies and citizenship education），所有这些均由社会问题构成。

具体而言，第一，范梅南和帕森斯描绘了社会重建与反思意识的重要性，"公民中积极批判意识的培养首先需要社会转变，朝向更为公正、平等的社会秩序迈进"。[2]安大略省已经开始在这个项目中进行探索，开设了黑人研究、女性研究、第三世界研究等课程。第二，范梅南和帕森斯将道德教育与评估过程分为两种教学方法。其中，道德推理方法是基于哈佛大学劳伦斯·科尔伯格（Lawrence Kohlberg）的道德发展阶段理论，意在培养学生的道德推理能力系统地由低级向高级演化；价值澄清的方法是基于1966年路易斯·拉思斯（Louis Raths）、梅里尔·哈明（Merrill Harmin）、西德尼·西蒙（Sidney Simon）在《价值与教学》（*Values and Teaching*）一书中，针对儿童在多元文化社会中必须面对多种价值观的选择而提出的价值澄清三级模式（选择、珍视、行动），该方法鼓励学生们选择符合自己的价值

---

[1] ［加］乔治·H.理查森，大卫·W.布莱兹主编.质疑公民教育的准则［M］.郭洋生，邓海，译.北京：教育科学出版社，2009：24-25.

[2] Parsons, J., Milburn, G., Manen, M.V. (Ed.). A Canadian Social Studies ［M］. Edmonton: University of Alberta Faculty of Education, 1985: 6.

观。价值澄清模式在1971年阿尔伯塔省的中小学社会科课程中起着"超乎想象的影响"，其中，小学以体验决策制定为主，中学以培养应对变化为主。[1]从1971年到1978年修订，价值澄清模式奠定了阿尔伯塔省中小学社会科课程的基础。第三，范梅南和帕森斯将环境教育与社会问题方法看作用来集中解决本土问题，处理诸如人口过剩、环境污染、资源短缺等宏观议题的有效对策。第四，加拿大研究与公民教育则是处理一些加拿大人关心的更为具体的社会话题。

当理论进入实践层面，大多数加拿大社会科课程并未清晰地从以上四种课程项目中分辨出一种或几种，取而代之的是采用混搭形式，即选取其中的任意两种或多种进行组合。1981年阿尔伯塔省的社会科课程便是混搭的代表。该课程涵盖了社会重建与反思意识、环境教育与社会问题方法、加拿大研究与公民教育，将社会科课程定义为，"用来让学生们探索，并有可能解决公共或个人关心的社会问题"。其中，每个年级的课程内容围绕三个社会主要问题展开（十一年级和十二年级围绕两个社会主要问题），课程鼓励教师去帮助学生进入真实生活情境，了解这些主题，从而做出决策。尽管这些问题涉及当地、省、国家以及世界范围，但课堂上真实的时间分布则是有关加拿大的主题要占到整个课程内容计划的60%。[2]范梅南和帕森斯关于社会科课程模式的思考不仅影响着加拿大一些地区的课程实践，同时对于本世纪初加拿大社会科课程四大范式的最终确立也起到了理论铺垫的作用。对此，本书将在第二章第二节进行重点描述。

1982年，教育部长委员会（Council of Ministers of Educaton）调

---

[1] Milburn, G. The Social Studies Curriculum in Canada: A Survey of the Published Literature in the Last Decada [J]. Journal of Educational Thought, 1976(10): 222.

[2] Education, A. 1981 Alberta Social Studies Curriculum [M]. Edmonton: Author, 1981: 1.

查各省社会科课程实施情况，结果显示，各省普遍采用探究法教学，旨在"提供学生能够有效、有责任地参与不断变化的社区、国家、世界事务所需的知识、技能、价值观和思维过程"[1]。当然，各省在具体实践上也表现出一定的差异性。比如，20世纪80年代，不列颠哥伦比亚省、阿尔伯塔省和新斯科舍省从小学到中学都开设名为社会科的课程。其中，不列颠哥伦比亚省遵循传统，依靠历史和地理作为主要的知识与学习活动；[2]阿尔伯塔省要求学生学会探究、学会解决公共和个体关注的社会问题；[3]新斯科舍省的目标是给学生提供广泛的技能学习，使其可以运用地理、历史及其他社会科目等各类知识，应对加拿大和世界其他地方的事务。[4]而安大略省则并未开设名为社会科的课程，取而代之的是在小学设立了本土化的"环境研究"项目；中学则为学生们提供了历史、地理和当代研究。这些项目意在帮助学生理解自己身处的社会以及其他社会，形成自信和关心他人的品格，成为教育和社会的积极参与者。[5]从以上各省对社会科课程的界定中可以窥见大同小异之处。

二、依旧四处弥漫着的"美国制造"

20世纪60年代，当人们聚焦在社会科学教育时，两组最有影响力的美国社会科课程学者们正研发应对社会问题的教育项目。其中一

---

[1] Council of Ministers of Education, Canada. Social Studies: A Survey of Provincial Curricula at the Elementary and Secondary Levels [M]. Toronto: Author, 1982: 4.

[2] British Columbia, Schools Department, Curriculum Development Branch. Social Studies Curriculum Guide: Grade Eight-Grade Eleven [M]. Victoria: Author, 1982: 4.

[3] Alberta Education. 1981 Alberta Social Studies Curriculum [M]. Edmonton: Author, 1981: 1.

[4] Council of Ministers of Education, Canada. Social Studies: A Survey of Provincial Curricula at the Elementary and Secondary Levels [M]. Toronto: Author, 1982: 57.

[5] Ontario Ministry of Education. Curriculum Guideline: History and Contemporary Studies [M]. Toronto: Queen's Printer, 1986: 5.

组是在哈佛大学，由杰出的社会科课程学者唐纳德·奥利弗（Donald Oliver）、詹姆斯·谢弗（James Shaver）、弗雷德·纽曼（Fred Newmann）领导的项目——"高中公共议题教学"（Teaching Public Issues in the High School），里面的内容集中在那些有争议的社会问题以及培养学生做决策的能力。另一组在印第安纳大学，由雪莉·恩格尔（Shirley Engle）和弗雷德里克·史密斯（Frederick Smith）以及他们的研究生拜伦·玛歇拉斯（Byron Massialas）、C.本杰明·考克斯（C. Benjamin Cox）、简·塔克（Jan Tucker）组成的团队将工作重点放在作为反思性探究的公民教育议题上。在加拿大，安大略省教育研究所（Ontario Institute for Studies in Education）开展的"加拿大关键问题系列"（The Canadian Critical Issues Series），又称"公共议题项目"（the Public Issues Program）正是效仿哈佛大学在高中实施的教授公共议题项目。对此，奥斯本认为，哈佛大学社会科课程项目"被完全改变后融入加拿大语境"。加拿大项目的两位研发者描述了该项目的目标："一是通过对主要的社会冲突进行积极的讨论，期望使学生获得一种对当下社会的理解；二是在第一个目标的基础上有所实践，能够使学生获得分析、讨论、解决这些冲突和问题的必备技能。"[1]项目由单元组成，每个单元会选取一些诸如加拿大与美国的关系、法裔加拿大人独立主义、维护治安的方法、加拿大社会中女性的地位等议题进行探讨。

20世纪80年代，加拿大研究基金会也开始支持一些基于问题导向的教材。其中，不列颠哥伦比亚大学研发的《加拿大的公共

---

[1] Bourne, P. and Eisenberg, J. The Canadian Public Issues Program: Learning to Deal with Social Controversy [J]. Orbit: December 1976(6): 16-18.

议题：课堂教学的可能性》（*Public Issues in Canada: Possibilities for Classroom Teaching*）得到了基金会的赞助。这套教材包括《工作生活的特点》（*The Quality of Work Life*）、《多元文化的经验》（*A Multicultural Experience*）、《自由贸易》（*Free Trade*）等小册子。此外，加拿大研究基金会大西洋中心出版了一套以《理解加拿大环境》（*Understanding the Canadian Environment*）为名的小册子，审视了加拿大的地理环境、文化环境以及政治环境。这套系列丛书包括:《加拿大：资源发展的挑战》（*Canada: Challenges in the Development of Resources*）、《加拿大：人权——自由的基础》（*Canada: Human Rights: Foundations for Freedom*）、《加拿大：人权与法律》（*Canada: Human Rights and the law*）。所有这些资料都为学生提供了针对当前加拿大社会问题进行分析与讨论的案例，期待学生能够从这些现实问题中探索出不同的视角，并提出自己的观点与解决路径。值得注意的是，这些材料同样是出自范梅南和帕森斯项目的结合体。

这一时期美国的影响依然四处弥漫。例如，在加拿大培训未来教师的项目中仍一如既往地使用美国社会科课程教学方法的教科书。其中，约翰·米凯利斯（John Michaelis）撰写的《民主社会儿童的社会科课程》（*Social Studies for Children in a Democracy*）和塔巴的《小学社会科课程教师手册》（*Teacher's Handbook for Elementary Social Studies*）是最为流行的两本。那时，加拿大学生选择出国攻读研究生课程通常也都前往美国。从一份1976年出版的之前10年的社会科文献回顾可以看出，诸如发现、探究等概念都是衍生自美国的材料。加拿大学者在加拿大各地讨论美国问题时，大量采用了来自美国的文献。

第五节

不断明晰的核心——公民教育

加拿大社会科课程从20世纪60年代强调公民身份转移到更为关注社会科学的学术问题，20世纪70年代则转向对道德问题和价值观教育的探讨，而加拿大研究的兴起同样发生在70年代，这种现象在加拿大是独一无二的。奥斯本指出，"加拿大研究在某些方面结合了60年代严肃的学术问题、公共议题相对应的主题以及七十年代对于价值观的兴趣，使它向世界呈现了一个高度兼收并蓄的面貌"[1]。本节重点阐释20世纪80年代重新强调公民身份以来的加拿大社会科公民教育实践与载体，对于社会科怎样承载公民教育，如何培养良好公民，何为良好公民等问题，将在下一章第三节详细论述。

进入20世纪80年代，推动世界性公民教育改革的危机感的强度令人震惊，危机话语无处不在。在学术界，像米歇尔·布利斯（Michael Bliss）和杰克·格拉纳斯坦（Jack Granatstein）这样杰出的教授，分别写作了《割裂加拿大》（*Sundering of Canada*）和《是谁杀害了加拿大历史？》（*Who Killed Canadian History?*）。"虽然我们无条件地支持学习历史和政治，但是，没有多少理由相信学生具备了历史和政治知识就必然表明公民教育成功了。相反，必须在这种知识与

---

[1] Roberts, D.A., Fritz, J.O. (Ed.). Curriculum Canada V: School Subject Research and Curriculum/Instruction Theory [M]. Vancouver: University of British Columbia, 1984: 87.

有意义的政治参与的意向性要求之间求得平衡。不幸的是，大谈特谈无知危机的空想家们和组织机构，恰恰都忽视了公民教育的这一关键因素。"[1]

任何真正有效的公民教育改革方法都应该认识到民主参与的复杂和多面的本质，将历史和政治知识视作一个更为复杂的公民概念成分，并且充分理解在学校造就参与意向的重要性。[2]20世纪80年代，加拿大开始见证对于公民身份的重新强调，此次是透过政治教育的镜头得以呈现。这种变化在一些专著中有所体现，如奥斯本的《政治学教学：给教师们的一些建议》（*The Teaching of Politics: Some Suggestions for Teachers*）。这些政治教育的一个组成部分便是社会行动。弗雷德·纽曼及同事们的工作在美国威斯康星大学麦迪逊分校附属高中得以有效开展，这在政治教育方面产生了很大影响。纽曼促使学生发展"环境能力"（environmental competence），积极投入社会行动，成为理解公共问题的自然结果。1981年阿尔伯塔省课程融入这个概念，同时采用七步探究模型，鼓励学生"通过制定计划来运用决策"（例如，工作在一所待改进学校或待改进的课堂环境；为与自己关系密切的社区提供服务；积极参与政治活动等）。然而，1988年初中社会科课程放弃了社会活动，支持被称为"负责任公民"的项目。这种公民身份的形式被描述在课程文件之中，包括批判性思维和创造性思维，也涵盖问题解决与决策制定，但并没有最后一步——实践决策。[3]

---

[1] ［加］乔治·H.理查森，大卫·W.布莱兹.质疑公民教育的准则［M］.郭洋生，邓海，译.北京：教育科学出版社，2009：7.

[2] 同上：13-14.

[3] Alberta Education. Junior High Social Studies Teacher Resource Manual［M］. Edmonton: Author, 1988.

阿尔伯塔省比其他省份更加深入地运用了社会行动这一概念。这时，其他省刚刚将社会行动融入社会科课程。比如，1985年，曼尼托巴省课程涉及诸如志愿帮助需要服务的年长者或积极参与政治竞选运动等社区活动。[1]纽芬兰省提及："需要从强调被动的学习知识到主动获得并使用社会知识的转向。"[2]安大略省课程包括参与家庭或学校社区的服务活动，以及与全球问题或环境问题相关的活动。[3]

此时，很多学者注意到历史课等分科课程的衰落以及与此相伴的社会科课程等跨学科课程的复兴。其中，历史课程的减少始于布鲁纳强调的学科结构运动日渐衰落，大家将目光聚焦在课程材料方面。正如《有偏见的课本》(*Slanted Textbooks*)和《告诉它它本来的样子》(*Tell It the Way It Was*)等文章，猛烈批判了当时课本中存在的对于特定群体的刻板印象。接下来的20年，大量研究试图判定课本是否或以何种方式偏向于特定的社会群体。这些研究的最终目的是，如果课本对于学生而言过于片面，那么便会被从省级批准使用的书单上删除。此外，这类研究通常得到各省人权委员会、省教育部门或原住民组织的支持与赞助，这些群体格外关注课本中与自己身份相关的描写与刻画。引发的结果是，在接到授权状态之前，各省为了评估潜在的文本，开始关照社会各群体的利益，并尊重相应文化与历史。其意图是仅仅授权给那些可以精准刻画出加拿大种族多元化，同时展示出为加拿大社会的过去和今天作出积极贡献的不同性别、不同族裔、不同年龄、不同能力，以及包括老年人和残障人士等不同群体特点的教材。

---

[1] Manitoba Education. Social Studies: K to 12 Overview [M]. Winnipeg: Author, 1985: 12.

[2] Government of Newfoundland and Labrador, Department of Education, Division of Program Development. A Curriculum Framework for Social Studies: Navigating the Future [M]. St. John's: Author, 1993: 3.

[3] Ontario Ministry of Education. The Common Curriculum, Grades 1 to 9, Working Document [M]. Toronto: Queen's Printer, 1993.

1981年安大略省教育部门研发的《安大略学校教材中的种族、宗教和文化》(*Race, Religion, and Culture in Ontario in School Materials*)包含了以上标准。

虽然加拿大学者持续适应美式思维,但已经开始雕琢自己的研究领域,以此为社会科课程领域出谋划策。1984年,杰弗里·米尔本(Geoffrey Milburn)在国家社会科课程杂志《历史和社会科学教师》(*The History and Social Science Teacher*)开展了一项调查,显示出加拿大社会科教师对该领域的贡献涵盖工人阶级历史、多元文化主义、古代历史的关联性、经济教育、定量研究方法、人权、社会科学技术、道德教育和社会研究、价值观教育等研究内容。[1]

尽管20世纪80年代见证了远离单纯依靠美国资源的时代,但一些美国教材仍然在加拿大各高校使用,特别是在教育学院。比如,约翰·米凯利斯(John U. Michaelis)的《儿童社会科课程》(*Social Studies for Children*)、大卫·威尔顿(David A. Welton)和约翰·莫兰(John T. Mallan)的《儿童和他们的世界》(*Children and Their World*)、约翰·扎罗里麦克(John Jarolimek)的《小学社会科课程》(*Social Studies in Elementary Education*)等美国教科书依旧是教育学院社会科课程的参考书。此外,《历史和社会科学教师》里面的文章经常引用来自美国的材料。正如汤姆金斯所指出的,"来自美国的影响毫无疑问正在发生着巨大变化,通常是非正式的,也可能是不可测量的,但是这种影响绝不可能被无视"[2]。

---

[1] Milburn, G. Alternative Perspectives-Social Studies and Curriculum Theory in Canada: A Response to Ken Osborne [J]. Curriculum Canada V: 126-127.

[2] Parsons, J., Milburn, G., Van Manen, M. (Ed.). A Canadian social studies [M]. Edmonton: University of Alberta Faculty of Education, 1985: 26.

第六节

社会科内容的历史化与课程开发的区域化

　　加拿大社会科课程当前的趋势是对课程中的历史部分再次燃起激情，同时，新的区域课程在加拿大西北部和大西洋地区兴起。历史在学校课程中所处的位置成为世纪之交以来社会科课程争论的核心议题。1998年著名历史学家格拉纳斯坦撰写的《是谁杀害了加拿大历史？》触发了一系列新课程开发。同时，格拉纳斯坦也体察到历史教育的未来正呈现出积极发展的态势，"一些小细节表明历史正在开始影响公共意识"[1]。也许这些细节中的第一个征兆便是引起学界震荡的由麦吉尔加拿大研究所组织的1999年国家会议——给过去一个未来（Giving the Past a Future）。这次大会是关于加拿大历史教学领域的第一次国家级会议，吸引了750位大学历史学者、教育学学者、中小学历史教师、国家教育部门课程专家，同时还有档案管理员、博物馆馆长、出版人等。2001年，在温尼伯（Winnipeg）举办了第二次会议——给未来一个过去（Giving the Future a Past）。在这两次会议上，课程国家标准问题变得格外重要。那些赞成国家标准的学者，比如拉迪亚德·格里菲斯（Rudyard Griffiths）认为，基于国家历史课程的价值观可以提升强烈的国家认同与公民意识；而那些反对者辩解道，重要的学科史打算传授给学生理性的方法来处理历史叙述中的冲突，这

---

[1] Granatstein, J.L. Who Killed Canadian History? [M]. Toronto: Harper Collins, 1998: 49.

种方法的培养要通过基于对史料和证据深思熟虑的检验。[1]

2000年历史基金会（Historica Foundation）的建立是另一个标志性事件，它使历史在学校课程中变得更加稳固。这个由私人集资的基金会已经为很多新方案提供了赞助，比如在逐渐流行起来的文物博览会项目（Heritage Fairs Program）中，通过基金会的帮助使大量暑期学校教师以及一些历史课程网站制作人能够参与其中。此外，还有两个有趣的项目正在进行之中，一个是加拿大电视广播公司拍摄的电影——《加拿大：人民的历史》（A People's History）被广泛应用于加拿大各个学校；另一个是2001年彼得·塞沙斯在不列颠哥伦比亚大学教育学院建立历史研究中心，旨在吸引历史教师以研究生的身份前来进修。

自20世纪90年代中叶起，各个省和地区都开始对社会科进行改革。地区性课程项目已经在大西洋地区和西部的一些省份及地区开始实施。其中，或许由于参与省级课程项目的时间较长，大西洋地区已经获得了更大的成功。新不伦瑞克省、新斯科舍省、爱德华王子岛、纽芬兰省联合开发"加拿大大西洋诸省的社会科课程基础"（The Foundation for the Atlantic Canada Social Studies Curriculum），该项目始于1995年建立的大西洋诸省教育基金会。这些省基于《加拿大大西洋诸省的社会科课程基础》已经共同研发了从幼儿园到九年级的新课程，其中九年级的课程叫作"全球社区下的加拿大大西洋诸省"。与大西洋诸省的合作遥相呼应，加拿大西部和北部地区在基础教育上也进行了大量合作，其中，关于社会科课程的合作所引发的争议要远远大于其他科目。各省间的合作基于1993年12月由不列颠哥伦比亚

---

[1] Seixas, P. The Purposes of Teaching Canadian History [J]. Canadian Social Studies, 2002 Winter(36): 2.

省、阿尔伯塔省、萨斯喀彻温省、曼尼托巴省、育空地区、西北地区教育主管签署的协议，2000年努纳武特地区也加入该协议。在项目进展过程中，不列颠哥伦比亚省和阿尔伯塔省相继表示不再直接参与，逐渐淡出项目。因此，最终2002年的文件——《社会科共享课程框架——幼儿园至九年级》（Common Curriculum Framework for Social Studies, Kindergarten to Grade 9）仅仅认可了剩余几个省为合作付出的努力，尽管所有省都被认为是版权持有人。基于共享课程框架的课程开发不再需要步调一致。不列颠哥伦比亚省在1997年和1998年研发了新的幼儿园到十一年级课程，并未参考已签署的所谓西部协议；育空地区则是在满足自身需要的基础上，修改了不列颠哥伦比亚省课程后进行使用；2002年，阿尔伯塔省采用共享课程框架征求意见稿来指导未来的课程开发；西北地区已经根据共享课程框架发展了符合自身特点的幼儿园到九年级课程，同时在加入本地需求后使用阿尔伯塔省的十年级至十二年级课程，另外，西北地区还开发了一门叫作"北部研究"的十年级社会科课程，这是一门毕业必修课；同不列颠哥伦比亚省一样，萨斯喀彻温省也选择不再等待共享课程框架，他们在90年代创造了新的课程；曼尼托巴省当前使用的主要课程仍是基于共享课程框架的修订版；安大略省在1995年使用独立的新教材来取代共享课程框架，该省保持强调一年级到六年级社会科课程的重要性，七年级开设历史课，开设地理课，九至十年级的必修课与十一至十二年级的选修课均为设置在加拿大研究和世界研究两个大主题之下的子课程。[1]

---

[1] Sears, A., Wright, I. (Ed.). Challenges and Prospects for Canadian Social Studies [M]. Vancouver: Pacific Educational Press, 2004: 31.

这些新课程的一个共同特征是，强化批判性思维的培养。不列颠哥伦比亚省的批判性思维联盟已经将这项工作更深一步，通过课程系列建立批判性挑战。这个课程系列中研发的大多数小册子均支撑着社会科课程，其中包括《19世纪加拿大掠影》（*Snapshots of 19th Century Canada*）、《法律和政府中的批判性挑战：加拿大宪法的危机———一次模拟》（*Critical Challenges in Law and Government: Canada's Constitutional Crisis-A Simulation*）、《小学高年级社会科课程中的批判性挑战》（*Critical Challenges in Social Studies for Upper Elementary Students*）等。需要注意的是，加拿大社会科课程教育者们并未保留明显的国家框架。在加拿大，不存在社会科课程教师的全国性组织，也没有国家性的会议。然而，《加拿大社会科课程》（*Canadian Social Studies*）杂志持续提供论坛探讨学界感兴趣的话题，尽管这只是在网站上而不是以印刷形式出版，文章作者既有中小学教师又有大学研究者，通常每年出版三到四期。

当前，全国范围内有四本加拿大社会科课程方法论的教材，均被应用在职前教师的培训上，它们都比美国版教材受欢迎。这四本教材包括由不列颠哥伦比亚大学伊恩·赖特撰写的《小学社会科课程：一种实践方法》（*Elementary Social Studies: A Practical Approach*）、阿尔伯塔大学约瑟夫·基尔曼（Joseph Kirman）撰写的《小学社会科课程》（*Elementary Social Studies*）、西蒙弗雷泽大学罗兰·凯斯和不列颠哥伦比亚大学彭尼·克拉克编撰的《加拿大社会科课程选集：针对教师的问题与策略》（*The Canadian Anthology of Social Studies: Issues and Strategies for Teachers*）以及在该书基础上撰写的最新版本《加拿大社会科课程的趋势与问题》（*Trends & Issues in Canadian Social*

Studies）[1]。

自20世纪20年代进步主义教育运动起，美国社会科课程便全面影响加拿大社会科课程。之后，加拿大经历的学科结构化、社会议题和价值观教育的讨论，直至20世纪80年代的公民教育，都深深打着"美国制造"的烙印。然而，贯穿其中的加拿大研究以及加拿大社会科区域项目的兴起，也见证了加拿大社会科不懈的本土化进程。

其中，很多由加拿大学者编写的社会科课程教材和其他课程材料已经大大削弱了来自美国的影响。同时，加拿大研究基金会研发的很多材料也为当前强调加拿大教材本土化提供了动力，鼓励加拿大教育界、出版人士和作家进行不断的创作。这对于研发加拿大版社会科课程教材至关重要，因为公民目标和加拿大内容在该课程中占据着支配性地位。此外，全国性社会科课程教师杂志——《加拿大社会科课

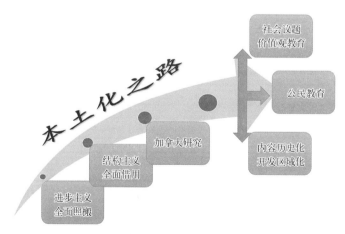

图2-1 加拿大社会科课程的本土化之路

[1] Sears, A., Wright, I. (Ed.). Challenges and prospects for Canadian social studies［M］. Vancouver: Pacific Educational Press, 2004: 31.

程》为该领域提供了互动交流的机会，期待独一无二的加拿大思想的出现。这些年来，该杂志一直在努力实现对加拿大社会科课程教育者的巨大承诺——为其提供一个交流思想的平台。

谈到加拿大的教育经验时，迈克尔·卡茨（Michael Katz）曾说道，"简单的直接借鉴观念并不能得到满足"[1]。一个不可忽视的事实是，加拿大人是在适合自身特点的课程中使用了美国教材。乔治·汤姆金斯甚至指出，美国模式和策略已经被运用于加拿大课程和教材的研发，因此并不存在美国教材的直接进口。[2]从加拿大社会科课程的发展史来看，美国烙印是相当明显的，而且完全避免美国的影响也是不可想象的。但加拿大教育者们在此过程中所付出的本土化的努力也是显而易见的，他们在不同的历史阶段将美国社会科课程的理论和方法引进来并不断融入加拿大语境，同时在内容上不断突出加拿大的本土特征，在方法上谋取借鉴对象的多样化，用以削弱美国对加拿大过大的影响，从而发展出加拿大自己的社会科课程。

---

[1] Mattingly, P.H. and Katz, M.B. eds.. Education and Social Change: Themes from Ontario's Past [M]. New York: New York University Press, 1975.

[2] Tomkins, G.S. Foreign Influences on Curriculum and Curriculum Policy Making in Canada: Some Impressions in Historical and Contemporary Perspective [J]. Curriculum Inquiry, 1981(11): 157-166.

第三章

21世纪加拿大社会科课程改革

尽管20世纪80年代后期，北美概念重建运动逐渐失去了凝聚力，但概念重建运动所形成的课程理论及课程思想并未中断，而是继续深入发展，呈现出一些新的特点和研究主题，其中一个重要特点是概念重建运动从不断"交叉"走向"综合"。[1]后概念重建在继承概念重建运动理论遗产的同时，同样反对行为主义、非人性化的技术、科学主义、官僚主义、学科中心取向、标准化的评价与测量等课程领域的异化现象。由此，进入21世纪，加拿大社会科课程在应对原有问题的基础上，又迎来了一些属于新时代的特有问题。

一方面，作为一门整合课程，社会科课程教师面对涉猎领域如此广泛的课程，究竟应该如何选择教学内容成为一个问题；"获取社会科学相关知识和技能""培养解决问题的能力""帮助学生成为好公民"这些课程目标过于宽泛，如何将其落在实处，能够真正在课堂上实现这些目标等经典的社会科课程问题依旧没有得到彻底解决。另一方面的问题是，省级课程评价体系与评价标准的设定是否能够反映当地学校的实际情况，从而形成有效评价，推动学科健康发展，激发教师和学生的求知欲；现有的多元化课程内容是否能够满足各国持续增加的移民儿童以及不断涌入的难民儿童的不同需求；如何重新认识在信息化、网络化、智能化时代教师的教与学生的学等社会科课程新问题又层出不穷。带着这些新老问题，笔者希望能从加拿大英语区社会科课程的发展现状，以及不列颠哥伦比亚省社会科课程在21世纪以来的四次改革中寻得答案。

---

[1] 王永明.威廉·派纳课程理论的研究 [D].北京：北京师范大学，2015.

第一节

20世纪末加拿大英语区社会科课程的总体状况

在加拿大的英语区（泛指除魁北克以外的加拿大地区），由于各省和地区在开展社会科课程时采用不同的课程定义、不同的课程模式以及不同的教学组织方法，想要描绘出一幅加拿大英语区社会科课程的全景图是极大的挑战。本节只是关于加拿大英语区社会科课程的一个粗略概览，以便为下文专门介绍不列颠哥伦比亚省的课程提供宏观背景。

加拿大所有地区均将社会科课程设为小学必修课程，阿尔伯塔省更是规定从幼儿园到十二年级必须开设社会科课程，加拿大其他诸省则将历史课、地理课、世界历史课等以选修课的形式安排在高中阶段。此外，在大多数省份和地区，社会科课程对于历史知识的强调要普遍多于地理知识。

一、加拿大英语区社会科课程目标

对于社会科课程要实现的学习目标，加拿大各省和地区的课程文件有着不同的表述。一些关于课程的文件希望课程传授具体的知识、技能与态度，而其他文件以行为表现为基础做出课程评价，如不列颠哥伦比亚省采用强调课程内容与课程过程的"规定性学习效果"进行课程评价。近年来，除了关注传统的知识内容、身份认同与技能，加拿大社会科开始逐渐强调使学生通过课程获取批判性思维、探究能力、精神、爱心、归属感和故事。

其中，强化批判性思维早已是社会科课程项目的重中之重，与此相伴，探究也成为很多省级社会科课程的核心目标，并一直与批判性思维和观照多重视角融合在一起。例如，阿尔伯塔省社会科课程项目要求，根据学生探讨的主题提出具体的探究步骤与模式，同时依据所研究的主题、学科、学生需求，将批判性思维和创新性思维贯穿在探究模式之中。

表3-1　1990年阿尔伯塔省社会科课程的问题解决模式与制定决策模式

问题解决模式	制定决策模式
理解问题	理解主题
开发研究问题和过程	开发研究问题和过程
搜集、组织、阐释信息	搜集、组织、阐释信息
形成结论或解决方案	思考可选方案
	做出选择
	行动（是否具有可能性和是否值得做）

资料来源：Alberta Learning, Curriculum Branch. Social Studies Program of Studies: Elementary Schools [M]. Edmonton: Author, 1990: B2.

与知识、技能相比，一些更为"柔性"的概念渐渐地突出了自身在社会科课程中的价值。比如，公民教育主题下的"故事"以及"归属感"（belonging）。具体而言，1993年纽芬兰与拉布拉多省社会科课程框架反映出在历史思维形成过程中采用叙事法的重要性，[1]从而使"叙事"作为一种研究方法和呈现信息的方式在社会科课程中通过讲

---

[1] Government of Newfoundland and Labrador, Department of Education, Division of Program Development. A Curriculum Framework for Social Studies: Navigating the Future [M]. St. John's: Author, 1993: 35.

故事的方法得以体现。随后，"故事"作为一个概念也出现在阿尔伯塔省社会科课程中，原住民对于故事的迷恋以及原住民文化中口耳相传的叙事传统深深地影响着课程内容。

"加拿大西部协议"（the Western Canadian Protocol）课程框架文件反映了社会科课程另一种"柔性"追求，即更加强调充满感情的概念，诸如"爱心""精神"。框架提出：从幼儿园到十二年级的社会科课程将满足学生需求，反映21世纪学习者的基本特征，并使加拿大公民和加拿大身份的概念成为课程的核心。课程将体现多元文化的视角和观点，包括传递原住民和法裔加拿大人群体的文化，有助于满足加拿大不断发展的社会现状。最终框架将形成一种加拿大精神，这种精神能够为每名学生创造出一种归属感，作为他或她成长为有责任感的、积极的社会、国家、全球公民的基础。[1]虽然阿尔伯塔省和曼尼托巴省在当前的社会科课程项目中都不再继续保留"爱心"和"精神"等概念，但"故事"和"心声"等概念依旧是社会科课程所追求的目标。

由此可见，加拿大英语区社会科课程的课程目标正在由知识、技能朝向"精神""故事""归属感"等更为柔性的概念发展。

二、加拿大英语区社会科课程的组织模式

经过百年发展，加拿大社会科课程形成了概念螺旋上升、历史排序法以及扩展视域三种模式。本书将在理论变革部分（第四章第一节）对每种组织模式进行具体分析，这里只做概览性的介绍。

一直以来，加拿大的课程文件试图将历史、地理、经济、法律、

[1] Western Canadian Protocol. Foundation Document for the Development of the Common Curriculum Framework for Social Studies: Kindergarden to Grade 12［M］. Winnipeg: Author, February 15, 2000: 5.

哲学、政治科学、人类学以及其他社会科学有机融入社会科课程。其中，作为扩展视域模式的典型代表，大西洋诸省和阿尔伯塔省的项目便是以多学科内容为基础，根据不同主题择取相应学科，从而通过整合课程模式构建整个课程框架。例如，新不伦瑞克省社会科课程——"地球村中的加拿大大西洋诸省"涵盖了人类学、经济学、地理、历史、法律、政治科学、社会学等学科，通过五大核心主题（自然环境、文化、经济、科技、互相依存）将这些学科融汇在一起。[1]这些主题成为课堂组织结构的主线，将历史、政治等学科有机结合，构成适合青少年发展的有意义的文本或活动。阿尔伯塔省当前的社会科课程也是根据年级设置不同的课程主题，微观上进行分科教学，但宏观上仍是多学科教学模式。比如，在四年级和五年级，该项目以"地理概念与理解"（阿尔伯塔：历史与人民；加拿大：历史与人民）为核心话题；接下来的课程主题则聚焦在那一时期的历史（阿尔伯塔：人民与历史；早期加拿大：探险与开拓）。[2]

　　不列颠哥伦比亚省、育空地区以及萨斯喀彻温省在社会科课程的设置上更多地采取了跨学科整合的模式，尽管不是完全统一的模式，但都倾向于无保留地基于核心议题和话题来安排学科交融。例如，不列颠哥伦比亚省采用概念螺旋上升模式，为社会科课程设置了四大议题——"社会科课程的应用""社会与文化""政治与法律""经济、科技与环境"，采用从幼儿园到十年级循环学习的方式。[3]萨斯喀彻温

[1] New Brunswick, Department of Education, Educational Programs and Services Branch. Atlantic Canada in the Global Community Grade 8 [M]. Frederiction: Author, 1998: 1.

[2] Alberta Learning, Curriculum Branch. Social Studies Program of Studies: Elementary Schools [M]. Edmonton: Author, 1990.

[3] British Columbia Ministry of Education, Skills, and Training. Social Studies K to 7: Integrated Resource Package [M]. Victoria: Author, 1998；British Columbia Ministry of Education, Skills, and Training. Social Studies 8 to 10: Integrated Resource Package [M]. Victoria: Author, 1997.

省比其他省更加注重科目之间的整合，依照这种社会科课程的基本原理和哲学，该省通过跨学科的整合，将课程的核心培养目标聚焦在独立学习、个体和社会的价值与技能、批判性和创新性思维、交际、数学、科技素养这六大方面。[1]这些方面影响着社会科课程如何教学、如何组织、如何评估。

与其他诸省略有不同，安大略省采用了历史排序法，以历史和地理两门学科为核心。小学的社会科课程主要是涵盖历史与地理主题的总括。此外，安大略省对于小学社会科课程的培养目标有一个单独的定义，即"鼓励学生审视并理解社区"，从而突出学生生活环境对课程的重要性。西北地区的特色在于根据学生发展水平而不是年级来组织社会科课程，由此更好地满足了不同能力学生的需求。

三、加拿大英语区社会科课程的设计与实施

确立了组织模式之后，各省和地区根据自身特点及需求设计并实施社会科课程。在不列颠哥伦比亚省，来自社会与文化、政治与法律、经济与科技、环境、社会科学应用等五个相关学科的研究者们共同设置了从幼儿园到十年级连贯的社会科课程。在整个课程设计中，研究者们首先传达了一个理念，即社会科课程在性质上属于跨学科课程。随后，研究者为学生提供了技能发展框架，该框架贯穿整个课程，重点强调学生们要经历类似于阿尔伯塔省课程模式中的探究过程。例如，十二年级的具体课程主要围绕第一民族的研究主题，从文明、地理、历史和法律等角度徐徐展开，鼓励学生们进行探究性

---

[1] Saskatchewan Education. Social Studies: A Curriculum Guide for the Elementary Level [M]. Regina: Author, 1995.

学习。

　　阿尔伯塔省、曼尼托巴省和三大地区（西北地区、努纳武特地区、育空地区）的新社会科课程保持了加拿大西部协议课程项目所建立的框架和视野。尽管阿尔伯塔省在2001年撤出该项目，自行研发本省课程项目，但新项目的研究焦点同曼尼托巴省和三大地区一样，仍集中在加拿大的身份与认同以及全球背景下的公民意识。曼尼托巴省呈现的课程内容涉及原住民、法裔加拿大人和其他文化视角，强调作为一名社会公民和成员的积极参与，以及当面对多元民主社会产生的诸多挑战时，作出有水平且符合道德的选择。[1] 表3-2中主题轴为从幼儿园到八年级的学生提供了研究主题。如同安大略省和不列颠哥伦比亚省在十二年级的做法，曼尼托巴省也将高年级阶段社会科课程从整个项目中分离出来，单独提供加拿大研究、地理问题、社会和政治史、西方文明、世界地理、世界问题等专项研究课程。

表3-2　曼尼托巴省幼儿园到八年级社会科课程学习内容框架

主　题	学 习 内 容
身份、文化和社区	学生将探索身份、文化和社区的概念与个体、社会和国家的关系。
土地：地方和人民	学生将探索人与土地、地方和环境的有机关系。
历史连接	学生将探索过去的人物、事件、思想如何塑造当下，又如何影响未来。
全球相互依存	学生将探索人、社区、社会、国家与环境的全球性相互依存。

---

[1] Manitoba Education and Youth. Kindergarden to Grade 8 Social Studies: Manitoba Curriculum Framework of Outcomes [M]. Winnipeg: Author, 2003: 3.

（续表）

主　　题	学　习　内　容
权力与权威	学生将探索权力与权威的形成过程和结构，以及他们对于个体、家庭、社会和国家的影响。
经济与资源	学生将探索资源与财富的分配与个体、社会和国家的关系。

资料来源：Manitoba Education and Youth. Kindergarden to Grade 8 Social Studies: Manitoba Curriculum Framework of Outcomes［M］. Winnipeg, Author, 2003: 12–13.

　　虽然一直以来西北地区和努纳武特地区都使用阿尔伯塔省的社会科课程项目，但西北地区目前研发了一套与该项目截然不同的小学社会科课程项目和一套初中公民教育项目。与此对应，努纳武特地区在1999年从西北地区分割出来的时候，赞成使用西北地区和阿尔伯塔省的课程项目，而现在努纳武特地区也正在研发新项目，比如已形成的考古学模块。育空地区则以不列颠哥伦比亚省社会科课程为基础，根据自身需求进行适当修改。

　　新的阿尔伯塔省社会科课程项目折射出与传统社会科课程设计的不同之处，把精力更多地放在与积极公民、民主、参与等相关概念之上。[1]该课程强调运用多种方法进行学习以及认识多元文化视角在学习过程中的重要性。整个项目的核心目标是培养学生逐渐形成公民意识以及身份认同感。与曼尼托巴省的新课程一样，阿尔伯塔省也根据不同年级的主题串联起各个学科的知识。这两个省的新项目均开启了咨询程序，包括收集教师和其他课程利益群体的评价、反馈等。阿尔伯塔省项目既注重历史性思维的培养、对历史的批判性分析，也强调

[1] Alberta Learning. Social Studies Kindergarten to Grade 12 Validation Draft［M］. Edmonton: Author, May 2003.

对于技术和过程的把控。[1]

萨斯喀彻温省将社会科课程定义为"一门研究人及其人与社会和物理环境之间相互关系的学科"[2]。该省课程的最大特色在于重视印第安人和梅蒂人的视角，并整合印第安人和梅蒂人文化形成课程内容。同时，萨斯喀彻温省社会科课程项目明确制定了基于学习材料的教与学。这意味着，尤其是小学阶段，不存在社会科课程的指定教材，取而代之的是多种多样的课程材料、教具和教科书供教师自由选择、自由组合、自由使用。由此形成了教师可以充分开发当地资源的课程项目。尽管该省仍然停留在加拿大西部协议项目之中，在小学仍然使用1995年的社会科课程，但中学阶段课程早已更新为本省最新模式。

正如前文所提及的，安大略省小学阶段社会科课程的设计与实施在加拿大是独一无二的。从一年级到六年级，课程项目由"遗产和公民""加拿大与世界联结"两大主题相连，分别着重学习历史与地理。7年级和8年级则分别开设历史课和地理课。与其他省和地区相同，安大略省课程强调探究性学习、批判性思维以及研究的重要性，同时也注意思维习惯在态度养成过程中的积极作用。[3]

表3-3　安大略省小学一至六年级社会科课程，七至八年级历史与地理课程

年级	遗产和公民	加拿大与世界联结
一	（人、团体、国家）关系、规则、责任	当地社区
二	传统和庆典	世界各地社群的特点

[1] Stearns, P.N., Seixas, P. and Wineburg, S. eds. Knowing, Teaching, and Learning History: National and International Perspectives［M］. New York: New York University Press, 2000.

[2] Saskatchewan Education. Report of the Social Sciences Reference Committee［M］. Regina: Author, 1984: 1.

[3] Ontario Ministry of Education and Training. The Ontario Curriculum Social Studies Grades 1 to 6；History and Geography Grades 7 and 8［M］. Toronto: Author, 1998: 3.

（续表）

年级	遗产和公民	加拿大与世界联结
三	拓荒者的生活	城市和农村的社区
四	中世纪	加拿大的各省和各地区
五	早期文明	加拿大政府
六	第一民族和欧洲开拓者历史	加拿大和它的贸易模式
七	历史	地理
	新法兰西	地理探究的主题
	英属北美	自然地理学的模式
	冲突与改变	自然资源
八	邦联	人文地理学的模式
	加拿大西部开发	经济系统
	加拿大：一个正在变革的社会	移民

资料来源：Ontario Ministry of Education and Training. The Ontario Curriculum Social Studies Grades 1 to 6 ; History and Geography Grades 7 and 8 [M]. Toronto: Author, 1998: 6.

　　尽管加拿大社会科课程因所处地域不同而各具特色，但近年来逐渐出现合作、整合之势。加拿大大西洋诸省幼儿园到九年级社会科课程基金会项目是各省之间课程充分融合的成功案例。通过各省合作研发，该项目为新不伦瑞克省、新斯科舍省、爱德华王子岛省以及纽芬兰和拉布拉多省提供了社会科课程框架。每个省可以根据自身的时间表改制课程。该课程标准强调社会科课程是一门多学科、综合的、积极的、经验的，且借鉴人文学科、自然科学、纯科学的课程，以培养有效的社会公民为主要目标，其中包含课程必须体现自由、平等、公正、人的尊严、法律、民权等基本原则。[1]项

[1] Atlantic Provinces Education Foundation. Foundation for the Atlantic Canada Social Studies Curriculum [M]. Halifax: Nova Scotia Education and Culture, English Program Service, 1998: 1.

目促进学生作为个体、作为加拿大公民以及作为越来越需要相互依存的世界公民的成长。与向学生传递对当下问题思考的多重观点一致，课程给予学生探究的多重方法，从而分析、解释自身所生活的社会及其外在社会。此外，与其他加拿大社会科课程项目相似，该项目将态度、价值观和观点整合进入课程内容中的概念轴与学习过程。

第二节

新千年以来不列颠哥伦比亚省的课程改革

限于篇幅与能力，笔者无法在此对加拿大所有英语省份的社会科课程进行更加深入的研究，因此，只能通过不列颠哥伦比亚省管窥一豹。之所以选择该省社会科课程展开重点研究，有以下几点原因：一是该省独具特色的课程研发，如开发整合资源包，完善规定性学习效果等；二是该省在新千年已经进行了三次课程改革，目前正处于第四轮课改过程之中，积累了大量实践经验；三是笔者身处该省不列颠哥伦比亚大学进行研究，有机会掌握更加充足的一手材料；四是由于下篇的个案研究对象正是该省一所小学四年级社会科课程教师。基于这些原因，本节聚焦于不列颠哥伦比亚省四年级社会科课程改革。

一、2006年社会科课程改革——优化整合资源包

新千年第一次社会科课程改革启动之前，不列颠哥伦比亚省教育部门意识到生源愈加多元化的特点，即学生们来自各个种族、有着各自的兴趣、天赋能力不尽相同，还有着各自不同的需求。因此，社会科课程要在满足学生们诸多差异的同时确保公平，尽可能使所有学习者融入由教学活动、学习成效、评价指标、评估行为等元素组成的课程体系。

此次课改的最大亮点是优化社会科课程的整合资源包（integrated resource package）。整合资源包始于该省教育部门提出的关于社会科需要遵循的三条学习原则：学习需要学生的主动参与；学生能够采用多元化的方式展开学习，同时要通过多种形式评估学习效果；学习形式涵盖个人学习与小组学习。为了更好地达成以上学习原则，社会科课程研发团队决定为任课教师配备一个提供基本学习信息与资料的整合资源包（幼儿园至七年级），包括课程注意事项（considerations for program delivery）、规定性学习效果（Prescribed Learning Outcomes, PLOs）、学生成就（student achievement）、课堂评估模型（classroom assessment model）、学习辅助资料（learning resources）等内容。[1]整合资源包的拟定稿从2005年12月到2006年2月公开征求意见，其反馈来自教育工作者、学生、家长以及项目相关人员。

具体而言，在课程注意事项方面，整合资源包涵盖了该省社会科课程的基本原理、课程目标、课程内容概览以及对课程组织者的相

---

[1] Ministry of Education, Province of British Columbia. Social Studies K to 7: Integrated Resource Package 2006［M］. 2006: 7.

关要求。此外，还包括一些额外信息，诸如指导教师如何通过执行计划方案并实施课堂教学来满足所有学习者的需求。规定性学习效果则需要课程内容在法律上符合不列颠哥伦比亚省教育系统设定的课程标准，学习效果在此被定义为社会科需要学生掌握的知识、技能和态度。学生成就由课堂评估信息和学生成就评估信息组成，根据规定性学习效果形成一套具体的成就指标。但成就指标并不具有强制性，它们仅仅是为了更好地评估学生的规定性学习效果提供帮助。课堂评估模型包含一系列由不列颠哥伦比亚省教育工作者设计的评价单元，教师可以根据课程的实施来运用或修改这套模型。在模型中，每个年级都有一张评估综述表格，以此来辅助教师开展课堂教学评估。学习辅助资料主要为社会科课程所涉及的主题提供基本材料的订货信息等。

毫无疑问，整合资源包中的所有信息和材料都要符合不列颠哥伦比亚省社会科课程的培养目标，即培养会思考、有责任、积极主动的公民，有能力通过多维视角获取信息，并作出理性的判断，同时课程为学生提供针对事件或话题进行批判性反思的机会，从而让他们更好地认识当下，与过去产生紧密关联，并具备展望未来的能力。在此目标下的新课程强调:（1）发展性理解：鼓励学生从不同维度（时间、空间、文化、价值观）深入学习，培养学生批判性思维及理性判断的能力。（2）建立关联：穿梭于历史与当代事件和话题，游走于世界各地区、环境、文化之中。（3）运用知识：允许学生形成自己的判断、表达自己的观点，以此来解决问题，指导行动。（4）公民实践参与：培养学生成为负责且积极的公民所应具备的技能和态度。[1]

---

[1] Ministry of Education, Province of British Columbia. Social Studies K to 7: Integrated Resource Package 2006 [M]. 2006: 11.

与以上四条课程要求相呼应，不列颠哥伦比亚省要求社会科课程（幼儿园至七年级）设定的规定性学习效果应该使学生通过参与社会科课程的学习，最终达到以下四点学习效果：(1)理解并准备实践自己在家庭、社区、国家和世界的角色、权利和责任。(2)展示对人类平等和文化多元的尊重。(3)理解加拿大的历史与地理，了解正在塑造加拿大社会与世界各国的历史与地理。(4)具备成为积极参与国家事务的公民以及世界公民所需要的能力和态度。

二、2010年社会科课程改革——完善规定性学习效果（PLOs）

在2006年的课程改革中，不列颠哥伦比亚省确立了规定性学习效果在社会科课程整合资源包中的核心位置。四年之后的2010年课程改革进一步强化了其作为不列颠哥伦比亚省教育系统内所有必修课程内容标准的地位。

规定性学习效果在小学四年级适用于英语语言文学以及法语教育项目中的法语语言文学、社会科、数学、科学、体育、艺术（舞蹈、戏剧、音乐、视觉艺术）、健康和职业教育以及日常体育活动等全部核心课程。规定性学习效果使用可测量的、可观察的语言清晰地勾勒出每门课程的具体规定，同时表达了期望学生在课堂上学习什么内容以及能够开展什么活动来满足课程标准所必需的态度、技能和知识。学校有责任确保所有规定性学习效果落实到每个学科的具体课堂教学之中，与此同时，各个学校在操作过程中具有一定灵活性，可以根据自身情况做出最符合学生学习效果的调整与安排。由于学生成就会根据学习效果而产生变化，因此评估以及学生毕业安置等都取决于有经验教师的专业判断，同时该省的相关政策也会起到一定导向作用。

建议成就指标（suggested achievement indicators）与每个规定性学习效果紧密相连，从而支持本省必修课程评估。其中，成就指标遵循着"促进学习的评估、作为学习的评估以及关于学习的评估"[1]的基本原则。成就指标为教师和家长提供了能够体现学生真正学到什么知识的标准，同时也为学生提供了自我评价并制定出如何能够提升自身成就的方法。值得注意的是，建议成就指标并不具有强制性，如同其名，它们仅仅是提供建议而已，旨在为学生顺利达成规定性学习效果提供有效帮助。

不列颠哥伦比亚省四年级社会科课程的规定性学习效果及建议成就指标包括五大方面：技能与过程，身份、社会和文化，治理，经济和技术，人类与物理环境（见表3-4、表3-5、表3-6、表3-7、表3-8）。

表3-4 技能与过程

规定性学习效果	建议成就指标
希望学生可以：	以下的各项指标可能会被用作评估学生成就，已经完全满足规定性学习效果的同学能够：
A1 应用批判性思维技巧，包括对比、想象、推理、识别模式和总结去遴选问题	对比所选问题的信息与观点；在信息中识别模式，运用这些模式举一反三；展示能够重构局面以及与所选问题关联的能力；总结信息与意见。
A2 使用地图和时间轴收集并呈现信息	使用地图和时间轴上的网格、图表和图例阐释并呈现具体信息；将地图上的信息转换成其他的沟通形式，反之亦然（如写一个段落描绘在地图上看到了什么；基于一个图像或口头叙述描绘一幅地图）；创建一条按年代顺序排列的时间轴呈现信息。

---

[1] Ministry of Education, Province of British Columbia. Curriculum Package: Grade 4 (September 2010). www.bced.gov.bc.ca/irp, 2016-10-11.

（续表）

规定性学习效果	建议成就指标
A3 从各种各样的资源中搜集信息	说明使用更多信息源的理由（如不同的观点、信息的流通、细节的认知程度、可靠性）；为搜集信息提供多种多样的策略（如标题、索引、网络搜索）；提供从多种信息源中进行笔录并组织信息搜集的策略；分辨一手资料和二手资料；创建一个简单的文献目录。
A4 对所选事件或问题的另类观点一视同仁	识别并讨论对于所选历史事件或问题的不同观点（如原住民和欧洲人对于当年寄宿学校、贸易交换等事件的观点）。
A5 展示所选历史事件或主题	组织信息筹备展示；运用选中的表现形式准备成果呈现（如辩论、立体模型、多媒体、舞蹈）；采用既定标准呈现（如历史准确度与情境）。
A6 制定策略解决问题	辨认出问题聚焦在当地、国家或/全球层面（如自然灾害、濒危物种、贫穷、疾病）；阐明选定问题（如提供细节、原因、影响）；对比两个或两个以上的观点；创建一个解决所选问题的行动计划。

资料来源：British Columbia Ministry of Education. Curriculum Package Grades 4 [M]. BC: Author, 2010: 77-78.

表3-5 身份、社会和文化

规定性学习效果	建议成就指标
希望学生可以：	以下的各项指标可能会被用作评估学生成就，已经完全满足规定性学习效果的同学能够：
B1 辨别加拿大和不列颠哥伦比亚省各类原住民的特征	运用适当的术语描述原住民文化和民族（如第一民族、梅蒂斯人、因纽特人、宗族、部落、长老、酋长）；描绘并对比省内两个或两个以上的原住民文化（如本土文化、海岸文化、内陆文化）；描绘并对比两个或两个以上的加拿大其他地区原住民文化（如平原文化、因努特、阿萨巴斯卡、易洛魁族、东部林地、梅蒂斯人）；模拟原住民民族保存身份与文化的方法（如口述传统、长者传授）；举例说明具体的原住民故事如何体现自然与超自然；调查多种多样的原住民艺术形式（如面具、绘画、雕刻、篮子、纺织品、舞蹈、故事）；阐释符号在加拿大特定的原住民文化中的意义（如图腾柱、面具、篮子以及住房所表现的形象）；比较原住民文化特征与其他加拿大文化特征的异同。

（续表）

规定性学习效果	建议成就指标
B2 展示早期欧洲人到加拿大和不列颠哥伦比亚省探险的情况	尝试标注一幅地图，创建一个时间轴，标明欧洲探险者、组织者以及他们的发现（如卡伯特、卡蒂亚、查普伦、库克、富兰克林、弗罗比舍、哈德逊、麦肯齐、夸德拉、温哥华）；解释加拿大地形怎样使早期探险更加简单（如适于航行的内陆水道）或更加困难（如冬季严寒）。
B3 识别原住民社会与欧洲探险者和定居者之间早期接触所带来的影响	描绘一些早期接触对于原住民文化和社会带来的影响（如金属、玻璃、纺织品等新材料和新技术，传染病，基督教的传入）；描绘一些早期接触对于欧洲探险者和定居者带来的影响（如原住民的指引和绘图对探险者带来的帮助；原住民为这些在谋生环境中的幸存者提供的衣服、食物、药品以及其他材料）；从欧洲人与原住民的视角比较北美地区的"发现"和"探索"。

资料来源：British Columbia Ministry of Education. Curriculum Package Grades 4［M］. BC: Author, 2010: 79.

表3-6　治理

规定性学习效果	建议成就指标
希望学生可以：	以下的各项指标可能会被用作评估学生成就，已经完全满足规定性学习效果的同学能够：
C1 比较加拿大和不列颠哥伦比亚省原住民文化与早期欧洲定居者的治理模式有何异同	使用恰当的术语分析领导力与治理（如酋长、长老、州长、代理商等）；描述原住民文化中的领导与治理结构（如家庭、宗族、酋长、长老、委员会以及对口述历史的支持）；描述毛皮贸易如何交易以及如何治理早期欧洲定居者（如代理商、君主制）；分别描绘英国与法国在组织成立早期加拿大政府时起到的作用；通过原住民社会早期的生活记述，识别个体的权利与责任；比较加拿大原住民与欧洲早期定居者个体所承担的权利与义务。
C2 辨认出加拿大人对原住民群体进行治理所造成的影响	描述在一个民主社会保护少数民族权利的重要性；识别那些涉及原住民群体权利且与加拿大早期政府交往的重要事件与议题（如印第安法案、禁止夸富宴、联邦储备制度、条约）。

资料来源：British Columbia Ministry of Education. Curriculum Package Grades 4［M］. BC: Author, 2010: 80.

表3-7　经济和技术

规定性学习效果	建议成就指标
希望学生可以：	以下的各项指标可能会被用作评估学生成就，已经完全满足规定性学习效果的同学能够：
D1　比较物物交换和货币交换体系	准确定义物物交换和货币交换体系；使用T型图或维恩图比较物物交换和货币交换的优点和缺点；描述各个原住民民族之间的兑换系统。
D2　描绘加拿大和不列颠哥伦比亚省原住民在生活中发明、使用的技术	运用适当的术语描绘原住民的技术（如旧式雪橇、皮刮刀、扁斧、鱼梁）；列举曾经满足原住民文化需要和期待的技术，包括那些涉及衣食住行的用具；展示过去原住民文化如何选择一项技术（如创建一个模型，展开一场口头报告）；列举今天原住民文化中使用的各项技术。
D3　分析对早期北美欧洲探险者产生影响的因素	描绘欧洲探险者的最初动机（如找到通往亚洲的航线、追寻声誉与威望、国家之间的竞赛、寻找黄金或其他财富）；讨论是否欧洲人在北美探索及定居随着时间的变化动因也逐渐改变（如可获取的自然资源、传教工作的需要）。
D4　描述在探索中使用的技术，包括运输、导航、食品储存	列举探索中使用的技术，尤其是涉及运输（如各种各样的帆船），导航（如指南针、地图、六分仪、天体观测仪、计时器），食品储存（如腌制、烘干）；推测探险者所面临的各方面挑战以及他们如何运用当时已有技术进行应对；展示探险过程中所运用的技术（创建一个模型、展开一场口头报告）。
D5　描述探险者和原住民之间的经济和技术交流	描述探险者若想在陌生的环境与气候下生存，获取新技术的必要性；描述原住民与探险者之间技术交流的具体事例，涉及运输，住所，防御和安全，获取食品烹饪食物（如狩猎、捕鱼、聚会、做饭、储存），服装制造；描绘一些原住民与探险者早期建立并延续至今的贸易往来。

资料来源：British Columbia Ministry of Education. Curriculum Package Grades 4［M］. BC: Author, 2010: 81-82.

表3-8　人类与物理环境

规定性学习效果	建议成就指标
希望学生可以：	以下的各项指标可能会被用作评估学生成就，已经完全满足规定性学习效果的同学能够：
E1　使用地图和地球仪定位世界的东西半球、世界的陆地与海洋，并开展有关原住民知识的小组学习	在地图上找出世界的陆地和海洋；分辨世界地图和地球仪上的东半球、西半球、南半球；根据加拿大和不列颠哥伦比亚省地图，通过小组学习定位原住民的传统领地。
E2　识别加拿大和不列颠哥伦比亚省原住民地区名称的意义	列举加拿大和不列颠哥伦比亚省以探险者和其他杰出个人命名的原住民领地；列举加拿大和不列颠哥伦比亚省原住民领地的名称；认清与原住民领地名称相配套的英文名称，并建立一对一的关系（如夏洛特皇后群岛——海达瓜依、利卢埃特——利瓦特、奥雪来嘉——蒙特利尔）；列举其他有意义的地名（如以地理特征命名的地名）。
E3　描述原住民与土地和自然资源的关系	根据物理环境和资源的地区差异比较原住民的行为活动有何不同（如文化需要依赖于当地可获取的生物资源，诸如三文鱼、北美驯鹿、北美野牛、雪松）；在原住民研究小组展示出原住民一年四季的周期性活动；列举出原住民文化与自然环境如何紧密联合（如原住民的故事和信仰中呈现出的自然元素、艺术品所使用的材料、与资源有关的仪式和重大典礼）；描绘原住民捕鱼、狩猎或开采森林资源的方法（如人力采伐、搬运木板、为了生存的狩猎与采集、诱捕、刺鱼抄网捕鱼）；依据效率、安全性、持续性等特征比较两个或更多的收割资源的方法。

资料来源：British Columbia Ministry of Education. Curriculum Package Grades 4[M]. BC: Author, 2010: 83.

　　由上述表格可以看出，规定性学习效果和建议成就指标相配套成为此次不列颠哥伦比亚省课程改革的突破口。通过表现期望的形式呈现出四年级社会科课程五大主题的内容标准，辅以更为细化、更加全面、更具操作性的成就指标，有助于实现课程内容的深度整合以及学生素养的全面提升。

三、2013年社会科课程改革——培养跨学科能力

（一）课程改革的背景

为什么需要改革？2010年课程改革余温尚存，2011年底便重新开启新一轮改革究竟有无必要？由于2010年课改只能勉强称得上是2006年课改的一次微调，同时，不列颠哥伦比亚省的教育者们已经发现当时的社会科课程充斥着大量课程目标，这些目标在某种程度上限制了学生达到最佳的学习效果。此外，强度极大的规定性课程内容与省教育计划中要求的更加注重个性化学习经验背道而驰。同样的，课程倾向于传授给学生事实内容而不是概念和过程，也就是强调学什么远远多于强调怎样学，而这又完全违背了当代课程正在努力发展的方向。[1]在今天这个科技无处不在的世界中，实际上学生们已经能够瞬间获取海量信息与资讯。教育对于每个人更大的价值不在于得到信息，而在于获得今后生活中能够成功地发现、消费、思考与应用信息的技能。当然，这也是不列颠哥伦比亚省社会科课程改革所秉承的价值观。然而，最大的挑战是这样的课程理念能够得到有效实施而不是阻碍省内教师与学生的个体教育经验。由此，这也就成为不列颠哥伦比亚省对2010年社会科课程进行"彻底检修"的最大动力。

究竟谁将从新课程中受益？答案无疑是学生。不列颠哥伦比亚省教育部门提出，在学习新课程的过程中，学生们将增加获取生活、工作在一个错综复杂、相互连接、瞬息万变的世界所必需的基础学习与

---

[1] Ministry of Education. Province of British Columbia. Overview to BC's Curriculum Transformation Plans. https://curriculum.gov.bc.ca/curriculum-info, 2016-10-29.

生活技能的机会，同时学生们还将聚焦在获取有助于进行批判性、创造性地运用知识的能力，获取有助于符合伦理的、与他人合作解决问题的能力，获取有助于在越来越紧密的全球化世界中成功做出决策的能力。[1]

诚然，不列颠哥伦比亚省有着世界一流的教育体系、教学技术精湛的教师、健全完善的设施、在国际教育评估中名列前茅的学生。然而，这个教育体系也许只能在本世纪初期被其他的国家、地区或环境所采用。当前，学生们已经进入一个与以往截然不同的世界。这是一个充满变革的高科技时代，知识迅猛增长，信息瞬间即逝，新的可能性无处不在，人与人之间的沟通如此便捷，信息的获取更是唾手可得。人与他人、社会、工作之间的相互关系正发生着前所未有的革新。

对此，不列颠哥伦比亚省的课程通过调整、改革来应对这个不断变化且要求极高的时代。为了研发新课程，省教育部门咨询了众多省内及国际专家后得出的结论是：课程必须要以学生为中心；必须要保持弹性；必须要能够支持学生进行深度学习，只有这样才能使学生适应未来的生活。[2]

由此可见，不列颠哥伦比亚省的学生是这次新课改的核心，确保学生的成功是课程改革的驱动力。此次课改立足于三大教育信条：一是没有任何两个学生能够以相同的方式和相同的速度进行学习；二是有效的学习方式不仅仅有记忆，而且还包括能够在现实生活的真实情境中运用知识；三是利用学生自身的兴趣与激情是取得最优教学效果

---

[1] Ministry of Education. Province of British Columbia. Overview to BC's Curriculum Transformation Plans. https://curriculum.gov.bc.ca/curriculum-info, 2016-10-29.

[2] Ministry of Education, Province of British Columbia. "BC"s New Curriculum. https://curriculum.gov. bc.ca/curriculum-info, 2016-10-20.

的最佳路径。[1]

（二）课程改革的目标

"一个高质量的教育体系能够帮助个体的潜能得到充分发展并提高每个人在不列颠哥伦比亚省生活的幸福度。"[2]这是1988年不列颠哥伦比亚省为了培养良好公民所描述的愿景。30年后的今天，这仍是该省特别是社会科课程努力追求的教育目标。若想实现该省的社会和经济目标，就需要受过良好教育的公民，他们能够批判性、创新性地思考，能够适应社会的变化。此外，这也取决于公民们是否接受宽容的、多面的加拿大社会，从而激发他们融入民主体制。为了培养良好公民，省政府有责任为所有青少年提供高质量的学习机会。为此，不列颠哥伦比亚省所有学校旨在培养学生成为具备以下特征的公民：考虑周全，能够批判性地学习和思考，可以从广博的知识库中获取并传达信息；具有创造性、灵活性，能够自我激励，有积极的自我形象；具备独立做出决策的能力；具有熟练技能，有助于职场，有助于社会发展；具备生产力，从自我成就中获得满足，谋求健康的身体；善于协作，遵守原则，尊重不同观点；意识到个体权力并准备履行个体在家庭、社区、加拿大和世界所承担的责任。[3]

（三）课程改革的实施

2010年以来，不列颠哥伦比亚省为了更好地满足所有学习者的

[1] Ministry of Education, Province of British Columbia. Why Change the System Now? http://engage.gov. bc.ca/yourkidsprogress/en/whychange/, 2016-10-20.

[2][3] Ministry of Education, Province of British Columbia. Introduction to British Columbia's Redesigned Curriculum. https://curriculum.gov.bc.ca/sites/curriculum.gov.bc.ca/files/pdf/curriculum_intro.pdf, 2016-10-20.

需求，启动了以课程改革为核心的教育改造（transforming education）项目。由于考虑到教育体系的复杂性，该项目在初始两年内，进行了广泛的正式与非正式咨询、系统的学区调研、国内外专家座谈以及线上和线下研讨。与此同时，省教育部门展开了大量扎实的研究，并借鉴国际课程改革的成功经验。2011年11月，不列颠哥伦比亚省正式组建课程与评估框架咨询小组（Curriculum and Assessment Framework Advisory Group），专门为课程改革出谋划策，进行顶层设计。2011年到2012年间，省教育部门与200名教师一起进行课程研发，9个月时间内接收了5 000多条公众对于新课程的反馈。[1] 正如联合国教科文组织发布的《面向2030处于争论与教育改革中的课程：21世纪课程议程》中所指出的，课程是集体智慧的结晶。课程不应该只是一部分学科专家和学者商讨的结果，而是社会广泛参与、集体建构的产物，其构建关系到整个社会的发展，因而它的研发、制定和实施应该涉及社会的方方面面，更需要各利益相关者和教育系统各层次、全方位地参与其中，体现课程的广泛性。[2]

表3-9　不列颠哥伦比亚省课程改革时间表

改革流程	时　　间
成立课程与评估框架咨询小组	2011年12月至2012年4月
地区性研讨（通过12次地区工作研讨会献言献策）	2012年2月至6月
发布《激发创新》文件	2012年夏

---

[1] Ministry of Education, Province of British Columbia. Building on Success of New Curriculum. http://engage.gov.bc.ca/yourkidsprogress/en/buildingonsuccess/, 2016-10-20.

[2] UNESCO. The Curriculum in Debates and in Educational Reforms to 2030: For a Curriculum Agenda of the Twenty-first Century. http://www.ibe.unesco.org/en/document/curriculum-debates-and-educational-reforms-2030-ibe-working-papers-curriculum-issues-n%C2%B0-15, 2016-11-09.

（续表）

改革流程	时　间
邀请课程专家参与课程设计会议（英语语言文学、社会科课程、科学课、艺术教育、数学、职业/健康/体育）	2012年夏、秋
初始设计的检查与反馈	2013年1月
建立省级课程常设委员会	2013年1月
公布跨学科能力定义文件	2013年1月
与各学区教师和教育实践家合作开发课程、跨学科能力指标、示范学习等	2013年1月至6月（幼儿园至十年级）2013年9月至2014年3月（十一、十二年级）
成立省级课程评估咨询小组	2013年2月
公布基于网络的、交互式的课程雏形以供检阅	2013年冬、春
实施课堂尝试/精炼	2013年9月至2014年6月（幼儿园至十年级）2014年4月至12月（十一、十二年级）
联合27所省内、加拿大及美国高校举办80场关于新课程的研讨会，同时持续与省内各级教育部门保持紧密合作关系	2015年至2016年

资料来源：Ministry of Education, Province of British Columbia. Exploring Curriculum Design: Transforming Curriculumand Assessment (January 2013). www.bced.gov.bc.ca/irp/docs/ca, 2016-10-15.

制定课程研发指导原则之前，不列颠哥伦比亚省课程咨询小组列举出课程决策时必须关注的几个焦点问题，具体包括：学习上处于弱势的学生（从课程开发到课程评估，所有步骤都要关照到学习上处于弱势的学习者以及具有特殊需求的学习者）、来自第一民族的学生（课程编撰者需要考虑到第一民族的学习原则；教育主管部门需要确保第一民族学生的认知方式在所有课程中得到尊重与体现）、学校管理（怎样在确保课堂毫无差错，并将重复减小到最少的情况下，使课程简洁、优雅、深入成为一个重大挑战；同时如何为新教师和刚刚涉足新领域的教师们提供充分支持）、公平（需要关注省内所有学校的所有学生，而不仅仅是那些在社会、经济、地理环境中处于强势的学生，这些学生更容易从校外获得有价值的学习机会）。[1]

不列颠哥伦比亚省未来课程研发的指导原则如下[2]：

（1）打造更具弹性的课程，使教师能够在教学方式上有所创新并为学生带来个性化的学习体验。

（2）减少当前规定性课程的同时确保将焦点落在本质学习之上。

（3）减少当前课程中大量事实灌输以及以信息为基础的各种详细说明，将课程聚焦在能够使学生取得教育和生活双丰收所需要的高层次学习阶段，强调关键概念以及持久的理解力（宏观理念）。

（4）明晰可以支持终身学习的跨学科能力。

（5）尊重学科内在逻辑与独特属性，支持研发跨学科单元的各种尝试与努力。

（6）整合原住民的世界观与知识。

（7）研发与课程改革相匹配的评估项目。

（四）课程改革的核心与具体内容

新课程开发的指导原则引发出课程标准的五条设计基础，即课程组织者、宏观理念（持久的理解力）、学习标准、胜任环节和实施环节。这些设计基础与较少的标准化测试相结合，意在构建更少规定性

---

[1] Ministry of Education, Province of British Columbia. Enabling Innovation: Transforming Curriculum and Assessment (August 2012). www.bced.gov.bc.ca/irp/docs/ca, 2016-10-18.

[2] Ministry of Education, Province of British Columbia. Exploring Curriculum Design: Transforming Curriculumand Assessment (January 2013). www.bced.gov.bc.ca/irp/docs/ca, 2016-10-15.

且更具弹性的课程，从而聚焦在高层次学习之上。在此基础上，培养学生的跨学科能力被看作是此次不列颠哥伦比亚省课程改革的核心，而这也是终身学习的核心能力之一。研究者们将跨学科能力归纳为三类，即思维能力、沟通能力、个体与社会能力。省教育咨询部门与省原住民学者一起确立相关定义，并进行课程研发。

根据课程指导原则与设计基础，2012年的夏天和秋天，新课程专家团队提供了可供参考的结构和内容，展开课程实验。通过对各学科的学习目标、基本原理、技术和能力等核心要素进行概念重建，识别出有潜力的主题和焦点，从而研发出各学科的宏观理念及学习标准。

社会科课程教师和学者强调使学生陷入更深层次思考以及发展历史与地理思维概念的重要性。团队提议运用历史学和地理学作为培养认知的重点学科，这也同加拿大其他地区的做法相似。不容忽视的是，经济学、政治学、人类学和社会学也在社会科课程中持续地发挥作用。团队希望在社会科课堂上建构学科思维的全面理解，不仅培养学生对于课堂所学内容的理解，而且尝试激发出学生如历史学家和地理学家般高层次的思维能力。此外，该团队建议通过历史思维项目构建出概念框架，从而培养学生的历史和地理认知方式，发展学生对诸如识别变化与连续性、分析原因和后果、建构历史意义等关键概念的理解。[1]

建立在团队前期工作基础之上，课程顾问和政府工作人员审核了各种各样的社会科课程模型，从各个模型中提取关键元素，最后

---

[1] Ministry of Education, Province of British Columbia. Exploring Curriculum Design: Transforming Curriculum and Assessment (January 2013). www.bced.gov.bc.ca/irp/docs/ca, 2016-10-15.

综合这些核心元素融入课程整体模型。新课程模型还提供了各个组成元素的定义。具体包括：持久的理解力——一种宏观理念的表述方式，基于一门学科或领域中两个或更多重要概念，可以在不同情境中转移。新课程模型建议教师以培养学生持久的理解力为目标组织教学，同时形成宏观理念或结合其他学科的宏观理念整合教学单元。学习标准——针对特定的年级，希望学生知道、理解能够做什么的明确陈述。学习标准包含两大类：课程能力是指学生需要发展的学科理解力的技能及过程。知识内容是指对于学科中持久的理解力发展必不可少的知识（事实和概念），教师能够灵活地安排怎样传授知识内容。

其中，此次课改最为核心的元素莫过于跨学科能力。课程咨询小组提出跨学科学习需要具备的5点能力，即沟通能力（通过语言、符号、动作、图像告知或交换信息、经验、思想，以此达成共识）；批判性思维（在既定情境下，关注并质疑那些看起来合乎情理的理念或做法）；创造性思维和创新（产生并实践新想法的过程）；个体责任和幸福（对个体行为负责，在复杂情况中可以进行自我管理并做出道德决策，承担后果，理解何种行为会影响他人。除此之外，该项能力还包括掌握一定的金融知识）；社会责任（能够从他人的视角理解问题并具有同理心，可以识别且欣赏多样性，捍卫人权，通过和平的方式解决问题，促进社会、文化、生态事业的发展。除此之外，也包括与他人协作的能力）。另外，咨询小组还指出发展跨学科能力的注意事项，一是应该给出课程与评价相符的清晰定义；二是获得与评价标准相符的学生样本和连续性描述支持，从而描绘每项具体能力的发展阶段；三是应该明确地与纷繁复杂的真实世界中产生的任务相关联。

表3-10　不列颠哥伦比亚省四年级社会科课程模型

跨学科能力（the cross-curricular competencies）		
思维能力（thinking competency）： • 批判性（critical thinking） • 创新性（creative thinking） • 反思性（reflective thinking）	沟通能力（communication competency）： • 语言与符号（language and symbols） • 数字素养（digital literacy）	个体与社会能力（personal and social competency）： • 积极人格与文化认同（positive personal and cultural identity） • 个体意识与责任（personal awareness and responsibility） • 社会意识与责任（social awareness and responsibility）
学 习 标 准		
关于课程能力，学生应该能够： • 选择、评估、组织、参考、分析相关信息资源； • 运用恰当的历史和地理思维概念，包括： ① 分析并使用一手和二手文献作为证据解决问题； ② 阐释特定的人物、地点、事件及进展的意义，并将它们置于空间和时间框架之中； ③ 识别且阐释改变与连续性的模式； ④ 确定关键事件和决策的因果关系； ⑤ 评估历史人物的活动与行为，认识当时历史与道德语境下的评判标准； ⑥ 培养对于不同的社会、文化、环境、智力、情感背景下所塑造出的人类生活与行为的意识与认知。		关于知识内容，学生应该知道和理解： • 加拿大和不列颠哥伦比亚省原住民族群（包括第一民族）的文化与社会基础； • 原住民族群与欧洲探险者和移居者的协作与抵抗； • 原住民与土地以及自然资源的关系； • 关键地理特征的地点、原住民群体研究以及欧洲探险者的线路； • 原住民的经济体系及技术开发； • 原住民族群与欧洲探险者和定居者之间的贸易往来； • 接触原住民族群之前和之后的权威与治理体系； • 殖民主义对于原住民自治带来的影响。
宏观理念与思想（持久理解力）		
不同文化之间互动引起的社会、经济和政治变革	地理、气候和自然资源塑造着社会的发展	族群生长出经济系统从而产生分配、消费和服务	传统的信仰和价值观形成一个社会的治理结构

资料来源：Ministry of Education, Province of British Columbia. Exploring Curriculum Design: Transforming Curriculumand Assessment (January 2013). www.bced.gov.bc.ca/irp/docs/ca, 2016–10–15.

　　该课程模型旨在使学生们在社会科课程中有效建构知识、技能、理解力，促进深度学习，更重要的是允许教师采用灵活的教学方法安排主题活动，从而更好地满足学生们的需求。然而，这个课程模型并不是真正的课程，仅仅是为教师提供宏观上的课程安排指导，更好地适用于课程咨询和课程评价环节。

　　通过社会科课程模型可以看出，培养跨学科能力的目的是呈现出一套整合学习的视野与愿景。模型中的组成部分是每个孩子全面发展所需要的元素与特质，同时，每个方面的进步都可能预示着其他方面的同步提升。为了更好地理解2013年以跨学科能力为核心的新课改，需要根据课程与评价标准厘清每个元素及特质的概念与属性。

　　思维能力是与智力发展紧密相关的那些知识、技能与过程，包括具体思维能力、思维习惯与元认知意识。不列颠哥伦比亚省在课改中将批判性、创新性、反思性视作思维能力的核心构成要素。不难看出，思维能力包含的这些元素都是学生们深入学习和终身学习所必备的能力。其中，省教育部门将批判性思维定义为，出于辨别在既定情境中何为理智的信念或做法的目的对问题所进行的周密检查。具有批判性思维的人是好奇的、可以意识到偏见的、灵活的、诚实的、坚韧的、愿意重新考虑的、专注且善于提问的。[1]当教师邀请学生一起设计问题、收集信息、从不同的视角进行考量，然后基于一个标准或证据给出判断或结论时，学生便有可能成为一名批判性思考者。具体到教学过程中，教师可以为学生提供那些充满挑战性且尚无定论的问题，可以引导他们勇敢地面对自己的信念与思想，

---

[1] Ministry of Education, Province of British Columbia. Defining Cross-Curricular Competencies: Transforming Curriculum and Assessment.www.bced.gov.bc.ca/irp/docs/ca, 2016-10-29.

也可以要求他们提问、辩论、区分或开展其他理性活动，还可以鼓励他们针对特定的主题形成批判性思维策略，而这些策略可以迁移到新的知识情境中。省教育部门将创新性思维定义为，在特定语境下生成并实施具有革新性的思想与创意。具有创新性思维的人是充满好奇的、思想开放的、在学习中充满惊奇和欢乐的，能够展示出发散性思维和对复杂性的宽容。同时，为了产生新的理念与创意，他们运用想象力、创造性、智慧、灵活性，冒险去想象那些超越已有知识的范畴与领域。[1]教师应该允许学生积极主动，进行选择，探索思想、问题与挑战，创造关联、想象，尊重可能性，从而为他们提供创新性思考的机会。教师可以通过友善地接纳学生意想不到的回答、问题和建议；可以延迟做出判断，直到学生们的思想经过充分探究并得到充分表达；也可以以不同的形式为学生提供多种多样的材料，支持学生探索新的、不寻常的思想与理念。反思性思维是一种反省自己思想和学习过程的能力，探寻在既定情境中的工作是否完成，将所学知识与已有知识相连接，分析出提高学习效率的改进方法。一个具有反思性思维的人有能力在既定情境下将自己的思考与其他经验产生关联，识别出更为有效的学习方法。他们采用批判性和创新性思维，对所学的知识构建出自己的理解，达到深入学习和终身学习的目的。教师可以通过帮助学生分析他们的学习过程、识别新任务的目标、理解反思性思维在个人与社会发展中的作用等方法来培养学生的反思性思维。

个体与社会能力在此特指学生作为个体存在以及作为社区和社会

---

[1] Ministry of Education, Province of British Columbia. Defining Cross-Curricular Competencies: Transforming Curriculum and Assessment.www.bced.gov.bc.ca/irp/docs/ca, 2016-10-29.

中的成员所应具备的能力，包含学生自我成长的能力、理解与关心自身和他人的能力以及在世界上发现并实现自身目标的能力。个体与社会能力是学校、家庭和社区共同承担的一种责任。其中，积极人格与文化认同是指在一个多元文化社会，认识、理解、欣赏自己的祖先、文化、语言、信仰和观点。具有积极个体与社会认同的学生重视个体与文化叙事，并理解塑造自我身份的组成要素。通过自我价值感、自我意识与个体身份感的支撑，学生们成为充满自信的个体，能够认清自我，善于从家庭、社区和社会中获得幸福感。通过为学生提供理解自我、融入社会和文化的机会，提供探讨他们的优势与局限、对于自我选择的感觉以及这些如何影响着未来生活的机会，学生们能够形成积极的个体与社会认同。教师鼓励学生探索个人文化故事，将个体学习与个人目标相连接，同时，尊重学生的个体选择，从而培养他们的积极认同感。个体与社会能力中的各项子能力由家庭、社会和学校共同承担。这意味着必须对不同的文化观点保持尊重与敏感，此外，家庭的主要角色在于培养学生的积极人格与文化认同。与积极人格与文化认同需要家庭、学校、社会的配合不同，个体意识与责任更多地强调对自身行为负责，具体包括学习能力、对个体和社会行为做出符合伦理的建设性决策、接受结果并理解个体行为怎样影响自身及他人的幸福。在一个安全、宽容、舒适的学习环境中培养学生的个体意识，学生有机会识别、控制情感，同时接受自己的选择所带来的结果。教师能够通过辨别学生们的优势与局限、设立并监控个体目标进度、学习且实践健康生活方式、呈现自身行为带来的结果等方式来培养学生的个体意识与责任。社会意识与责任重在培养学生与他人合作，欣赏别人的观点，并具有同理心，能够创建和保持健康的家庭、社区、社会关系。一般而言，具有社会意识与责任的学生是积极主动的、有同情心的、负责任的社区成员。他们基于所有人的共同利益做出决策，展示出对每个人权利的尊重，体现出对不同观点的同理心与伦理关怀。他们有效地与他人合作，展示出强烈的团体互动性，采取行动支持差异性与多样性。他们能够与他人协作并设法解决冲突，可以与来自不同背景的人谈判、沟通。在实践过程中，通过创建一个重视合作、充满幸福感的环境，学生们可以更好地发展社会意识与责任。教师根据社会情境为学生提供真实案例，响应与人权相关的议题，优化教室与学校环境，建立并保持健康的人际关系，从而使学生们获得社会意识与责任感。

沟通能力包含学生们传递和交流信息、经验、思想，探索生活世界，理解并有效地从事数字媒体的能力。其中，使用语言和符号进行沟通是交流信息、经验、思想的一种能力，通过符号、书面语言、口头语言、手势、移动、身体语言和图像等形式得以实现，从而做出有意义的事情或决策，最终达成共识。那些有能力使用语言和符号的学生们牢记使命、受众与语境。他们在包括具体社区和具体学科在内的不同受众群体的一系列情境中，阐释并运用语言、符号、数字、图像、移动、面部表情以及科技。他们能够在各种语境下适应通讯模式和风格以及理解并欣赏通讯在建立关系与创建社区中起到的作用。以教育性及富有想象力为目的，以正式或非正式为形式，在文学、数学、科学、社会和艺术等语境下，教师们通过为学生提供将创造、分析、解释、反省的理念与创意呈现于书面、口头、视觉和数字形式的机会，培养学生成为语言和符号的有效使用者。数字素养是指在个体学习、社会参与、职业准备中能够熟练地运用数字媒体和通信工具。那些掌握数字媒体的学生们具备使用数字化手段创造、传递知识的能力。他们能够采用新的存储与评估方法，使用数字信息，从批判性视角创建并运用数字内容。同时，他们展示出与数字媒体相关的隐私意识、道德意识以及个人安全意识。通过为学生们提供参与批判性、创新性的数字媒体活动机会，鼓励他们增长与数字媒体相关的隐私意识、道德意识以及个人安全意识，从而提升学生数字素养。

从这些定义中不难看出，跨学科能力的培养不仅仅只是师生在社会科课堂上的简单互动，还需要家庭、社区、社会等各方资源的协同合作。

最后，针对新课程改革的课程模型，为了使其更具灵活性，更多地赋权给教育者，更加支持传授高阶思维（higher-order thinking），2013年不列颠哥伦比亚省教育部门向全省发布文件旨在征集反馈信息。

不列颠哥伦比亚省新课程模型反馈信息如下[1]：

首先，请评论课程模型在一定程度上是否满足了以下原则：

（1）使课程更具灵活性从而更好地为教师提供打造创新性、个性化课堂的学习机会；

（2）在确保打牢基础知识的同时尽可能减少当前课程中的规定性学习元素；

（3）聚焦到令学生们取得成功的高阶思维学习，强调核心概念和持久理解力（宏观理念与思想）；

（4）整合原住民的世界观与知识。

其次，课程设计在多大程度上能够实现课程整合？

再次，课程组织者是否需要由具有特定学科背景的教师承担？

---

[1] Ministry of Education, Province of British Columbia. Exploring Curriculum Design: Transforming Curriculumand Assessment (January 2013). www.bced.gov.bc.ca/irp/docs/ca, 2016-10-19.

最后，在实施新课程过程中，需要为教师提供什么类型的辅助材料？

四、2016年社会科课程改革——构筑宏观理念

不列颠哥伦比亚省2016年课程改革第一次提出核心素养（core competencies），并将其与本质学习（essential learning）、读写与数字基础共同看作学生达成深度学习的核心要素。核心素养强调各领域的核心能力，直接关系到有教养公民的形成以及学生在教育系统中的价值所在。[1]由此，省教育部门建构"知—做—理解"

图3-1　2016年不列颠哥伦比亚省课程模型"知—做—理解"

资料来源：Ministry of Education, Province of British Columbia. Introduction to British Columbia's Redesigned Curriculum. www.curriculum.gov.bc.ca, 2016-12-21.

---

[1] Ministry of Education, Province of British Columbia. Introduction to British Columbia's Redesigned Curriculum.www.curriculum.gov.bc.ca, 2016-12-21.

（know-do-understand）模型支持基于概念且能力驱动（concept-based competency-driven）的课程。模型中的三大元素包括学习内容（知）、课程能力（做）以及宏观理念（理解）。其中，学习内容部分详述了每个年级涉及的重要主题与知识；课程能力根据具体学科而设定，与核心素养紧密相连，涵盖了学生发展的技能、策略与过程；宏观理念由学习中的重要概念与原则组成，通过学生在课程完成阶段对于课程的理解而呈现，为学生更好地理解未来奠定基础。

那么，2016年社会科课程改革究竟与三年前的课改有哪些异同？通过分析两次课改的官方课程文件与课程模型可以发现，新课改在保持2013年课改四项内容的基础上，提出了课程发展的新方向。其中，新课程分别保留了主要根据年级分派主题，从历史、地理、公民与经济学中提取主题，社会科课程的基本内容与结构，培养有教养的积极公民的社会科核心目标等四项原有内容。与此同时，新课程探索了四项新内容：增强历史与地理思维技能；增强多维视角融合，尤其是经由课程能力与内容体现原住民视角；更加专注于知识深度而不是广度；增加关于东亚和南亚移民所作贡献的知识内容，包括历史上对这些群体犯下的罪行与带来的不公正等。

2016年社会科课程改革最大的变化莫过于将2013年课程模型中的宏观理念上升到整个模型的核心地位。如果说2013年课改的主要目的是将不列颠哥伦比亚省运用多年的规定性学习效果淡化，那么此次课改便是彻底用宏观理念与思想取代了规定性学习效果，也是通过培养学生的大视野、大局观来替代对于烦琐学习目标的过度追逐。

表3-11 2016年不列颠哥伦比亚省四年级社会科课程
（第一民族与欧洲相接触）模型

宏观理念与思想			
对于有价值的自然资源的追逐正在改变着加拿大的土地、人民以及社区	第一民族与欧洲人的相互交流引发了冲突与合作，同时也继续塑造着加拿大身份	北美人口数量的变化造成了经济与政治力量的转变	不列颠哥伦比亚省遵循自己独一无二的路径融入加拿大

学习标准	
课 程 能 力	**内 容**
期望学生能够有能力做：	期望学生能够知道：
1. 运用社会科课程中的探究技能与流程回答问题；收集、解释并分析概念；交流调查结果与决策。 2. 构筑论点来为个体/团体、地点、事件、发展动态的意义与重要性加以辩护（意义）。 3. 对于不同来源的内容与起源提出问题、证实推理、得出结论（证据）。 4. 对物体、图片、事件进行排序，并决定在不同时期或不同地点保持一致性或做出改变（连续性与变化）。 5. 区分事件、决策或发展动态的预期影响与无计划影响，并推断出可供选择的结果（原因与结果）。 6. 形成叙事，从而获取不同时期、不同地方人们所普遍接受的态度、价值观与世界观（观点）。 7. 对事件、决策与行为作出道德判断时应考虑具体时代、具体地点等因素（道德判断）。	1. 第一民族与欧洲民族之间的早期接触、贸易、合作与冲突。 2. 前邦联加拿大和不列颠哥伦比亚省时期的毛皮交易。 3. 前不列颠哥伦比亚省时期第一民族与非第一民族的人口统计变化。 4. 造成不列颠哥伦比亚殖民地化以及并入邦联的经济与政治因素。 5. 加拿大与不列颠哥伦比亚省第一民族殖民地化带来的影响。 6. 当地社区的历史以及当地第一民族社区的历史。 7. 加拿大的地域文学特征与自然资源。

资料来源：Ministry of Education, Province of British Columbia, "Social Studies Learning Standards (June 2016)," www.curriculum.gov.bc.ca, 2016–12–21.

从上表可见，当前正在进行中的不列颠哥伦比亚省课程改革由宏观理念与思想统领，这些宏观理念与思想远远超越单一学科范畴，成为理解事物原理、认识世界本质、解决实际问题、探索未来发展的关键。

第三节

21世纪社会科课程面临的挑战

如前文所述，21世纪以来，加拿大英语区社会科课程纷纷进行改革。一方面，这些改革顺应了新时代的需求，推动了社会科课程理论与实践的发展；另一方面，频繁的课程改革也引发了一些不同的声音，诸如课程修改与研发过程的政治化已经影响到社会科课程应该教什么以及怎么教；增加历史内容、使社会科学科化、强调公民教育这三大需求带来的错综复杂的关系也导致课程开发过程充满争议，由此减缓了课程实施的进度等。尽管这些问题都亟待解决，但若与课程改革对社会科教师造成的冲击相比，或许教师才是关系到加拿大社会科生死存亡的核心要素。

一、新手教师缺乏学科背景及专业训练

根据教师人口统计数字显示，教师退休高峰期正在改变加拿大教师队伍的年龄结构，一批更年轻的教师进入学校。近些年，这种情况已经影响到加拿大中小学课堂中有经验教师的人数所占比。再加上社会科课程改革带来的重大变化，使新手社会科课程教师在课程实施过

程中遭遇到前所未有的挑战，很多教师都产生了职业挫败感。[1]

更令人担忧的是，一部分社会科教师并未受过该学科的专业训练，导致课程缺乏专业性的保障。但是，这种情况在一定程度上让社会科课程变得更为复杂、更为多元化。如果教师们可以从自己的优势专业出发，从不同的学科背景、不同的专业视角对课程主题进行讨论，引导学生从历史、文化、社会等方面探索知识，那么这将为课程内容提供多元的信息及背景。

尽管加拿大各省和地区的社会科课程普遍倾向于以一种更为积极的、进步的方式作为教学策略，然而，教学实践呈现出的效果仍堪忧。研究表明，很多新入职教师在职前培训阶段建立了采用更加积极、更加进步的教学方法的信念。但是，当进入课堂实际操作时，新手教师们依旧会被自己读书时所接受的传统教学方法深刻影响。最终，他们通常倾向于路径依赖，选择采用传统的教学法。[2]

二、资金短缺与课程资源匮乏

过去几年，许多教师都"巧遇"社会科课程被削减预算以及材料短缺的情况。经济和社会现状影响着教师在课堂上选择教具、组织教学等课程环节，而这似乎已经引发了在教育景观中更大的不平等。比如，存在着一个假设，即无论是中学生还是小学生，都可以使用电脑进行在线学习，尤其是当他们处理一些需要搜集材料的研究项目时。然而，现实中，学校与学校之间、学区与学区之间在是否能够提供电

---

[1] Sears, A., Wright, I. (Ed.). Challenges and Prospects for Canadian Social Studies [M]. Vancouver: Pacific Educational Press, 2004: 48.

[2] Sears, A. Buying Back Your Soul: Restoring Ideals in Social Studies Teaching [J]. Social Studies and the Young Learner 4, 1992(3): 9-11.

脑上仍存在着不小的差异，更为巨大的差别则是学生能否在家使用电脑及网络。此外，巨大的不平等存在于各省之间，其中，经济较为发达的省为课程教学、教材研发以及购买新材料优先提供经费支持，而在一些经济欠发达地区，能否为教师配备办公电脑仍是尚待解决的问题。随着数码资源的发展，地区之间、学区之间、学校之间、学生之间贫富差距拉大的趋势有所加速。

尽管新课程的实施可能引发过量的对于课程资源的研发，但是，从总体上看，仍然缺乏对社会科课程材料足够的支持。教师们理应研发并使用属于自己的教材，可实际情况不容乐观。例如大西洋诸省的一些教师依旧使用着早已过时的教材，而且在技术整合上得不到任何支持。还有一些地区的教师们尽管能够获得更多的课程资料，但没有人指导他们如何有效运用这些材料，导致教师们没有机会保持自身职业发展。

由于课程需要优质教材来解决不同背景、不同经验、不同能力学生的需求，而且必须提供合适的教学方法和策略来应对多样化的社会经济环境以及当今课堂多元文化的现状，因此，教师们纷纷对社会科教材提出质疑。"我们采访的很多教师都强调要确保课程材料满足不同能力水平、不同兴趣、不同经验的学生的需要。来自多元化背景的学生们在课程研发与教材开发的过程中应该得到识别与重视。"[1]

整体而言，当前满足课程资源需求的最大瓶颈是经费问题，以及如何准确认知逐渐增长的多元化学生所带来的不同需求。由于大部分学校的课程目标覆盖一个年级的多个主题，加之现实中存在大

---

[1] Sears, A., Wright, I. (Ed.). Challenges and prospects for Canadian Social Studies [M]. Vancouver: Pacific Educational Press, 2004: 50.

量复式教学班级，且缺乏足够的资金为每个班级购买教学材料，这意味着教师们只能寻求其他方法分享教材或重新安排时间来使课程得以实施。因此，许多社会科课程教师都表达了需要"处方"来研发课程材料。从教材性能分析，与教材的教育性相比，教师们更希望使用灵活的、可供选择的教材。新材料一定要提供能满足课程目标的全部内容，同时包括教学步骤与实施策略。此外，新材料还被寄予更高的期待，即具有多媒体元素，可以供教师们方便获取。其中，可视化工具、合作学习策略、地理信息系统、评估策略等是被提及最多的有效资源。

三、被替代的社会科课程

尽管本质上加拿大中小学必修课程规定了应该传授什么知识，但实际上教什么与怎么教的最终决定权还是在教师手中。对于大部分小学教师而言，学生的读写能力决定着社会科课程的内容与材料，同时也影响着课程能否获得优先权。读写能力和运算能力在标准化考试中体现出的重要性已经导致社会科内容只能占有更少的时间，同时，这些内容还被迫要在语言教学背景下完成。言下之意便是社会科课程比不上其他核心科目的价值，因此只能拥有极少的时间。

的确，社会科课程有时更加注重数学素养和读写技能的培养，而忽视了社会研究的概念。一些地区的教师将社会科课程的培养重点放在满足不同学生的需求方面，特别是英语为第二语言的学生。语言和数学科目的标准化考试已经给很多教师带来巨大压力，使他们不得不让学生花更多的时间学习这些科目来应对各省的评估考试。有限的预算有时被分配给数学等科目，而不是社会科课程。

一些教师感到他们需要用社会科课程的时间处理其他学科逐渐增

加的需求。这已经导致教师们形成在社会科课程上能够"一举两得"的心理需求,即当传授社会科课程的知识时,用整合的方法讲解其他科目,特别是语言课的内容。[1]

除了应付那些需要标准化考试的学科,在一些社会科课堂上,教师们面临的另一个重大挑战是课程内容被那些凌驾于社会和经济之上的话题取代,一些小学全科教师不得不选择替代一些必修课程从而在课堂上应对一些急迫的需要或危机。例如,由于学校里正在频繁发生学生之间相互欺凌的现象,新斯科舍省一所小学的教师需要借用社会科课程的时间与学生们讨论有关霸凌的问题。[2]有些教师则决定讨论那些与课堂和学校相关的社会和情感问题,同时忽略那些他们认为远离学生现实生活的主题。

四、过多的课程需求

虽然社会科课程已经逐渐改革为朝着更有意义、更有关联性的方向发展,但教师们表达了在以结果为导向的课程研发中课程内容范围与顺序的规范性,以及课程内容是否符合学生年龄特点等问题的担忧。对此,许多教师正在采用传统的环境扩展模式来教授社会科课程,该方法清晰地定义了范围与顺序。还有一些教师已经在新的项目中研发出带有强烈个人特点的范围与顺序图表,这些图表以课程结果为中心,试图使新项目融入传统课程组织方法的结构之中。这个方案强调课程资源和教师专业发展活动,因此支持新项目的重点在于培训教师在新的课程理论和哲学基础上如何实施课程、如何评估课程。

---

[1][2] Sears, A., Wright, I. (Ed.). Challenges and Prospects for Canadian Social Studies [M]. Vancouver: Pacific Educational Press, 2004: 50.

一些教师质疑自身能力能否驾驭社会科课程的知识内容。这也导致对教学参考书的需求再度升温，教师们根据教学参考书提供的方法研究教材，获取背景知识。虽然绝大多数教师意识到探究式教学对社会科课程的重要性，但许多人还是不愿意着手在社会科课程上处理一些社会争议话题，通过探究的方式引导学生参与社会行动。[1]最近，阿尔伯塔省和曼尼托巴省的社会科课程大纲均提出要在课堂上开设关于社会争议议题的探讨，强调曾在20世纪70年代流行的社会行动再次浮出社会科领域的水面。然而，由于课程时间有限，教师们通常不能真正完成课程计划中的全部内容。

在当下这一时间节点（2018年），不列颠哥伦比亚省2016年社会科课程改革正在进行之中。从目前来看，21世纪的社会科课程具有如下发展趋势：毫无规定性却详细的课程设计；适合教师和学生的弹性课程内容；数量逐渐减少的课程成果；逐渐增加的课程整合机会；强调历史与地理思维；聚焦在多维视角；将学生看作是一名历史学者；课程设计集中于发展思维技能；探究且个性化的学习；学生沉浸在有意义且相关的宏观概念之中。

纵观21世纪以来不列颠哥伦比亚省社会科课程的四次改革，似乎会听到改革过于频繁的相关质疑，但如果仔细研读文本则不难发现，这四次改革具有极强的稳定性。2006年课改在沿用20世纪开启的优化整合资源包的基础上，为满足新时代的需求确定了发展性理解等课程发展方向；2010年只是基于2006年课改内容的一次微调，明

---

[1] Osborne, K. and Seymour, J. Political Education in Upper Elementary School [J]. International Journal of Social Education 3, 1988(2): 63.

确了规定性学习效果及建议成就指标在社会科课程的核心位置，意在将课程目标进行具体化的分析与实施；2013年课改则是在对21世纪前十年社会科课程实践发展进行总结的基础上，修正了之前过于烦琐的课程目标，针对不断变革的时代提出培养学生的跨学科能力；而当前的这次课改进一步明确了2013年课改的方向，突出具有普遍性、整体性、共通性的宏观理念与思想，彻底实现课程整合。

不列颠哥伦比亚省的课程改革还原了概念重建运动之初派纳对于课程的定义，即动词的"跑道"。每次课改几乎毫无间隔，一次课改还未完成，下一次课改便已启动。在这里，课程改革没有主义之争，没有各方商业利益的角逐，有的只是如何迎合学生需求，如何迎合时代需要的思考与努力。在这里，没有对之前课程理念的彻底否定，没有对之前教学实践的全盘废除，有的只是一步一步地适应，一步一步地微调，一步一步地走向卓越。

第四章

加拿大社会科课程的理论变革

通过前两章对加拿大社会科课程百年历史的梳理不难看出，加拿大的社会科从诞生之日起就是一门充满争议且不断变革的课程，至少比其他科目表现得更加明显。正如加拿大社会科学者帕特丽夏·希尔兹（Patricia N. Shields）和道格拉斯·拉姆塞（Douglas Ramsay）所指出的，"在某种程度上，社会科课程教育处于危机之中。这种危机反映在学生应该学习什么知识与舍弃什么知识之间的争论；也反映在学校是否需要作出系统的准备从而让学生成为有知识的公民的争论；在日益增多的公共语境中，公民和历史知识是否得到有效的传递又成为争论的焦点；而在较小的公共空间中，社会科课程的危机存在于任课教师能否获得足够的时间、专业培训、资源、支持等，而这些反过来又影响着他们教什么和怎样教"[1]。本章便是由这些身份危机所引发的关于社会科课程理论问题的一些讨论，由此呈现出从概念重建运动到后概念重建过程中，加拿大社会科课程关于身份认同、组织模式、理论范式以及核心目标的变迁。

---

[1] Sears, A., Wright, I. (Ed.). Challenges and Prospects for Canadian Social Studies [M]. Vancouver: Pacific Educational Press, 2004: 41.

第一节

趋于一致的身份认同与逐渐完善的组织模式

一、尝试制定共同课程与国家标准

尽管北美最大的社会科课程教育者专业机构——美国国家社会科课程委员会（National Council for the Social Studies）将社会科课程描述为"一门提升公民能力的社会科学整合课程"，[1]然而加拿大社会科课程从未有过单一且持续的定义。在加拿大，社会科课程甚至已经开始被描述为一门起源于20世纪初，被美国概念深刻影响的，正处于持续的身份危机中的学科。[2]有学者认为，虽然社会经历了经济、政治等方面的巨大变迁，社会思想也不断更迭，但社会科课程在一定程度上还沿袭着对于社会的传统想象，学生依旧沿用传统的学习方式。[3]

正如第一章多次提及的"美国创造"与"美国制造"，加拿大社会科课程身份混淆的一个明显标志表现为数量众多的美国话语经常被引用在加拿大社会科课程的文章、文件之中，美国研究以及社会科课程的教育趋势在很大程度上影响着加拿大社会科课程教育。例如，随着美国社会越来越强调道德方面的教育，加拿大社会科课程也开始逐

[1] 美国国家社会科课程协会.美国国家社会科课程标准：卓越的期望［M］.北京：教育科学出版社，2008：1.
[2] Marker, P. Thinking Out of the Box: Rethinking and Reinventing a Moribund Social Studies Curriculum［J］. Theory and Research in Social Education 29, 2001(4): 741.
[3] Barr, R.D., Barth, J.L. and Shermis, S.S. Emergence of the Social Studies in Defining the Social Studies［M］. Washington, DC: NCSS Bulletin, 1977: 51.

步加强学校品德教育，其中许多来自美国品德教育方面的材料或资源被提供给加拿大学生。此外，加拿大著名的社会科课程项目大西洋诸省教育基金会（the Atlantic Provinces Education Foundation）也通过文件承认在其研发过程中深深受到美国国家社会科课程委员会标准文件的影响。[1]

为了应对身份危机，1998年，"加拿大西部协议"社会科课程项目建立，并为西部四个省和两个地区研发了共同的社会科课程。"加拿大西部协议"项目实施后，英语、数学、科学等科目竞相效仿，因为该项目的亮点在于组建了一个包含法裔加拿大人和原住民的课程研发团队，这一做法是在此前其他北美社会科课程项目中未曾出现的。然而，试图在西部实施统一的社会科课程并未完全成功，不列颠哥伦比亚省和阿尔伯塔省相继从项目中退出。剩余的曼尼托巴省、萨斯喀彻温省、西北地区、育空地区、努纳武特地区也有不同的项目时间规划，但承诺课程的实施会以新课程项目为基础。此外，即使阿尔伯塔省撤出了该项目，其社会科课程框架也深深地受到该项目的影响。

与《加拿大西部协议》的四分五裂相比，设立于1995年的大西洋诸省教育基金会研发的共同社会科课程更为成功，目前该项目课程在大西洋诸省学校的一、二、七年级得以实施。共同课程框架允许各省在具体操作时进行适当调整。同时，课程资源的需求成为四个大西洋诸省使用共同课程的主要驱动力，特别是该项目有能力吸引那些对定制资源的巨大市场充满兴趣的出版商。

在打造共同课程的同时，社会科课程的国家标准也被频繁关注。

---

[1] Atlantic Provinces Education Foundation. Foundation for the Atlantic Canada Social Studies Curriculum ［M］. Halifax: Nova Scotia Education and Culture, 1999: 1.

加拿大教育部长委员会（The Council of Ministers of Education）在不同时期，不同程度反复介入社会科课程的国家标准和培养目标问题。但是，与"加拿大西部协议"项目相似，由于对于一些标准缺乏共识，再加之各省和地区意在保持教育作为省级政府的授权范围与责任范畴，导致该项目尝试建立的社会科课程国家标准已经被遗弃。此外，也有各种各样的教育类非营利机构提出在公民和历史教育中建立国家标准和共同目标的需求，但并不是所有机构都热衷于将历史教育置于社会科课程框架之中。其中，有些机构通过市场与媒体策略促使获得教育授权书；有些机构则鼓吹需要将历史科从社会科课程中独立出来；还有些机构则要求国家设立历史基础和公民问题的共同框架。

因此，时至今日，能否在社会科课程、历史与公民教育中建立国家标准仍存在很大争议。从这个意义上讲，加拿大社会科课程教育完全不同于美国。在美国，各类国家标准文件描述了美国已经研发的历史科、地理科、经济科和公民课的共同目标。除了这些基于科目的标准，社会科课程标准也由美国国家社会科课程委员会制定。然而，需要指出的是，美国国家社会科课程委员会制定的课程标准影响着加拿大各个地区的社会科课程发展。该课程标准围绕主题组织的趋势体现在曼尼托巴省和阿尔伯塔省的课程之中，同样也影响着大西洋诸省社会科课程共同框架。此外，美国课程标准也在一定程度上反映到不列颠哥伦比亚省幼儿园到十一年级的社会科课程中。安大略省的课程则保持着更加以学科为中心的特点，由历史和地理主题组成。在加拿大西部和大西洋的省份及地区的社会科课程同美国国家社会科课程委员会标准一样，已经从主题组合体向概念组合体转变，强调公民、身份、多元化、多重视角等概念。美国国家社会科课程委员会的社会科课程标准源自各个学科生活经验的整合，有机形成以下三个主要目标：通过十个主题为从幼儿园到十二年级社会科课程项目的设计提供一个课程框架；对所有学生应具备的基本知识、方法、态度提出期望，为课程决策提供服务；为教师提供课堂教学实践例证，以指导他们设计教学，帮助学生达成预期目标。[1]标准框架涵盖多学科整合后的十大主题（见表4-1），这些主题的内容均反映在加拿大各省和地区的社会科课程项目之中。[2]由此可见，加拿大各地区至少在社会科身份认同这一层面趋于一致。

表4-1　美国国家社会科课程委员会社会科课程标准的十大主题

一	文化
二	时间、连续与变化
三	人、地域与环境
四	个体发展与自我认同
五	个体、群体与机构
六	权力、权威与管理
七	生产、分配与消费
八	科学、技术与社会
九	全球关联
十	公民理想与实践

资料来源：美国国家社会科课程协会.美国国家社会科课程标准：卓越的期望［M］.北京：教育科学出版社，2008：12.

---

[1] 美国国家社会科课程协会.美国国家社会科课程标准：卓越的期望［M］.北京：教育科学出版社，2008：11.

[2] Sears, A. and Wright, I. Challenges and prospects for Canadian social studies［M］. Vancouver: Pacific Educational Press, 2004: 41.

二、加拿大社会科课程的三种模式

尽管共同课程的构建与国家标准的鼓吹没能达到官方期望的效果，但这并未影响加拿大社会科课程探索出适合自己的三种组织模式。第一种模式叫作概念螺旋上升模式，亦称"塔巴模式"。该模式基于概念的螺旋式上升（spiralling concepts），进行逐步复杂化、抽象化的教学，根据学生认知水平的提高逐级增加课程的难度。塔巴认为教育应当是一个持续演进的、充满活力的过程，它是一种"生成"的行为而不是"存在"的行为。对此，课程内容的选择和组织主要包括三个阶段：选择概念；归纳通则，划分主要思想和组织思想；分年级配置通则，整理出课程概念和通则框架表。通则由来自各个社会科学学科的素材组成，可能涉及多个学科，但通则按学科领域来归类并不绝对，有一定的弹性，因此有助于扩大学科间综合的空间。[1]例如，加拿大一年级学生需要根据自己年龄段的成熟度来应对家庭、传统、规则、连续性等概念，但当五年级学生面对这些同样的概念时，则要依照以前习得的知识和已经发展的认知水平对概念做出新的理解与诠释。

第二种课程组织模式是历史排序法。学生在一年级开始学习自己家庭的历史，二年级学习社区的历史，三年级、四年级、五年级按照年表学习加拿大历史，六年级或七年级学习加拿大原住民的历史，到十二年级学习欧洲、北美的历史。例如，在安大略省，学生们从加拿大的开拓者学起，然后到中世纪欧洲，再到古代文明，最后学习加拿大原住民和欧洲探险者。

加拿大不列颠哥伦比亚大学教育学院教授潘妮·克拉克认为，加

---

[1] 丁尧清.学校社会课程的演变与分析［M］.广州：广东教育出版社，2005：266-273.

拿大社会科课程主要采用第三种模式，即"扩展视域"（expanding horizons）的方法组织教学。[1]通过确定课程内容的范围及知识传递的次序，以学生自身经验为圆点，向外辐射，依次向家庭、社区、省份、国家、世界扩展（见图4-1）。

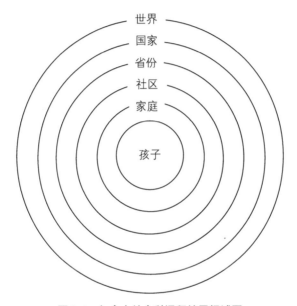

图4-1　加拿大社会科课程扩展视域图

（资料来源：Wright, I. Elementary Social Studies: a Practical Approach to Teaching and Learning (6th ed.)［M］. Toronto: Pearson Prentice Hall, 2005: 27.）

该模式下的课程以主题形式展开，小学低年级课程从认识自我与家庭开始，逐步过渡到关注邻居与所居住社区，最后延展到其他社区。小学高年级课程从历史与地理维度介绍学生所生活的省，然后扩展到加拿大全国，最后涉及世界其他文化，并以古代文明作为结尾。

---

[1] Sears, A. and Wright, I. Challenges and Prospects for Canadian Social Studies［M］. Vancouver: Pacific Educational Press, 2004: 18.

中学课程则关注加拿大历史、地理、政治，随之转向世界历史和当下的全球政治、经济及社会关系。比如当涉及历史领域的主题时，首先通常从家庭和社区的历史展开，接下来是本省、本地区的历史，随后才开始触碰国家维度的历史问题。

加拿大大西洋诸省和阿尔伯塔省的社会科课程建构在扩展视域模式之下，其研发与实施体现着以概念组织和技能范围为中心的普遍与具体的学习目标。该目标提供学生每个阶段需要达到的标准，从而取代传统螺旋式上升课程模式中重复强调知识、技能、态度的目标。其中，大西洋诸省的普通目标用来描述内容与过程，即学生期望知道什么以及当完成一年学业时他们能够做什么；具体目标则用来辨别学生们期望展示出的知识、技能、价值观和态度。各个年级的学习目标都体现着学生们需要掌握的一些核心概念，同时，在关键年级（三、六、九、十二年级）设置课程目标基准。

表4-2 加拿大大西洋诸省社会科课程目标基准

	公民、权利、治理	文化和多样性
三年级	识别作为公民的权利与责任	识别自身独一无二的特点和与人类共享的共同特点
六年级	识别并阐释个体公民在本地、国家、全球范围应尽的权利与责任	描述塑造个体身份的影响
九年级	识别并阐释涉及个体公民和团体在本地、国家和全球范围中的权利、责任、角色、地位的持续主题	探索影响个体观念、态度、价值观和信仰的因素
十二年级	分析涉及个体公民和团体在本地、国家和全球范围中的权利、责任、角色、地位的重要主题	分析促成自我观念和世界观形成的因素

资料来源：Atlantic Provinces Education Foundation. Foundation for the Atlantic Canada Social Studies Curriculum. Halifax: Nova Scotia Education and Culture, 1999: 16-19.

阿尔伯塔省社会科课程则是将增加探究性问题作为知识、技能、态度的指标嵌入具体目标之中。例如，六年级课程的一个具体目标是"显示出对民主的基本原则的理解"，从而要求学生来探索并仔细琢磨以下问题：什么是民主（比如公正、平等、自由、代表）？直接民主与代议制民主之间有何异同？在一个代议制民主社会生活，公民有哪些权利与责任？加拿大的司法体系如何保护你的民主与宪法权利？[1]

值得注意的是，在加拿大，社会科课程组织模式往往是将以上三种课程组织模式混合在一起。例如，当涉及历史相关主题的时候，扩展领域模式经常会融入历史排序法。另外，社会科课程的每一个主题都需要多学科或跨学科的讨论。

怀特指出，无论采取哪种课程组织模式，都必须遵守五个原则：有限的学习内容；围绕一个重要的主题或概念；运用批判性思维；与学生已经习得的知识相联系；将所学知识应用在新的情境。[2]基于这些原则，怀特提出构建社会科课程的最佳路径——课程整合。通过借鉴各学科的知识内容，采纳各学科的研究方法，使学生经历整合课程的学习过程，同时训练学生将社会科课程上所掌握的知识、技能有效迁移到其他领域，解决一些综合性问题的能力。

怀特还列举了一些社会科课程整合的具体内容，包括将社会科课程和语言艺术的内容整合渗入人文学科；将一些诸如批判性思维的教学理念展现在所教科目之中；把学生需要掌握的知识与学生的学习兴趣进行整合；围绕一些核心价值观进行课程内容的整合，比如多元文

---

[1] Alberta Learning. Social Studies Kindergarten to Grade 12 Validation Draft. Edmonton: Author, May 2003: 73.

[2] Wright, I. Elementary Social Studies: a Practical Approach to Teaching and Learning (6th ed.)［M］. Toronto: Pearson Prentice Hall, 2005: 31.

化主义；将以前学过的内容与即将要学习的知识点进行垂直整合。

　　作为最具特色、最具代表性的整合课程，社会科课程需要帮助学生认识到：学科的边界都是人为制造的；世界是相互联系且复杂多变的；整合可以提高学习效率。对此，罗兰·凯斯提出了如何进行社会科课程整合的四种形式[1]:(1)融合：两种元素结合在一起，比如社会科课程和语言艺术的融合。(2)插入：将其他学科插入已有学科，比如为了设计调查研究并阐释研究结果，可以把统计学的知识运用在社会科课程之中。(3)相关：把原本分开教学的课程中相关的内容进行结合，比如把社会科课程中关于日本的内容与艺术课程中关于日本折纸的工艺相结合。(4)协调：在所有学科中强调相同的元素，例如当教师们都将焦点放在培养相同的批判性思维能力的时候。

第二节

加拿大社会科课程四大理论范式的形成及其规范化

　　如果说三大课程组织模式的形成为加拿大社会科课程实践夯实

---

[1] Case, R. The anatomy of curricular integration [J]. Canadian Journal of Education, 1991, Vol.16, No.2: 215-224.

了基础，那么四大理论范式及其规范化则为加拿大社会科课程理论奠定了基石。多年以来，加拿大社会科课程在外部影响与内在变革的交互作用下形成了较为成熟的四大理性范式（rationales）：社会启蒙（social initiation）、社会改革（social reform）、个体发展（personal development）和智识发展（intellectual development）。这一概括来自加拿大社会科学者潘妮·克拉克和罗兰·凯斯。[1]很明显，这些范式都有着很深的美国烙印。美国课程学者罗伯特·巴尔（Robert Barr）、詹姆斯·巴斯（James Barth）和塞缪尔·舍密斯（S. Samuel Shermis）提出，社会科课程的共同取向与发展逻辑必须包括公民意识传承（citizenship transmission）、反思性探究（reflective inquiry）和社会科学（social science）三大部分。[2]这一思想从20世纪70年代末开始对加拿大当时的中小学社会科课程产生深刻影响。20世纪90年代，社会科学者玛吉·克拉克（Marge Clarke）在总结诸多社会科课程概念与模式的基础上又开展了修正工作。如玛吉认为，仅仅是反思性探究还不足以培养学生成为21世纪的全球公民，批判性反思（critical reflection）应独立成为社会科课程的另一个范式，因为批判性反思的品质可以赋予人一种解决社会病症的能力，而这恰恰是当时社会所急需的。[3]伊恩·赖特总结性地认为，上述四大范式构成了社会科课程的核心，并将其看作"理想型"（ideal type）概念。[4]2008年，潘妮·克拉克和罗兰·凯

[1] Case, R. and Clark, P. The Anthology of Social Studies: Issues and Strategies for Elementary Teachers [M]. Vancouver: Pacific Educational Press, 2008: 19.

[2] Barr, R., Barth, J. and Shermis, S. Defining the Social Studies [M]. Arlington Va: National Council for the Social Studies, 1977.

[3] Clarke, M. A Critically Reflective Social Studies [J]. The History and Social Science Teacher, 1990: 214–220.

[4] Wright, I. Elementary Social Studies: a Practical Approach to Teaching and Learning (6th ed.) [M]. Toronto: Pearson Prentice Hall, 2005: 17.

斯提出了社会启蒙、社会改革、个体发展和智识发展四大理性范式。

　　加拿大社会科课程的四大范式并不像克拉克等人所说的那样"完全不同于巴尔等人的三大传统模式"[1]，但加拿大对舶来品进行了若干改造的确也是不争的事实。首先，加拿大学者区分了社会与个人，认为社会取向和个人取向应成为社会科课程逻辑的两个基本方面。其次，加拿大学者在社会取向中将社会启蒙与社会改革区分开来，前者注重社会主流价值的传承，而后者则致力于社会批判和社会改造。其三，加拿大学者将个人维度又区分非智力的和智力的，非智力部分（称"个体发展"）重点在于培养学生全面发展，而智识发展则旨在发展学生的认知能力。事实上，这四大课程逻辑正是加拿大社会科课程的四大基本范式。

表4-3　加拿大社会科课程四大范式

社会启蒙	通过传递适应社会所需要的知识、能力、价值观，使学生顺利融入社会，成为具有生产力的社会成员。
社会改革	赋予学生提升或改造社会所需的理解力、能力与价值观。
个体发展	帮助学生在个体与社会存在两个维度获得全面发展，其直接目的既不是改造社会，也不是维持现状，而是充分发展每位学生的天赋与特点。
智识发展	通过向学生介绍知识体系以及历史和其他社会科学的探究形式，培养学生理解他们即将面对的复杂世界的能力。

资料来源：Roland Case and Penney Clark. The Anthology of Social Studies: Issues and Strategies for Elementary Teachers［M］. Vancouver: Pacific Educational Press, 2008: 19.

---

[1] Case, R. and Clark, P. The Anthology of Social Studies: Issues and Strategies for Elementary Teachers［M］. Vancouver: Pacific Educational Press, 2008: 28.

一、社会启蒙范式

一直以来，社会启蒙是加拿大社会科课程应用最为普遍、最为长久的核心范式。追溯历史，20世纪30至40年代，加拿大社会科课程教师们曾被鼓励使用寓言、故事等叙述方式讲述英雄事迹，以此弘扬爱国主义、忠诚和勇气等价值观。20世纪60至70年代的"回归基础"教育运动使保守主义得以复苏，主张为所有学生提供核心知识与核心价值观。可以说，该传统一直延续到20世纪末对于加拿大自身文化与历史的关注，例如加拿大著名历史学家格拉纳斯坦呼唤在中小学传授加拿大"共同的文化资本"。[1]

社会启蒙者倾向支持诸如尊重、责任、诚实、坚韧不拔、乐观等品格教育运动拥护的价值观，主张发展个体管理、团队合作、相互交流等在加拿大就业技能图表中所规定的工作技能。这些理念也得到了加拿大教师们的广泛认同。在一项由1 800名不列颠哥伦比亚省中小学社会科课程教师参与的调查中，大约70%的教师支持将社会启蒙作为社会科课程的主要培养目标。[2]如此高的教师支持率在很大程度上源于社会启蒙的理念有利于传播谦让、合作、接纳、尊重、诚实、坚韧不拔等加拿大的主流价值观。

然而，值得注意的是，社会启蒙虽然与批判性思维不矛盾，但学校的确不鼓励教师启发学生质疑那些社会已然接受的历史解释和主流价值观。例如，社会启蒙模式的拥护者很少倾向于邀请学生严肃地质疑并探讨一些关于加拿大社会是否只具有象征性民主等话题，同时

---

[1] Case, R. and Clark, P. The Anthology of Social Studies: Issues and Strategies for Elementary Teachers [M]. Vancouver: Pacific Educational Press, 2008: 22.
[2] Case, R. Summary of the 1992 Social Studies Needs Assessment [M]. Victoria, BC: Queen's Printer, 1993: 3.

也很少教授学生应该在何种情况下采取公民不服从或非暴力抵抗等措施。近年来，社会启蒙在一定程度上开始逐渐强调学生们参与公共事务，它更可能是要求学生开展社区服务项目而不是组织大家对一些产生环保争议的消费品进行抵制，更可能是鼓励学生参与选举投票而不是进行更为激烈的政治游说。

为了更好地呈现出具体课堂实践中的发展维度，克拉克和凯斯以威廉·霍恩（William Van Horne）等人以建造加拿大太平洋铁路这一主题为例进行了说明。[1]在社会启蒙范式下，该主题的优先目标是提升学生对于加拿大重大历史事件知识的认知及自豪感。具体课程内容包括学习加拿大太平洋铁路建造过程中出现的光辉的英雄事迹以及杰出的技术成就；了解对于铁路修建起着重要作用的名人；探究铁路的积极历史意义——向欧洲移民开放西部、防御美国的"天定命运论"、实现邦联的承诺等；探究铁路作为加拿大国家地位的象征——关键人物唐纳德·史密斯（Donald Smith）在不列颠哥伦比亚省克莱拉奇（Craigellachie）砸下最后一颗金色的道钉——成为连接西部与东部的关键。

二、社会改革范式

顾名思义，社会改革范式下社会科课程期望建立一个更好的社会。社会改革者假设学生们身处一个需要提升和改变的社会，社会科课程的角色便是帮助学生获得进行改革所需的认知、能力和价值观。与社会启蒙重在让学生接受现存的社会主流价值观不同，社会改革者强调学生要做好批判当前社会的一切准备，并给学生赋权，鼓励

---

[1] Case, R. and Clark, P. The Anthology of Social Studies: Issues and Strategies for Elementary Teachers [M]. Vancouver: Pacific Educational Press, 2008: 19.

他们尝试建立一个不同于当下的社会。

1971年，杰罗姆·布鲁纳提出"暂停"或者至少"不再强调"关于学科结构化的教学，而是要面对美国当下的社会问题。[1]布鲁纳认为，一方面贫穷、种族歧视、民众对越南战争的排斥等社会问题日趋严重，另一方面学校正在沦为社会邪恶力量的传播工具，[2]因此对社会问题的学习应该成为社会科课程教学期待的焦点。如第二章所述，那一时期加拿大同样身陷"价值危机"之中，1970年的"十月危机"以及性别歧视、第一民族的群情激愤、联邦和各省之间关系的崩溃等新的社会问题层出不穷。[3]范梅南等人研发的社会科课程项目中也加入了黑人研究、女性研究、第三世界或发展中国家研究等议题，这些均已依照社会改革的视角被加拿大安大略省纳入社会科课程内容之中。[4]近年来，一些环境教育项目已经提出针对诸如土地使用和保存等当地问题进行批判性的思考，同时还涉及人口过量、环境污染、资源稀缺等更为宏大的社会问题。此外，阿尔伯塔省的社会科课程也包含着一些社会改革的元素，比如鼓励学生们对围绕联邦制的本质、民主的意义、对社会正义的不同理解等加拿大文化身份中尚未解决的问题进行讨论。[5]

社会改革模式下社会科课程的核心目标是培养学生的批判性思维。比如，学生们需要被告知公共媒体不仅仅传递信息，而且就像尼

[1] Jerome, B. The Process of Education Revisited [J]. Phi Delta Kappan, 53, 1971: 21.

[2] Ibid: 20.

[3] Osborne, K. A consummation Devoutly to be Wished: Social Studies and General Curriculum Theory [M]. The Fifth Invitational Conference of Curriculum Research of the CSSE, Vancouver, BC, 1984.

[4] Parsons, J., Milburn, G. and Manen, M.V. A Canadian Social Studies [M]. Edmonton, AB: University of Alberta, 1985: 6.

[5] Osborne, K. Canadian History in the Schools. A Report Prepared for Historica Foundation.www.histori.ca, 2015-12-22.

尔·波兹曼（Neil Postman）所言，"媒介更像是一种隐喻，用一种隐蔽但有力的暗示来定义现实世界。不管我们是通过言语还是印刷的文字或是电视摄像机来感受这个世界，这种媒介——隐喻的关系为我们将这个世界进行着分类、排序、构建、放大、缩小、着色，并且证明一切存在的理由"[1]。公共媒体聚焦或忽略某一事件取决于我们如何看待该事件存在的重要性或价值，而这又与学校教育息息相关。教师是通过赞美名人的个体努力塑造出学生们对于学校和生活中什么是重要的人或事的感知，而并不是讲述辛苦劳作的普通人或那些被剥削人们的生活。社会改革者会要求学生尝试以健康积极的思考方式去批判信息的来源并进行筛选，其中包括他们的任教老师以及他们所使用的教材。相比而言，社会启蒙者更倾向于让学生们直接接受这些信息。

近三十年来，社会改革模式被一些批判主义学者在社会科课程的教材中升级为更为激进的版本。他们假定，由于人们根据各自的价值观和利益构建知识，所以知识从来不是中立的，而是代表着不同的价值定位。依据此观点，社会改革激进派寻求对社会科学中所有知识进行根源批判（root criticism），包括进行种族、性别、民族主义以及掌控社会结构和知识的社会阶层的批判性研究。范梅南支持这些有助于解放的研究，他认为，一个有社会良知的人应该从事对一切形式的霸权主义（包括学校里所传授的知识和价值导向的权威）的社会批判。[2]

除了培养学生的批判性思维，社会改革模式还注重社会行动。美国教育学家弗雷德·纽曼的著作《公民行动教育》（*Education for*

---

[1]　[美]尼尔·波兹曼.娱乐至死［M］.章艳，译.桂林：广西师范大学出版社，2011：10.

[2]　Van Manen, M. A Concept of Social Critique［J］. The History and Social Science Teacher 15, 1980: 110–114.

Citizen Action）对培养学生的"环境胜任能力"并从事社会行动产生了深远影响。然而，涉及具体操作层面，加拿大社会科课程对于"社会行动"的界定却略显模糊。例如，不列颠哥伦比亚省社会科课程社会改革范式的项目强制学生开展户外活动项目，要求学生参与那些没有争议的社会活动，比如清理学校操场的垃圾或为当地慈善机构募款等。[1]但矛盾的是，这些社会行动常常早已失去了批判的色彩。

如果同样以建造加拿大太平洋铁路这一主题为例，课程目标与社会启蒙维度的目标几乎完全相反，它鼓励学生对官方版历史提出质疑，并关注加拿大过去的不公正。具体课程内容包括：了解与主流媒介传播内容不同的铁路建造故事，包括对移民工人的剥削以及因腐败和贪婪而导致的"太平洋丑闻"；了解那些真正建造铁路的亚裔工人们的个体牺牲；探究开发铁路的隐藏成本，包括对第一民族的虐待及给他们的生活带来的混乱等；探究国家意义的神话，例如在第一天晚上被偷的具有象征意义的最后一颗道钉。

三、个体发展范式

个体发展的核心是培养学生达到个体与社会双重层面的自我实现。该模式认为，一个"好"的社会需要由那些完全适应环境的个体组成。因此，取代那些强加的知识体系或预先制定的方案，学生们应对当下生活所需要的理解力、能力和态度才是社会科课程的核心内容。这可以追溯到杜威的进步主义哲学，正如杜威所言："教育就是不断生长，在它自身以外，没有别的目的。学校教育的价值，它的标

---

[1] British Columbia Ministry of Education, Skills and Training. Social Studies 8 to 10 Integrated Resourse Package［M］. Victoria, BC: Author, 1997.

准，就看它创造继续生长的愿望到什么程度，看它为实现这种愿望提供方法到什么程度。"[1]对此，奥斯本指出："加拿大进步主义在学生发展与成长、满足学生需求以及全人教育方面的投入要远远多于社会改革和社会重建。"[2]

20世纪30年代，进步主义运动思潮席卷加拿大，十年间，加拿大的每个省和地区进行了不间断的课程改革。新修订的省级课程提出"以儿童为中心"的新教育法，并强调学科之间的联系与学生的兴趣和需求。同时，各省均将教育目标设定为"全人教育"，希望学生在体力、智力、情感、精神多方面获得成长与进步。课程安排以活动为主，学生们针对自己感兴趣的问题和话题开展团队学习，旨在提升合作、交流和制定决策的能力。一些省和地区的小学社会科课程构建出以小组探究法为基础的"企业"（enterprises）模式。"社会科课程的课堂不再是一个学生学习历史、地理和公民知识的地方，而是成为了一个真正的实验室，在那里，学生们的合作力、创造力、责任感、主动性都得以加强。"[3]进入中学阶段，各省都将该方法指导下的项目列入核心课程，包括生活适应课程与融入了语言和人文知识的社会科课程。

20世纪60年代，由路易斯·拉思斯（Louis Raths）、梅里尔·哈明（Merrill Harmin）和西德尼·西蒙（Sidney Simon）引领的价值澄清运动成为个体发展模式的重要支撑。价值澄清理论鼓励学生选择自己的价值体系，这一理念对1971年阿尔伯塔省社会科课程产生了意义

[1] ［美］约翰·杜威.民主主义与教育［M］.王承绪，译.北京：人民教育出版社，2001：62.

[2] Osborne, K. Education is the Best National Insurance: Citizenship Education in Canadian Schools-Past and Present［J］. Canadian and International Education 25, 1996(2): 42.

[3] Alberta Department of Education. Programme of Studies for the Elementary School［M］. Edmonton, AB: Author, 1935 and 1936.

非凡的影响。[1]

以个体发展为范式的社会科课程延续至今，特别是在加拿大小学阶段颇为普及。具体包括以下一些特点：(1)同已经学习了什么知识内容相比，学生获得的与生活相关的个体经验更加重要；(2)注重支持学生追求自己的目标，发展自己的兴趣；(3)强调要将学生放置在更为广泛的学习情境中，让学生实践自己的理念，培养自己解决问题的能力；(4)优先考虑支持学生自信心和自我信念的建立，而不是首先挑战学生的思维或质疑他们的价值观。

根据这些特点，培养学生团队工作的能力，并策划、实施自我导向的学习与研究成为个体发展范式下建造加拿大太平洋铁路主题的课程目标。在课堂上，教师允许学生们去选择任何他们个人感兴趣的话题，并选定学习成果的呈现形式；通过考虑每个领域对铁路修建所作的贡献，指引学生们探究潜在的未来职业选择（工程师、开发商、政治家）；采用团队合作活动，比如让学生们一起创建一幅壁画来描述铁路修建的过程，也可以采用角色扮演培养学生们同他人交往的能力。

四、智识发展范式

社会科课程的智识发展范式源于埃德加·韦斯利（Edgar Wesley）的定义："社会科课程是简化为教学目的的社会科学。"[2]该定义暗示，各种社会科学学科已经向我们提供了认清世界的原理、知识与技术。因此，培养学生具有社会科学家和历史学家的心智是社会科课程理应

---

[1] Milburn, G. The Social Studies Curriculum in Canada: A Survey of the Published Literature in the Last Decade [J]. Journal of Educational Thought, 1976(10): 222.

[2] Wesley, E.B. Teaching Social Studies in High Schools [M]. Boston, D. C: Heath, 1937: 4.

为学生提供的必要准备。

不同于个体发展模式更加关注学生本身，智识发展模式同时注重学科知识。1960年布鲁纳撰写的《教育过程》开启了课程领域学科结构运动的大幕，这也为智识发展模式提供了最早的理论基础。在社会科课程成为一门独立学科之前，历史教育的支持者强调采用文献资料进行"智力训练"的重要性。这一传统在20世纪60年代到70年代加拿大的教材中得到了印证。[1]例如，当时不列颠哥伦比亚省小学的地理教学要求学生根据自己的水平习得地理科目的知识结构，并将其他科目的知识迁移到地理之中。学生还要通过参与实践，在活动中获取信息、分析数据，并综合利用所选数据解决问题。[2]此外，对"智力训练"的痴迷还出现在诸如《社会科课程中的教学主题》（*Teaching the Subjects in the Social Studies*）等大学教育学院社会科课程指导教材之中。该书作者主张，应该帮助学生开始学习社会科学的思维模式和知识结构。

时过境迁，虽然现今学科结构化的效果已遭到多方质疑，但寻求提升历史和地理学科化的声音仍不绝于耳。事实上，从加拿大学术圈内部也传出了用历史和地理来取代社会科课程的呼声。彼得·塞沙斯指出：学生应该批判性地接触历史叙述，但学校不可能不借助任何学科而单单传授学生一般性的批判思维或信息处理方法。[3]而学科中最明显的思维挑战在于——历史的观念，比如何为重大历史事

[1] Osborne, K. Fred Morrow Fling and the Source-Method of Teaching History [J]. Theory and Research in Social Education, 2003, 31(4): 482.

[2] Social Studies Advisory Committee, Faculty of Education, University of British Columbia. History and Geography Teaching Materialsp [M]. Vancouver, BC: University of British Columbia, 1962: 139.

[3] Wright, I. and Sears, A. Trends and Issues in Canadian Social Studies [M]. Vancouver: Pacific Educational Press, 1997: 116–129.

件、如何培养历史同理心、接受历史索赔的基础是什么等问题，这些都需要进行具体的学科化指导。缺乏历史思维能力的培养，教学便会沦为"简单的信息堆积"。[1]正如一些智识发展模式的支持者所认为的，社会科学学科对社会生活的探究是最为严谨且最具洞察力的，它们为社会科课程教育者如何将学生培养成合格公民提供了最佳工具。

因此，在智识发展范式下的建造加拿大太平洋铁路主题强调向学生介绍社会科学所使用的研究方法，使他们更好地探究世界。在课堂上，学生们通过采用原始材料研发事件，学会运用历史探究的方法；通过标绘修建铁路对当地人口数量的影响或使用等值线图策划一条路线，学会运用地理探究的方法；在基于一次模拟的挖掘中搜寻工艺品，并通过露营生活，使学生们获得考古学的相关知识。

五、对四大理论范式的规范性确认与整合

加拿大社会科课程的四大范式只是一种相对简单明了的分类，因为在实际操作过程中，每种依据都存在各种变数，且充满复杂性。例如，在社会启蒙范式中，更加保守或更为开放均会形成不同的培养目标；与此相似，社会改革者参照自身对社会进步的看法，所表现出的或激进或温和，也会提出不同的培养目标。此外，这种分类不可避免地存在着相对模糊的界限。比如，社会启蒙目标下的课程与课本为主的教学紧密相连，智识发展目标下的课程则强调学生对

---

[1] Seixas, P.A. Discipline Adrift in an "Integrated" Curriculum: The Problem of History in British Columbia Schools [J]. Canadian Journal of Education, 1994, 19(1): 105.

于原始文件的分析以及社会科学的研究，但如果两者对调也并没有什么不可想象。这种分类的最终目的并不是为了机械化地将培养目标按照范式进行隔绝，而是为了突出教师自身特点，更好地进行社会科课程教学。

如果再回到建造加拿大太平洋铁路这一案例，不难发现，在实际教学中，教师们很难做到教学目标的非此即彼，也就是说，很少有教师可以真正只按照其中一个目标维度来培养学生。比如，提升学生对他人的责任感是成为良好公民的一个核心要素，在一定程度上，这与社会启蒙的目标维度相一致。与此同时，可能会发现许多学生正在过度接受主流价值观，而忽视社会中的不平等、剥削、环境破坏以及其他社会病症，这时教师便需要拥抱社会改革目标维度的一些观点。同样，如果教师倾向强调学生的情感、需求、价值、问题等，实际上是采用个体发展的目标维度，这也是当前在社会科课程中被最为广泛应用的目标维度。然而，帮助学生们完成"个体与社会的实现"也许不能为他们提供用来应对当前社会的足够的知识与技能。因此，公民生活应该聚焦在知识与原则的探索之上，而这又使教师们不得不将社会科课程的目标维度调向智识发展。

那么，社会科课程究竟应该建构在何种课程范式之下？若要回答这个问题，则不得不考虑根深蒂固的学校教育角色、不断变化的社会情况、学生个体多样性带来的挑战以及教师自身的价值取向和知识理论等诸多因素。而要满足各方面的意愿与需求，有时便会倾向于形成一致性的价值取向，但这会造成模糊不清且相对暧昧的教育价值观。例如，加拿大教育部长理事会曾对各省课程调查后总结：普遍聚焦在通过探究式学习而实现目标，即"为学生提供知识、技能、价值观和思维过程，使他们有效且负责任地参与到不断变革的社会、国家与世界环境之中"[1]。可以毫不夸张地说，这一目标几乎涵盖了一切可以想到的内容，其适用于社会科课程四大范式中的任何一个。同时，这也迎合了当时一些学者经常将该现象称为："正如社会科课程的内容是个大杂烩一样，培养公民的目标充满着迷惑和模糊。"[2]怀特也承认，几乎无法找到一个仅仅依靠一种逻辑发展出的社会科课程。尽管有足够证据表明21世纪以来批判性思维（社会改革范式）逐渐在加拿大中小学社会科课程中占据上风，但其他范式依然贯穿其中。

　　然而，值得警惕的是，问题具有复杂性并不意味着只能采取"中庸"的且消极被动的调和之道。相反，为了避免目标的含糊不清，需要建立具有明确范式的社会科课程指导目标，因为与其半心半意、缺乏热情地促进所有目标的实现，与其让学生冒着试图获取全部能力却很大程度上导致其一事无成的风险，不如确立优先目标，即使这些目标有可能随着时间随着课程的进程而改变。表3-4是克拉克和凯斯为当前加拿大社会科课程创建的四大范式的说明性目标（illustrative goals），它明晰了在内容知识、批判性思维、信息收集与报告、个人与社会价值标准、个人与集体行动5个目标下如何设立社会科课程的培养方向，从而为加拿大社会科课程长年存在的目标模糊、范式混乱等顽疾提供了治愈的一种可能性。目前这套说明性目标已经被编入加拿大各高校教育硕士项目的教材，成为几乎所有中小学社会科课程教

---

[1] Council of Ministers of Education, Canada. Social Studies: A Survey of Provincial Curricula at the Elementary and Secondary Levels [M]. Toronto: Author, 1982: 4.

[2] Barr, R., Barth, J.L. and Shermis, S.S. Defining the Social Studies [M]. Arlington, VA: National Council for the Social Studies, 1977: 2.

师职前培训的内容之一。

表4-4　社会科课程范式的说明性目标

目标	社会启蒙	社会改革	个体发展	智识发展
内容知识	1. 主流世界观、主流历史观 2. 关于加拿大和世界知识的核心事实 3. 关于权利和责任的知识	1. 另类世界观（后殖民主义、女性主义） 2. 加拿大和世界所"忽视"的事实与知识 3. 有关人权的知识	1. 自我认知 2. 关于个体事件与背景的知识	1. 社会科学的原理和基本概念 2. 每个社会科学领域的普遍知识 3. 历史学的知识
批判性思维	给定社会问题的大框架，要求在该框架下思考，比如在评估当前情况的前提下，思考如何更好地为社会作贡献	1. 调查社会基础问题 2. 解构媒体	1. 分析个体问题 2. 探讨个人观点	1. 历史推理和证明的标准 2. 基于学科的学术性问题
信息收集与报告	1. 运用包括电子技术在内的主流资源 2. 建立呈现信息的规范	1. 信息与观点获取的"另一种"来源 2. 有说服力的演讲	1. 信息的主流来源满足个体信息需求 2. 探索个体形式的表达与陈述	1. 运用包括原始材料和田野调查等学术资源 2. 研究论文及其他形式的学术成果
个人与社会价值标准	1. 民族自豪感和对公民制度的信任 2. 诚实、忠诚、尊重他人 3. 职业道德且承担自我责任	1. 全球视野 2. 遵守社会和环境道德 3. 持怀疑态度	1. 自我自豪感和文化自豪感 2. 人格完整 3. 个体价值澄清	1. 学术自信 2. 旺盛的求知欲 3. 智力工作的职业道德

（续表）

目标	社会启蒙	社会改革	个体发展	智识发展
个人与集体行动	1. 社区服务、学校改进项目、实习 2. 同他人合作解决问题的能力	1. 直接参与政治和社会行动（游说） 2. 公共宣传与联络	1. 自助及个人兴趣项目 2. 个体宣传	1. 在学术领域的实地研究 2. 小组调研

资料来源：Roland Case and Penney Clark. The Anthology of Social Studies: Issues and Strategies for Elementary Teachers［M］. Vancouver: Pacific Educational Press, 2008: 27.

　　经过职前培训，加拿大社会科课程教师在确定采用哪种范式之前，需要熟知各个说明性目标的概括性要求。一旦确立课程的逻辑取向，教师便要按照表4-4中相对应的所有目标进行课程规划。举例而言，基于说明性目标，对威廉·霍恩等人建造加拿大太平洋铁路主题的展开将恪守五大目标。即使教师采用社会启蒙作为范式，也必须为学生提供批判性思维的相关训练，比如引发学生思考有没有可能在更好地保护多方利益的前提下完成铁路修建任务；即使采用社会改革作为范式，也必须培养学生信息收集与报告的能力，比如要求学生收集有关太平洋铁路的负面新闻，并根据史实进行分析；即使采用个体发展作为范式，也必须使学生首先完成相关内容知识的学习，比如安排各小组汇报一位在太平洋铁路修建过程中作出重大贡献或产生重大影响的历史人物；即使采用智识发展作为范式，也必须要组织学生进行个人与集体行动，比如组织学生重访当年铁路修建过程中一些带有里程碑意义的事发地。

　　总之，无论采用哪种范式作为社会科课程的理论支撑，即便可能不同于教师自身更为偏爱的范式，或不同于学生之前经历的范式，教师都需要建立一套清晰合理的说明性目标。因为学生们不可能在一个缺乏焦点、方向模糊的社会科课程项目中获得帮助与激励。

第三节

加拿大社会科课程的核心目标以及持续的争议

通过本书第二章的历史追溯以及本章前两节的分析可以发现，如果说加拿大社会科课程的身份认同、组织模式与理论范式均存在或多或少的危机与争议，那么课程的核心目标便可称得上是整个社会科课程争论的焦点。

一、对公立学校课程目标的不满

对于社会科课程核心目标的讨论首先源自加拿大学者对现存公立教育现状的不满。特伦斯·R.卡森（Terrence R. Carson）指出，"只要观察一下公立学校教育现状，不难看出课程和教学是怎样在受一种竞争式个人主义的支配的。学习的目的是在一些地位高级些的课程方面拿高分，人们相信修好这类课程，以后就可以从事商业、工程和医学方面的职业。课程本身被破碎成专门科目，其结果人文、艺术、社会科学已越来越边缘化，被数学、科学和技术科目挤开了"[1]。

具体到社会科课程内部："教师若想清晰地看清社会科课程这幅图画，其解决之道不在于找到社会科课程的具体定义，而是要提出一个最为基础的问题，即'究竟应该在社会科课程上传授什

---

[1] ［加］乔治·H.理查森，大卫·W.布莱兹.质疑公民教育的准则［M］.郭洋生，邓海，译.北京：教育科学出版社，2009：18.

么？'"[1]由于加拿大各省和地区都有自己的课程标准，因此通过分析社会科课程相关文件，可以从中窥探出政府希望在社会科课程中传授些什么内容。

在省级课程大纲中，最为具体的内容莫过于对各年级学习目标的描述。表4-5中，三个省建议开展的活动将满足知识目标与技能目标的达成。同时，依据课程大纲的部署，教师在课堂上可以自信地转移到下一阶段知识目标与技能目标的准备。具体而言，安大略省教师可能从中世纪的日常生活向城堡生活（运动、娱乐、法律）转移，学生们可以绘制一幅城堡地图，从而完成课堂大纲要求的典型活动。至此，教师可以移向下一阶段课程目标的达成，将学习重点放在十字军东征、丝绸之路以及黑死病等重大事件上；阿尔伯塔省教师可以从自然资源的运用向土地需求分析（例如，游憩使用、粮食生产、资源萃取），学生们可以通过头脑风暴总结所在社区和地区基址的潜在使用价值；不列颠哥伦比亚省教师可以从资源分布转向探索可再生资源与不可再生资源之间的区别，学生们则可以将不同的资源按此标准分为两类。

表4-5　三省四年级或五年级部分典型目标与活动

安大略省四年级 （2004年安大略省）	阿尔伯塔省四年级 （2006年阿尔伯塔省）	不列颠哥伦比亚省五年级 （2006年不列颠哥伦比亚省）
知识目标：描述中世纪社会中男人、女人和儿童日常生活的方方面面（例如：衣食住行、卫生、宗教、娱乐、节日、工艺、角色、法律制裁）。	知识目标：通过探究和反思分析阿尔伯塔人怎样通过环境产生一系列的互动影响……阿尔伯塔人如何运用自然资源（例如：农业、石油和天然气、森林、煤）。	知识目标：描述不列颠哥伦比亚省内和加拿大国内的自然资源分布。

---

[1] Case, R. and Clark, P. The Anthology of Social Studies: Issues and Strategies for Elementary Teachers [M]. Vancouver: Pacific Educational Press, 2008: 9.

（续表）

安大略省四年级 （2004年安大略省）	阿尔伯塔省四年级 （2006年阿尔伯塔省）	不列颠哥伦比亚省五年级 （2006年不列颠哥伦比亚省）
技能目标：运用结构图总结信息（例如：时间线显示创新和事件的日期、十字分类图显示农民与领主生活方式的对比）。	技能目标：运用结构图（如网络图Webbing或维恩图Venn diagrams）制作有意义的信息。	技能目标：从各种一手资料和二手资料中获取信息框架。
典型活动：学生们可以从有关中世纪社会的课本上搜集相关信息，并完成男人、女人和儿童日常生活各方面的三组数据柱状图。	典型活动：学生们可以运用政府网站研究一项具体的资源。小组则可能创建一个网络图从而展示阿尔伯塔人如何使用资源。	典型活动：学生们可以运用地图集、CD光盘或网上地图来研究省内的资源分布。小组则可能通过模型或地图呈现研究成果，运用网格（例如：经度和纬度）以及比例来呈现地点。

资料来源：Roland Case and Penney Clark. The Anthology of Social Studies: Issues and Strategies for Elementary Teachers[M]. Vancouver: Pacific Educational Press, 2008: 10.

　　然而，当课程目标过于烦琐精细的时候，具体的课程目标便成了一把"双刃剑"。比如，安大略省四年级社会科课程共有45项具体目标，阿尔伯塔省四年级则高达102个具体目标，不列颠哥伦比亚省省五年级课程规定要达成24项具体学习目标。克拉克和凯斯认为，在课堂上覆盖所有具体目标并不一定能通向有魅力、有意义的学习，其理由主要有如下四点：一是目标不能支配教学方法，比如教师可以将学生对于中世纪生活的描述作为评判其学习效果的标准，但也可以通过阅读一本小说，将学生拉回中世纪的历史，使他们获得相关信息。二是目标并未形成固定的可教集群（teachable clusters），单独授课、小组学习、项目合作在这些笼统的目标之下毫无区分。比如安大略省四年级课程关于中世纪的18个具体目标甚至有可能在一个大的项目中完成，即组织同学们研究、编撰、表演一部有关中世纪生活的话剧。三是目标不具有优先事项，因为不可能每个教学目标都同等重要，课堂上也不可能将每个知识点都按相同的时间分配。四是目标不能代表效果，因为文件中所设计的目标不可能表明学生们真正的学习结果。[1]

二、社会科课程始终如一的追求——培养良好公民

学界普遍认为美国国家教育协会（US National Education Association）在1916年创造了社会科课程。当时美国国家教育协会推出此课程的最重要目的便是开展公民教育，这个目标几乎一直延续到今日的美国社会科课程。由于加拿大社会科课程深受美国教育界影响，因此开展公民教育也被加拿大教育部长理事会认同，现在保持此目的似乎已经成为加拿大社会科课程的一种传统。[2]

正如第一章关于社会科历史部分所描绘的，在20世纪20年代的加拿大西部诸省和1937年的安大略省，社会科课程从诞生之初便是一门汇集历史学、地理学、社会科学和公民学等知识为一体的跨学科课程。联邦政策制定者从社会科课程设立之初便非常关注民主价值观，视其为提高社会凝聚力的核心，因为社会需要经历"一个连续不断地在加拿大范围内创建具有共同价值观、共同挑战和机会均等的社会的过程，同时该社会必须建立在全体加拿大公民共同拥有的信任感、希望与互惠互利之上"[3]。

[1] Case, R. and Clark, P. The Anthology of Social Studies: Issues and Strategies for Elementary Teachers［M］. Vancouver: Pacific Educational Press, 2008: 10.

[2] Wright, I. Elementary Social Studies: a Practical Approach to Teaching and Learning (6th ed.)［M］. Toronto: Pearson Prentice Hall, 2005: 6.

[3] ［加］乔治·H.理查森，大卫·W.布莱兹主编.质疑公民教育的准则［M］.郭洋生，邓海，译.北京：教育科学出版社，2009：31.

　　基于此，一直以来，公民教育始终是加拿大社会科课程的核心目标。同时，公民这一概念引发的话题随着时代变迁也有所转变。20世纪80年代末到90年代初的加拿大社会科课程中强调公民的责任与义务，而现在已经回归到行动主义，关注对社会和政治的亲身参与，这标志着社会科课程向20世纪70年代的回归。当前的社会科课程项目将焦点集中在对公民和身份的多元理解。比如，"加拿大西部协议"项目的社会科课程朝向对于公民概念进行更加灵活的、多重的、叠加的理解，从而成长为真正的公民。虽然这并不是定义社会科课程项目中公民教育角色的万灵丹，但该项目引入的有关原住民和法裔加拿大人公民教育的观点让加拿大西部诸省的教师们有所启发。在加拿大学校中，教授社会科课程的原理和目标明确地集中在公民教育之上，正如1998年不列颠哥伦比亚省教育部门在文件中写道："社会科课程的首要目标是培养有思想、有责任感、积极的公民，他们能够获得必要的信息来考虑多重观点，并作出理性的判断。从幼儿园到十一年级的社会科课程为学生提供成为未来公民的机会，使他们以审视当下、连接过去、展望未来为目标，批判地思考事件与问题。"[1]一方面，该目标将公民教育的核心内容具体列举出来，既包含公民教育的多元价值趋向，又规定了多元价值的相对性；另一方面，它承认公民教育包含诸种观念上、价值上的冲突。社会科课程正是基于这样的条件发展起来的公民教育。[2]

　　近年来，公民教育不断地在省级文件中被规定为社会科课程的培养目标。新不伦瑞克大学的社会科学者杰拉德·克拉克（Gerald

[1] British Columbia, Ministry of Education, Skill, and Training. Social Studies K to 7: Integrated Resource Package [M]. Victoria: Author, 1998: 1.
[2] 赵亚夫.学会行动——社会科课程公民教育的理论与实践 [M].北京：高等教育出版社，2004：24.

Clarke）、安德鲁·休斯（Andrew Hughes）、艾伦·西尔斯已经从国内与国际两个视角积极地投入到公民研究和学生评价的工作之中。他们新创建的公民教育研究网站（Citizenship Education Research Network）涵盖了来自全国的课程学者，并借助这个平台举办了一系列关于加拿大公民教育的论坛。这些工作对于课程改革产生着直接影响。

对于21世纪社会科课程中的公民教育，马克斯韦尔（Maxwell）预计，加拿大的成功将大大取决于它能在多大程度上，从长远角度出发，培养一套价值观和象征符号。再者，文化表达的全球化必将要求我们继续建立共同的"解释群体"。这就意味着大家必须更加容易地了解和理解加拿大文化内容，以此作为主要手段，跨越语言、地区以及文化鸿沟，促进相互理解。[1]

总而言之，加拿大社会科课程在100年的进程中经历了多次重大课程改革，还进行了无数次课程调整。在此期间，课程内容、课程组织形式、课程评价方法均做出了与时俱进的改变，甚或是颠覆性的变革。然而，唯一不变的也许就是课程目标——培养良好公民。

三、何谓"好"公民

加拿大公民身份是一个复杂且充满争议的概念。作为描述加拿大和公民之间联系的独特概念，公民身份仅有60年的历史。尽管加拿大人的身份演变已经进行了一个多世纪，但加拿大人公民身份的法律概念在"二战"后才发展起来，直到1976年才从英国从属法律地位中脱离出来。[2]

---

[1]［加］乔治·H.理查森，大卫·W.布莱兹.质疑公民教育的准则［M］.郭洋生，邓海，译.北京：教育科学出版社，2009：31-32.

[2] 同上：161.

一般而言，"理想的加拿大公民"（ideal Canadian citizen）应具备十大特征。然而，艾伦·西尔斯对其逐一进行了批判。他认为，首先从遵守法律这一特征来看，例如，被政府贴上加拿大梅蒂"叛乱"领袖标签的路易斯·瑞尔（Louis Riel），当年为了保护梅蒂人的权利与文化，曾领导两次反抗加拿大政府的运动，于1885年被加拿大政府处决；又如，1837年加拿大叛乱的领导者路易斯·约瑟夫·帕皮诺（Louis Joseph Papineau）和威廉姆·莱恩·麦肯西（William Lyon Mackenzie），他们是当年反对下加拿大（Lower Canada）英国人政府斗争中法裔加拿大人党领袖，率领叛军与政府作战，失败后逃往美国。这些人能算是良好公民吗？在当时的历史环境下，他们都毫无疑问违反了法律，然而在今天的主流社会，他们则被视为英雄。[1]其次，从熟悉加拿大的历史与地理这一特征来看，很多历史学家早已指出，学校传授的历史被枯燥乏味、千篇一律的政治与军事历史支配，以此来规避有争议的历史问题。此外，这样的历史完全脱离了学生的生活经验。[2]再次，从对待差异与不同持开放且宽容的心态这一特征来看，一个民主社会的宪法保证每个人都享有言论自由的权利，但如果有人否定大屠杀犯下的滔天罪行，坚信是犹太人损害了西方基督教文明，难道也要容忍、保护这些人的言论自由吗？如果有教师在公共领域，在书中、报纸上表达同样的观点，那么这样的教师是否应该予以解雇呢？最后，"热爱冰球"这一项也许只能理解为加拿大人的幽默。

[1] Sears, A. and Wright, I. Challenges and Prospects for Canadian Social Studies [M]. Vancouver: Pacific Educational Press, 2004: 92.

[2] Osborne, K. Our History Syllabus Has Us Gasping: History in Canadian Schools-Past, Present, and Future [J]. Canadian Historical Review 81, September 2000(3): 404-435.

艾伦·西尔斯认为，理想的加拿大公民应具备如下特征[1]：

（1）热爱加拿大；

（2）遵守法律；

（3）熟悉加拿大的历史与地理；

（4）掌握两门语言（法语和英语）；

（5）对待差异与不同持有开放且宽容的心态；

（6）是一位批判性思考者；

（7）是一位优秀的公共演说者；

（8）已经在全国的各个地方生活或旅行过；

（9）具有参与社区生活的记录；

（10）热爱冰球。

四、社会科课程究竟能否培养良好公民

加拿大公民教育中对公民行动与公民参与的强调充分体现在各省和地区的政府文件中。1991年，萨斯喀彻温省教育部门确认了46种社会科课程的具体教学方法。随后，这些教学方法被复制到1993年纽芬兰省社会科课程框架以及1998年加拿大大西洋地区的课程大纲中。

表4-6 加拿大社会科课程可能运用的教学方法

直接式教学	互动式教学	间接式教学	自主性学习	体验性学习
显性教学	辩论	问题解决	论文	田野考察
反复练习	角色扮演	案例研究	电脑辅助教学	实验操作
结构化概要	小组讨论	探究	报告	模拟

---

[1] Sears, A. and Wright, I. Challenges and Prospects for Canadian Social Studies [M]. Vancouver: Pacific Educational Press, 2004: 91.

（续表）

直接式教学	互动式教学	间接式教学	自主性学习	体验性学习
讲座	头脑风暴	有目的性阅读	自主学习包	游戏
对比反衬	同行实践	反思性讨论	函授课程	聚焦成像
教学提问	讨论	形成概念	合约式学习	实地观察
示范	小组实验	建构概念	家庭作业	角色扮演
读、写、看指导	合作学习小组	理解概念	研究项目	共同研讨
	问题解决	完型程序	指定问题	构建模型
	知识圈		学习中心	调查
	辅导小组			
	面试			

资料来源：Alan Sears and Ian Wright. Challenges and Prospects for Canadian Social Studies［M］. Vancouver: Pacific Educational Press, 2004: 101.

尽管加拿大各省已经在社会科课程中形成了系统的公民教育培养体系，尽管公民教育融入社会科课程始自20世纪早期社会科课程诞生之时，但一些学者仍然对其合理性甚至对公民教育这一概念本身提出了质疑。卡森认为，"正规的公民教育责任主要分派给一门课——社会科课程——而这门课讲的大多是历史和政府的结构和功能，极少涉及能引发辩论、要求做出参与性民主决策的具体的公共问题。诸如个人安全、环境、社会正义等这些能真正引起青年人注意的问题，往往得不到探讨；即便偶尔讨论到这类问题，学生的参与方式几乎局限于投票和给国会议员写信等形式上"[1]。

---

[1] ［加］乔治·H.理查森，大卫·W.布莱兹.质疑公民教育的准则［M］.郭洋生，邓海，译.北京：教育科学出版社，2009：18.

针对这些质疑，加拿大社会科课程进行了相应调整。起初，社会科课程语境中的公民教育集中在与公民学、历史和地理相关的以知识目标为中心的特定概念上。随着公民的公共话语转向人权、语言、民族主义、全球化、平等和多元文化主义，关于公民教育应该教什么的讨论已经变得更加关注包容的概念，即如何在课堂上教会学生宽容，懂得尊重多元文化，坚定地反对种族歧视，消除不平等。近年来，社会科课程的目标开始表达对探究策略的关注，运用文学激发情感联系，开展个案研究培养知识、技能、价值观，以及培养积极公民的策略。

因此，可以看出，尽管培养公民这一目标是所有加拿大社会科课程的核心，但这一目标并不只是单一的基于知识的目标。例如，安大略省的社会科课程聚焦培养见多识广的公民，但同时也注重技能与过程的提升。"社会科课程、历史课、地理课教和学的中心在于培养重要的知识和技能。学生必须通过基础概念的学习，掌握应对各种情况的能力。他们也必须习得通往工作岗位的基本技能，必须学会评判不同的观点，批判地审视信息来解决问题，对多种多样的事件做出抉择。"[1]由此可见，同其他地区一样，安大略省的社会科课程强调批判性思维和多元视角。此外，大多数课程认同探究性学习是培养有效的、积极的公民的核心元素，同时，关注社会问题也成为组织社会科课程教学的重要框架。

虽然公民教育的"公众形象"在近年来已经得到充分的曝光，但仍然充满争议，特别是关于公民教育究竟怎样在社会科课程中得以呈

---

[1] Ontario Ministry of Education and Training. The Ontario Curriculum Social Studies Grades 1 to 6 ; History and Geography Grades 7 and 8 [M]. Toronto: Author, 1998: 2.

现的问题。一直以来，社会科课程都被描述为传统的公民教育"大本营"，但其实在其他学科中公民教育的作用正在逐渐增强。[1]安大略省已经开设了独立的公民教育课程，其他一些省份和地区也在考虑研发相似的聚焦公民教育目标的课程。对此，大卫·W.布莱兹（David W. Blades）和乔治·H.理查森（George H. Richardson）认为，学术界大力鼓励公民教育在社会研究以外的其他科目中延伸和发展，公民教育课程的扩展应该在认同以社会研究为中心的前提下，将公民教育话语与其他科目结合起来。因此，社会研究课应该在公民教育的背景下保持优势地位，作为研究的焦点，并帮助学生探索交叉学科，而不是使公民教育在似乎不相关联的学科海洋中形成孤立的岛屿。[2]

[1] Sears, A. and Hughes, A.S. Citizenship Education and Current Educational Reform [J]. Canadian Journal of Education 21, 1996(2): 123-142.

[2] ［加］乔治·H.理查森，大卫·W.布莱兹.质疑公民教育的准则 [M].郭洋生，邓海，译.北京：教育科学出版社，2009：173.

下 篇

第五章

加拿大社会科课程实施中的
个体探索
——对洁芮老师教学实践史的
考察

  "在课程对话中，教师在哪里？"[1]随着阿尔伯塔大学教育学院教授特伦斯·卡森的诘问，社会科课程与教师的关系，特别是教师怎样在课程中进行复杂对话，教师的个体生命经验如何对课程产生影响等问题，逐渐成为加拿大社会科课程研究的焦点。

  正如上篇所多次提及的，北美课程领域在20世纪60年代末至80年代经历了概念重建运动，课程研究范式发生了巨大转换：从行为科学为基础的量化研究转向文化人类学、认知心理学和艺术评论等以新人文社会科学为基础的质的研究；从以泰勒模式为核心转向对于政治、种族、性别、现象学、后结构主义、后现代主义、传记、美学、神学、制度等知识在课程领域的概念重建。20世纪80年代，课程研究又经历了另一种范式的转变，这就是从课程研究转向教师研究。佐藤学认为，这种转换是跟从量化研究转向质性研究同样程度的大规模变化。[2]更具体地说，从"课程"向"教师"的过渡，就是从"程序开发"向"教师实践"的过渡。

  尽管有学者提出，长期以来，教师角色认同是一个在教师发展中很重要的但是传统上受到忽略的概念，在教师培养方案中没能够成功地提出生活历史。[3]然而，实际上课程研究中对于教师个体、教师生活、教师生命体验的关注在概念重建运动期间便有所体现。例如，派纳和格鲁梅特开拓性地将教师自传和传记文本引入课程领域，米勒通过打破沉默之声对女性主义课程理论进行反思，古德森（Ivor F. Goodson）关于教师生活的研究，以及青木和范梅南在现象学教育学领域的探索等。

---

[1] [美]威廉·F.派纳，等.理解课程——历史与当代课程话语研究导论（下）[M].张华，译.北京：教育科学出版社，2003：767.

[2] [日]佐藤学.课程与教师[M].钟启泉，译.北京：教育科学出版社，2003：383.

[3] [美]威廉·F.派纳，等.理解课程——历史与当代课程话语研究导论（下）[M].张华，译.北京：教育科学出版社，2003：784.

值得注意的是，北美这两次课程范式转变对基础教育领域之影响最为深刻的当属社会科课程。这主要有以下几点原因：

首先，源于社会科课程的自身属性。在学校各门课程中，社会科课程是唯一一门整合了历史、地理、政治科学、人类学、考古学、经济学、法律、哲学、心理学、宗教和社会学等学科内容的整合课程，此外还从人文科学、数学和自然科学中选取了恰当的知识内容。一方面，不同于语言、音乐、美术等单一学科，社会科课程如此广泛的知识内容、如此广阔的学科跨度，使其孕育着充分汲取两次课程范式转变所引入的新领域、新思想、新学科的肥沃土壤；另一方面，不同于数学、科学等理工类科目，社会科课程所包含的人文科学不存在所谓的标准答案，不存在所谓的思维定式，取而代之的是充满了争议、不确定性、混沌性、多元性等与两次课程范式转变相吻合的气质与特点。

其次，源于社会科课程的培养目标。对此，上一章第三节已经展开了相关讨论：社会科课程作为旨在提升公民能力而开展的社会、人文科学的整合课程，其首要目标是帮助年轻一代提升能力，让他们成长为多元文化、民主社会的良好公民，能够在这个相互依存的世界中，为公众利益做出明智的、理性的决定。[1]由此不难看出，社会科课程试图建构起人与社会的紧密联系，试图强调人的主体性地位，这些与两次课程范式转变所提倡的在课程中突出人（学生和教师）的作用与地位的思想不谋而合。

最后，源于社会科课程教师的自我反思与自我成长。由于社会科课程教师要为学生提供各学科之间的相互联系，因此，扮演着课程编制

---

[1] 美国国家社会科课程协会.美国国家社会科课程标准：卓越的期望［M］.北京：教育科学出版社，2008：1.

者、课程计划者和课程引导者角色的他们，只有不断运用教育学、心理学知识以及积极的个体生活经验改进课程，才有可能真正让学生融入课堂，形成师生间有效的学习共同体。教师的这些特点又与两次课程范式转变中强调生活体验、个体经历、教师自我反思等追求相一致。

因此，两次课程范式转变带给加拿大社会科课程以及教师的影响是研究加拿大社会科不可回避的学术场域。拒斥一个范式而又不同时用另一个范式去取而代之，也就等于拒斥了科学本身。[1]本书正是建立在北美两次课程研究的范式转变基础之上，上篇梳理了加拿大英语区社会科课程的历史脉络与发展现状，本章将以一名加拿大社会科课程教师的生活体验为中心，试图揭示社会科课程与教师的关系。"现在理论仪器已为教师教育课程的概念重建作好了准备。如果学校要成为概念重建的'第二场所'，教师教育将是重要的途径。"[2]

第一节

研究过程

作为一名质性研究者，首先，笔者遵循开放、灵活、结构松散等

---

[1] ［美］托马斯·库恩.科学革命的结构［M］.金吾伦，胡新和，译.北京：北京大学出版社，2012：68.
[2] ［美］威廉·F.派纳，等.理解课程——历史与当代课程话语研究导论（下）［M］.张华，译.北京：教育科学出版社，2003：782.

质性调查的基本特征，特别是在研究初始阶段，避免将预设的结构与成见强加于被研究者。其次，本书遵循教育活动复杂性、混沌性、不可预知性的特点，观望、等待、悬置一切研究过程中出现的教育现象或对教育产生影响的一切现象，因为"一个'站得住脚的'理论解释必定是随着资料的收集和分析过程而同时被研究者发现、形成并检验的"[1]。最后，在呈现研究结果方面，本书不追求宏观叙事模式下的教育规律，只专注于具体的、小规模情境下的人物与事件。

一、研究对象的选择

笔者先后两次前往加拿大。第一次是2014年12月至2016年6月，有幸扎根到加拿大不列颠哥伦比亚省温哥华市的小学教室里，面对面地与当地社会科教师们进行交流；第二次是2016年12月至2017年2月，重返"田野现场"。

第一次抵加之后，笔者在加拿大不列颠哥伦比亚大学教育学院威廉·派纳教授的慷慨帮助下，顺利地对温哥华四所公立小学进行了第一轮访问，并结识了四位社会科课程教师。如此顺风顺水地"闯入"田野现场有些出乎笔者预料。由于时间、能力等因素的限制，本书只选择一位教师进行"影子"似的跟踪。那么究竟哪位教师会成为本书的研究对象呢？

无论国内还是国外，很多基础教育研究之所以在研究过程中出现各种各样的状况与问题，其中一个重要原因便是研究对象情非所愿，要么是领导指派，要么是熟人介绍，要么是工作任务……总之不是出于研究对象自己的初心与兴趣。基于此，下篇选择研究对象

---

[1] ［英］贝磊，等.比较教育研究：路径与方法 ［M］.李梅，译.北京：北京大学出版社，2010：38.

时始终坚持的一个核心原则便是需要教师本人具有强烈的投入研究的愿望与热情，该原则与以下其他原则不是并列关系，而是第一原则。根据这条原则，可以轻易地排除两位奉命完成校长指派任务的教师。

余下的两位教师都符合本研究设定的一些基本原则，包括：爱学生，具有五年以上的执教经历，认同质性研究方法，愿意讲述自己的故事等。一时间，笔者陷入了"幸福的烦恼"。一位是任教小学六年级的白人男教师，他的学校位于温哥华市中心海湾边上的一个高档社区；另一位任教小学四年级的白人女教师，她工作在温哥华一个普通社区只有340名学生的小学校。

一个月后，笔者对这两位教师进行了第二轮的课堂观察。在听完一堂六年级社会科课程之后，男教师告诉我："你在温哥华不可能听到第二节这样高水平的课。"虽然我不知道这节课是不是温哥华最好的社会科课程，但他通过戏剧表演的方式与同学们一起探讨公民素养使课程的确变得独一无二，甚至无懈可击。

第二天一早，我来到另一所小学，见面寒暄后，那位女教师邀请我一起站在班级门口，迎接每一个孩子的到来，对每个人说一声"早上好"。两天的田野工作结束后，我毫无纠结地确定了本书的研究对象。

之所以不再纠结，正如前文选择质性研究方法处所强调的，是因为笔者深知本书不是要选择一所最好的小学，也不是要选择一位最优秀的教师，更不是要通过最佳案例研究形成标准课程模型或经典教学模式；恰恰相反，本书只是尝试探寻社会科与教师之间、课程改革与个体生命之间、课程内容与生活经验之间的复杂、暧昧、模糊的关系。就像格鲁梅特将教学与课程描述为公共与私人之间的中间方式，

"她们在家庭经验与教学经验之间、自己的孩子与他人的孩子之间、感觉与形式之间、家庭与同事之间走来走去"[1]。

最终，加拿大不列颠哥伦比亚省温哥华市大卫利文斯顿小学教师洁芮成为下篇的"主人公"。还有一点需要说明的是，洁芮于2006年12月从不列颠哥伦比亚大学教育学院课程与教学系毕业，获得硕士学位，算是笔者的学姐。由于派纳在2005年8月已经从美国来到不列颠哥伦比亚大学任教，因此洁芮对派纳的课程思想，特别是生命历程法已有所了解。这无疑为本研究的顺利进行打下了良好的基础。

二、资料收集、处理与呈现

下篇对于资料的收集、处理与呈现充斥着巧合、随意、悬置的特点，这是源于美国密西根大学教育学教授洛伦·S.巴里特（Loren S. Barritt）的一段叙述打动了笔者，"许多论文提出收集资料的技巧比努力去理解收集到的资料更为重要，数量、方法、以研究的名义剥去那些意义的情境，而我想更多了解的一些重要东西（生活的真正原料）却很少谈论"[2]。一方面，这令我思考，所谓的"科学"资料收集方法适合生命历程法吗？适合这种个体与个体之间不断自省、不断反思、不断升华的复杂对话吗？另一方面，那些所谓的"关键"数据，在自传式研究中真的很关键吗？比如，时至今日，笔者仍不知道洁芮老师的具体年龄，这是因为我不认为研究对象具体哪年出生比其在童年体验到的一个心灵小触动更加重要。

---

[1] ［美］威廉·F.派纳，等.理解课程——历史与当代课程话语研究导论（下）［M］.张华，译.北京：教育科学出版社，2003：572.
[2] ［美］洛伦·S.巴里特，等.教育的现象学研究手册［M］.刘洁，译.北京：教育科学出版社，2010：3.

依据生命历程法的特点，在此回答四个与资料收集、处理与呈现相关的问题。第一，为什么没有访谈提纲？为什么不安排正式访谈？下篇强调的是被研究者的生活体验，梅洛-庞蒂（Merleau-Ponty）对生活体验作出了本体论的解释，即"可感受性"："可感受性精确地讲就是一种中介，这是不带任何阐释的存在；可感受性的可觉察的外表及其无声的力量是存在的独特的自我显现方式，它不带偏见观点，也决不含糊和超然。可感受的事物就是这样：在无声中自然显现、不言而喻。"[1]因此，一板一眼的访谈提纲有时会束缚被研究者的思路，同时在一定程度上影响故事叙述的流畅性。而生命历程法所要求的复杂对话正与此相反，它需要双方寻觅到合适的地点、舒适的话题，循序渐进。在与受访对象的互动中，研究者通过描述、分析和对主题的确认来命名这个世界。这使得被忽略的东西从背景移到前景中来，对批判性反思来说，有可能形成理解和产生变化。[2]

表5-1　与洁芮老师访谈记录表

访谈对象	访谈性质	访谈时间（温哥华时间）	地　　点
洁芮老师	非正式访谈	2015-02-04	小学教室
		2015-03-25	小学教师办公室
		2015-04-28	小学教室
		2015-06-11	学校附近咖啡厅
		2015-09-07	小学教室
		2015-11-07	学校附近咖啡厅

[1]　[加] 马克思·范梅南.生活体验研究——人文科学视野中的教育学 [M].宋广文，译.北京：教育科学出版社，2003：45.
[2]　[美] 洛伦·S.巴里特，等.教育的现象学研究手册 [M].刘洁，译.北京：教育科学出版社，2010：101.

（续表）

访谈对象	访谈性质	访谈时间（温哥华时间）	地　点
洁芮老师	非正式访谈	2016-01-18	小学教师办公室
		2016-03-28	学校附近咖啡厅
		2016-05-20	小学教室
		2016-12-27	市中心咖啡厅
		2017-02-11	市中心咖啡厅

　　第二，课程研究与被研究者的自传有什么关系？下篇之所以采用洁芮老师的一些自传故事为底本展开研究，是因为"自我"不能被殖民或被泯灭，而现存的课程理论和实践却是（可能是无意识地，也可能是有意识地）在干着这样的勾当。为了使自我不被殖民或泯灭，这需要自我理解和自我觉醒，生命历程法的工作就在于此。[1]被研究者的自传是发现其自我的最佳文本，"教育者总是对传记中个人的教育生活特别感兴趣。……教育者对传记（自传）有一种职业兴趣，因为在对个人生活的描写中，他们能获得教育经历并了解个体发展的本质"[2]。由此可以将被研究者的生活经验与课程紧密相连。

　　第三，为什么有些文本的选择似乎跟教育无关？这是出于尊重个体生命丰富性的考量。范梅南曾反复强调这一点，"以一种有力的方式面向真实儿童世界的教育者要培养对真实生活的迷恋"。这种迷恋生产出事件的丰富意义，并通过轶事、故事和现象学描述的其他形

[1] 王永明.威廉·派纳课程理论的研究 [D].北京：北京师范大学，2015.
[2] ［加］马克思·范梅南.生活体验研究——人文科学视野中的教育学 [M].宋广文，译.北京：教育科学出版社，2003：91-92.

式，与儿童一起探究这些意义。[1]就这些生活叙述而言，对被采访者的选择要多样化。一方面，他们参与了叙述的形成；另一方面，当再次叙述并重新评价之前所发生的事情时，他们也是对自身所处的环境和自我的观察者。这种重新评价频繁而又明显地成为他们叙述中新的构成要素。[2]

第四，为什么保留大量故事、人物的细节描写？生命历程法对于细节的迷恋与执着要追溯到英国作家弗吉尼亚·伍尔夫（Adeline Virginia Woolf）带给派纳的影响，"我在俄亥俄州立大学读研究生时便开始研究她的小说。现在，对我而言，不仅仅是她的小说，她的全部生命都令我沉迷。我重读了数遍昆汀·贝尔（Quentin Bell）所著的伍尔夫传记，她的意识流方法启发我凝思于生命历程法中的感知细节"[3]。由此可见，一方面，教育学对生活经历的背景十分敏感;[4]另一方面，生活故事激发了教育学反思。[5]

三、研究伦理

由于质的研究关注研究者与被研究者之间关系对研究的影响，从事研究工作的伦理规范以及研究者个人的道德品质在质的研究中便成了一个不可回避的问题。[6]本书恪守质性研究的研究伦理，承诺在研究全过程秉承以下六条原则：

[1] ［美］威廉·F.派纳，等.理解课程——历史与当代课程话语研究导论（上）［M］.张华，译.北京：教育科学出版社，2003：450.
[2] ［英］吉姆·麦奎根.文化研究方法论［M］.李朝阳，译.北京：北京大学出版社，2011：103.
[3] Pinar, W.F. Educational Experience as Lived: Knowledge, History, Alterity［M］. New York: Routledge, 2015: 5.
[4][5] ［加］马克思·范梅南.教学机智——教育智慧的意蕴［M］.李树英，译.北京：教育科学出版社，2001：65.
[6] 陈向明.质的研究方法与社会科课程学研究［M］.北京：教育科学出版社，2000：426.

（一）尊重研究对象国的研究规范与学术伦理

由于下篇的研究对象是一名加拿大不列颠哥伦比亚省温哥华市的小学教师，因此，笔者在进行田野研究之前，专门向派纳教授请教当地需要遵守的相关法规和注意事项，派纳当时打趣地回答，"等你到了中小学签了那一摞摞的文件就明白了"。果然，后来我前往一些学校访问时，校方会拿出省、市、所属学区及学校的一些法规让我签署，核心内容都是关于未成年学生各方面权益的保护。

（二）尊重隐私

在学校名称方面，出于对研究真实性的考量，本书中出现的所有中小学均为实名，但不标注其英文全名；在人物名称方面，经过研究对象的许可，只有主人公洁芮为实名，但不标注其英文全名，所有学生及其他人物均为化名。

记得第一次进行课堂观察之前，洁芮老师告诉笔者："研究过程中不要拍到孩子们的脸，可以拍我，但尽量拍得好看一些。"因此，笔者坚守的原则是遇到任何问题，首先考虑到未成年人，遵循孩子们第一、被研究者第二、研究者第三的行为准则。

此外，对于被研究者讲述的一些不愉快的往事，优先考虑的是不能引发被研究者心理及情感的二次伤害，即便继续追问一些细节与信息可能对本书有利。这也与下文中洁芮在其当年对原住民群体进行访谈的原则相符。

（三）尊重多元

处于后现代的今日，社会科学研究者的解释不再具有固定的、单一的、最终的权威，研究者也不再有权利说自己的报告是（最）权威的，科学的"元话语"已经失去了统治地位。[1]特别是在加拿大这个早已将多元文化融入民族文化基因的社会中，尊重教育现象的多样性、差异性、复杂性甚至混沌性逐渐成为课程研究者的共识。[2]本书自始至终坚持通过倾听不同的文化声音、不同的历史叙述、不同的个体经验来展开跨文化比较研究，特别是对智力障碍人群与原住民人群给予妥善却不过度的关照。

（四）尊重反思

谨慎的解释与反思是反思性研究的两个基本特征。[3]首先，本书遵循谨慎解释这条原则，宁可零解读，也绝不出现对研究文本进行过分解读的现象。其次，由于生命历程法中的四个步骤或时刻都包含着反思的特征，本章将格外强调研究对象各个阶段的自我反思。此外，作为质的研究者，从研究开始到研究结束的两年多时间里，研究者在与被研究者的互动中不断汲取营养，完善自我，特别是通过田野研究与文本分析修正自身的研究偏见，填补自身的研究盲点。最终，通过研究者与被研究者双方自我反思能力的提升，逐渐成长为分享彼此共同教育情怀的研究共同体。

（五）尊重特殊人群的权利

获得知情同意是研究程序的必备要素。儿童知情同意问题与成人

---

[1] 陈向明.质的研究方法与社会科课程学研究［M］.北京：教育科学出版社，2000：459.

[2] ［美］小威廉·E.多尔，等.混沌、复杂性、课程与文化：一场对话［M］.余洁，译.北京：教育科学出版社，2014.

[3] ［美］马茨·艾尔维森，卡伊·舍尔德贝里.质性研究的理论视角：一种反身性的方法论［M］.陈仁仁，译.重庆：重庆大学出版社，2009：6.

知情同意一样，起源于1985年医学界的巴特洛缪博士（Dr. William G. Bartholomew）的工作和美国儿科学会。但是，涉及潜在参与的特殊人群，诸如涉及儿童或者拥有有限的交流或理解能力的人时，有关特殊群体的注意事项应特别引起重视。[1]笔者在长期课堂观察的过程中，发现洁芮班里的一名孩子有着明显的智力障碍。因此，笔者在放学后向孩子的父亲了解了他的生活学习状况，并得到了孩子监护人做出的知情同意。

（六）尊重被研究者的付出

一直以来，在质的研究中，由于有时会出现道德两难现象，所以如何为被研究者的付出提供回报都是一个比较敏感的问题。为了更好地开展研究，笔者在田野研究过程中，遵守西方国家交往礼仪，每次访问学校时都会赠送给被研究者及孩子们一些带有中国特色的小礼品，如茉莉花茶、绣花杯垫、脸谱书签、书法折扇等。此外，对于多次在咖啡厅进行的访谈，笔者始终坚持买单。当然，如果与一些质性研究中研究者向被研究者提供的直接的金钱回报相比，这些根本算不上回报，只能算情感沟通的心意罢了。幸运的是，由于笔者坚持上文所提到的关于研究对象选择的第一条原则，因此本书中的研究对象洁芮老师并不认为仅仅是她为笔者提供了帮助，在一定程度上，她甚至会质疑自己的被研究者身份，因为从研究开始的那一刻起，我们便有意打造研究共同体，一起成长，彼此受益。

---

[1] ［美］尼尔·J.萨尔金德.社会科学研究方法100问 [M].赵文，等译.北京：北京大学出版社，2014：48.

第二节

社会科课程背后的教师个体生命历程

尽管导论部分已经对生命历程法的理论基础、产生背景、操作步骤等问题进行了详细论述，上一节也介绍了关于研究资料的收集、处理与呈现，但考虑到生命历程法研究结果呈现方式的特殊性与重要性，故在此阐释生命历程法如何将采访、传记、观察、对话中获得的一手材料转化为研究结果，生命历程法研究结果的呈现与生活史研究、教育叙事研究有何不同之处等问题。

生命历程法的数据源主要来自个体过去的生活经验，但与生活史研究要求穷尽个人的全部经历和生活各方面情况不同，生命历程法将视线聚焦在被研究者经历的、印象深刻甚至刻骨铭心的事件、人物、地点所组成的独立故事。而与教育叙事研究最大的区别则在于，教育叙事谈论的时间局限于过去和现在，生命历程法不仅回忆过去、观照当下，而且还引导被研究者尝试大胆的自由联想，展望未来。因此，生命历程法研究结果的呈现既不可能如生活史研究般利用时间排序徐徐展开，也不可能同教育叙事一样，夹叙夹议，特别是在涉及关于未来的文本时，也许最理想的呈现方式便是将其平铺、悬置。

由于生命历程法意在通过主体间的复杂对话、个体重构与社会重构创造更大的公共空间——课堂，因此，对于研究结果的呈现，首先需要考量的便是主体间性。一方面，保证主体与主体之间的统一性；另一方面，主体间性还涉及自我与他人、个体与社会之间的关系。对此，下篇将在回溯、渐进、解析三个步骤或时刻完全地、充分地、没有任何保留地呈现出被研究者的故事，以期连通被研究者所经历、所感知的过去、现在与未来。对于前三个步骤或时刻唯一的"过度解读"出现在每个步骤或时刻结尾处，通过简单的故事梳理达到承上启下的效果。

最后，在正式开始生命历程法研究之前，需要思考如下问题：当洁芮准备开展社会科课程的时候，她所理解的课程与加拿大社会科课程历次改革中要求的正式课程（第二章）以及课程理论家们所建构出的理想课程（第三章）有无差别呢？又是什么样的生活经验与个体经历塑造了洁芮在当下呈现出的社会科课程？而洁芮真正实践的课程又与她自身理解的课程有无出入呢？课程结束后，洁芮最终体验到的社会科与其理解的、实践的社会科有无变化呢？若想回答这些问题，首先要将时间拉回到洁芮的童年。

一、回溯——误入童年
（一）教堂之内

教堂内的几排木制长椅前摆放着一架钢琴，我们的牧师琼斯夫人正坐在钢琴前弹奏着动人的曲目。钢琴旁边的木制壁架上摆放着一个白色玩具教堂，在这个小玩具教堂的顶层有一个投币孔，用于投放生日硬币。在礼拜会上，我兴高采烈地和其他小朋友一起唱生日歌，其中一个小朋友高兴地走到前面，将硬币投入了小玩具教堂。我梦想着有一天能够轮到我。

每周，琼斯夫人都会让我和我的兄弟姐妹以及其他邻居家的小朋友们坐上她那辆黄色的旅行车。这辆车的后面有两个面对面的座位，我们总是在去往教堂的路上抢占这两个位置。那些天，我感觉自己就像坐在马车上的小公主。没过多久，就轮到了我大姐过生日，我记得那天正好赶上周日，可她不停地哭泣，她的哭声撕扯着我的心。因为在这天，我姐姐本该把硬币塞入小玩具教堂来庆祝自己的生日，可妈妈没有钱，最后在教堂的生日仪式不得不提前结束。我想着，或许没有硬币，大姐便不能走到教堂前面，便不能与弹琴的琼斯夫人一起唱生日歌。这种失望感吞噬着大姐，也吞噬着我。

礼拜结束后，我在去上主日学课程之前，为大姐唱了生日歌，这使我的情绪得到缓解。随后，我惊奇地发现大姐走到琼斯夫人面前，把一枚硬币塞入了投币口。夫人对她笑笑，送给她一支铅笔，并对她说："耶稣爱你。"我瞬时嫉妒起这份爱与那支铅笔，我知道这不可能发生在我身上。后来，当我了解到是琼斯夫人给了她那枚硬币时，惊奇感顿时消失。唯一的感受便是幻灭，我们本该得到一样的对待，而我知道这永远不会发生在我身上，我讨厌这种差别。

在每周主日学的课堂上，我都聆听着耶稣和他爸爸妈妈的故事，我发现耶稣有两个爸爸，这对我们通常只有一个爸爸的孩子来说，似乎有点不公平。琼斯夫人的女儿也和我们一起上主日学课程。她穿着亮亮的黑色鞋子，精致的鞋带搭在她的白色短袜上。在大客厅中间的天花板上悬挂着一个大吊灯，无数灯泡散发出的光反射到她那穿着锃亮皮鞋的脚尖。我渴望着自己也有这样一双鞋。

低头看自己的脚，发现我的大脚趾尖已经捅破了这双橘色运动鞋。即使鞋带已经磨损，我还是努力把它系紧，幸好吊灯的光没有照亮我的脚趾。黄色旅行车启动之前，我未能在干净衣服堆里找到一双袜子。我知道不应该不穿袜子，我更知道不应该让我的运动鞋漏一个洞。我把脚藏在椅子底下，尽可能地掩盖我鞋上的洞，也掩藏我自己。

大姐生日后一个月轮到了我的生日。但是我知道我没有硬币放入小教堂玩具，此外，我也得不到那支铅笔，听不到那句"耶稣爱你"，因为妈妈的钱包仍然空空如也。后来我们离开了这个地方。琼斯夫人不能再接我们去教堂了，之后我没有再听到更多关于耶稣的故事。

这之后，我们大概搬了三四次家，而妈妈一段新的婚姻给我带来一位新爸爸（现在我也有两个爸爸了，像耶稣一样），而且我们还返回了家附近的小教堂。我们到达后不久，我的老师发给班上每名同学两张免费的木偶表演门票，表演在小教堂举行。回到曾经那个我熟悉的地方，我产生了些许兴奋的紧张感，我小心翼翼地把票塞进口袋保管起来。

那个周日，外面下着倾盆大雨，弟弟和我激动地把裤脚塞进橡胶鞋里，拉上外衣拉链，骑着自行车奔向教堂。我感觉特别自豪，因为我已经足够大，可以带着弟弟外出。由于我们的自行车没有挡泥板，所以背上溅满了泥点子，但我们毫不在乎。

我们把车支靠在教堂前面的墙边，边朝大门走，边摸着口袋里那两张已经妥善保存了一个星期的门票。当进入教堂的时候，我很开心又回到了自己熟悉的地方。我好奇那个白色玩具小教堂是否还放在钢琴边，小朋友们是否还坐在牧师的客厅里上课。

我四处寻找检票人员，想把手中的门票交给他们，但似乎没有人负责检票。孩子们挤满了大厅，大家都穿着自己最好的那件衣服，干净、整洁，明显可以看出他们都没有骑自行车。我拉着弟弟的手，无意中听到一个女人正在谈论着被淋湿的我们。她用闪亮的红色指甲接过我们外套的领子，尽可能地让衣服远离自己的身体。白痴，我心想。我一手抓着票，一手拉着弟弟。

我拿着两张免费门票，不知如何是好。有人告诉我，其实根本不需要门票就可以坐到位子上。我们照做了。我们来到前排轻轻地坐下，以便有更好的观看视角。然而，我仍然疑惑，如果没有人检票，为什么之前要发票呢？我小心翼翼地把票放入口袋，以防有人会在演出结束后收票。

在牧师讲话前的那片刻沉默里，我又在意起我们的衣着。我再一次被白色短袜、黑色皮鞋比了下去；我再一次把我的脚尽可能地藏在座位底下。尽管这次我穿了自己最酷的条纹袜子，但仍感到不舒服，希望自己没有来参加这次活动。我心里默默想着，还要多久才能骑上自行车逃离这里。不过弟弟并没有注意到这些。

大家一起祈祷，一起唱歌。我不太记得歌词，其实我也不在乎，因为我愿意跟那个穿着裙子的女孩一样，她正坐在涂着精致指甲油的妈妈旁边唱歌。我没有像其他小孩儿那样带着妈妈一起来。她没有漂亮的指甲油，只有跟我和弟弟一样的牛仔裤。其实我妈妈非常喜欢木偶剧，但我只有两张票。此外，我喜欢照顾弟弟，喜欢与他一起骑车，即使是在雨中。

这时，我注意到一个木碗正从左边向我传来，每个人都放钱进去。我的身体里顿时感到恐慌。钱？我一直以为这场木偶表演是免费的。我是否应该把门票放到碗里呢？但好像没有人这样做，我顿时不知所措。我不理解，明明门票是免费的，为什么人们还要给钱?

弟弟没有丝毫犹豫地把碗传给了我,问题被抛给了当时只有10岁的我。我低下头,恐惧地把碗传给了右边的人。我想为此找到一个借口,我想说这本应该是免费的表演。但是我身在教堂,这是一个神圣的地方,因此我只有沉默、一直沉默。

免费门票是一个谎言,我很生气。我感到被戏弄、欺骗并遭到羞辱。我也不认为耶稣爱世界上所有的孩子,至少当我被淋得湿漉漉的,穿着破破的鞋,坐在教堂木椅上时,我知道自己不属于耶稣爱的那个人,我的心被气愤压痛。当木偶表演结束时,弟弟和我抓起大衣,跳上车,逃向雨中,地上的泥点又溅到我们的背上,我们伤心地离开教堂,从此再没有回来。

(二)卧室门后

我没有刻意偷听,但它们未经我允许飘进了我的耳朵。当我穿着拖鞋,拖着脚走过妈妈关着门的卧室时,她说的话从她嘴里,穿过那扇合页吱吱响的木门,轻松地进入我的耳朵。"癌症……",她认为这可能是癌症,妈妈正在同电话那头的人通话。

她在电话里已经不是往常的声音。她的声音已经破裂,言语被恐惧笼罩着。尽管我没有出声,但那个恶毒的词使我的嗓子也破裂了。慢慢地,我的双腿害怕地失去了知觉,带着我悄无声息地溜进了卫生间。

回想小的时候,我乐意生病,因为这样就可以在家待在妈妈身边。生病的日子,我可以沉醉于母爱之中,不用同兄弟姐妹分享我的妈妈。在那些康复的日子里,我盖着毯子躺在沙发上,头倚靠着妈妈温暖的身体，接受着一种不是由学校提供的教育。妈妈用手抚摸我的红发，我们相互交谈，从中了解彼此，发现彼此的智慧与疑虑。那段时间，我了解了人与人为何在有些方面相同，在有些方面不同。我学会了如何表达自己，如何保护自己，最重要的是，我懂得了如何真实地对待自己。于我而言，妈妈是世界上最好的老师。

然而，有一天，妈妈和我没有了往日的交谈，没有了舒适地蜷卧在沙发上看电视节目的休闲时光。取而代之的是我们开车前往医生办公室，因为我俩都与这位医生有约。当肯医生正用听诊器为我听胸部，并让我张嘴说"啊"的时候，妈妈走了进来。在医生送我去候诊室等待妈妈之前，医生开了个关于我肩膀上雀斑的玩笑。妈妈告诉我，她得把关于我的"女人那点儿事儿"告诉医生，我知道她指的是我来了例假。恶心，我的姐姐们已经来了，我本不想有例假的，所以认为自己知道的越少越好，因此我高兴地坐在候诊室里看杂志上电影明星的照片。

我凝视着卫生间门后的镜子。从镜子里，我能看见身后架子上的一包卫生巾。我从不知道癌症也会降临到女人身上。然而，我知道那是一种人们患上它，便开始生病，变得消瘦，掉头发，直至死去的严重疾病。之前曾经发生在我的表哥身上，为了让他活着，他的父母试图把自己的血输给他，但最后他还是离开了。我决定我将把自己的血给妈妈。

"癌症"这个词在我的心底不断回响着，撕扯着我的心。妈妈眼睛红肿地躺在卧室，让我穿上大衣和靴子。我默默地照做着，尽量不去看她，试图使自己保持正常的情绪。我把牛仔裤塞进靴子以此来提醒自己一切跟往常一样。同样地，我把这个可恶的词咽下自己的肚子，当妈妈无声地躺着的时候。无声，无论对我，还是对我们，都是异常的。

我们开车去小学接我的弟弟妹妹们，这几乎从未发生过。他们穿着湿湿的裤子兴高采烈地爬进车。我凝视着妈妈，她透过挡风玻璃凝视着前方的路，雨刷器来回洗刷着玻璃上的雨水。

我想大喊，想跑，想从吞噬我的秘密中得以抽离。我想告诉兄弟姐妹我听到的，而不是一个人独自承受折磨。但是我没有开口。我默默地看着妈妈，她的手紧握着黑色的方向盘。

我们来到爸爸工作的地方，虽然下着雨，但她还是走下车，身体靠在前保险杠上，点燃了一支烟。爸爸过来抱住了她，她哭泣。自从刚才爬上车后，我的兄弟姐妹们第一次跟我一起沉默了。虽然秘密还被隐藏着，但大家已经感觉到恐惧，妈妈的泪水既让我们惊奇，又让我们害怕。

家里的咖啡桌上摆满了打包回来的中国菜，一些菜盘歪斜着放在地板上，似乎是庆祝一般。大家似乎忘掉了妈妈的泪，这些泪水被忘记在鸡肉炒面之中。但是我不能忘却，我吐了两次，在体力上与眼泪抗争的精疲力竭与情感上承担着大人秘密的心力交瘁之后，我的有斑点的肩颤抖着。

妈妈走进我的房间，把敷在我前额的毛巾取走，确认我知道她在我床边放好了桶，并亲吻我道晚安。这时，一天终于结束了，我似乎如释重负，眼泪夺眶而出，双肩颤抖，胃里翻滚干呕。我突然感觉到自己一天都在瞒着所有人，感觉自己是个骗子。我突然说："妈妈，你真的要死去了吗？"

妈妈用她强壮的臂膀搂住我幼小的身体，开始哭泣。我轻轻地抚摸着妈妈，正如她轻轻地抚摸着我，相拥哭成泪人。我们的泪水交织着流到脸颊，我开始抚摸她长长的银发，同时像小时候她哄我睡觉时那样发出嘘嘘声。我呢喃着对她说，一切都会好起来的。我告诉她，我在她身边，一起都会好起来。

在这些分担恐惧与绝望的日子里，我改变了。我不再仅仅是妈妈的女儿，不再仅仅是她几个孩子中的一个，我也是她的朋友。我们分享秘密，分享信任，分享我们对彼此的爱；我不仅仅是她的爱、关怀与支持的接受者，我也有责任报答她。妈妈已经变成了我的朋友，我对此心存感激。我不再害怕。那些天，我用小手和年轻的心照顾她，爱她。

（三）门廊灯下

一年级时我第一次见到尼克森。在此之前，我知道一些对于残障人士比较柔和的形容词。但我可能会选择用稍微严厉的词来形容尼克森——智力障碍。他是我的邻居，但从未去学校上学。那时他已经过了上小学的年龄，也可能是不太聪明的原因。他经常用一下午时间在同一条路上来来回回地骑自行车。我记不清在那次偶遇他之前，我是否曾经跟他说过话，或跟他一起骑过车。对我来说，他一直是个边缘的存在，我怀疑他过着一种自发的孤独生活，成为整个社区的边缘人。

我知道在新威斯敏斯特（New Westminster）的一个大监狱附近有一所专门为智力有障碍的儿童开设的学校。我喜欢开着我家的货车去那边玩。我每次都惊讶，这个监狱看起来像个有塔楼的城堡，它的长长的混凝土楼梯一直铺到宏伟的入口处，并与花园相连接。我幻想它真的是一个城堡，里面有天鹅绒的座椅和华美的枝形蜡烛台。更令我惊奇的是，旁边的学校特别大，像个古老的宅邸。我想这些孩子能有这么美的学校，真的好幸运。然而，尼克森似乎更愿意在我的学校里时不时像公鸡一样发出声音，也更愿意自己骑车。

那天，我跟朋友一起碰上了尼克森。我的那个朋友似乎有种天生的神秘气质，有时我甚至怀疑她是否是真实的存在。尽管我已经记不住她的名字，但我想她是吉卜赛人。我不确定这是她亲自告诉我的，还是我用魔法自己想到的。我对她的其他事情也失去了记忆。她也不在我三年级的相册里。但我清楚地记得，见到尼克森的那一刻，她在我的身边，我们手拉手，她对我耳语着什么。

那段时间我迷上了学校新建好的儿童冒险乐园，树皮似的覆盖物将其包裹着，似乎可以闻到森林里的味道，无论是平时放学还是周六下午，我都来这里玩耍。一次又一次地爬上木桩，然后从滑梯滑下，在阳光的照射下，我享受着快乐的时光。周末到了该回家的时间，我妹妹站在学校操场的另一边叫着我的名字，直到我朝她挥手。自己名字回响在空旷的足球场上使我感觉很特别。

那天我玩完滑梯，就和吉卜赛女孩一起走上了一条泥路，这是我每天上下学的必经之路。路旁边是上锁的围栏，这条路把学校操场和森林划开，学校不允许学生进入森林玩。当离开熟悉的满是尘土的路时，我们听到有人从森林那边喊叫。我们惊讶地看到尼克森站在树中间。我怀疑他没有骑车。

尼克森的裤子卷到膝盖，他手握着自己的阴茎。我们停下了，被这一幕震惊了。他离围栏越来越近，把阴茎插入围栏上的小孔里。他用他那可笑的声音问我们想不想摸它，我开始感到一阵反胃。

在此之前，我见过男性生殖器。我弟弟和我偶尔仍会一起洗澡。我知道男孩和女孩在生理上的区别，但这对我来说没什么。我们经常带着我的芭比娃娃玩具在浴池中玩儿。一次，我把弟弟的玩具卡车放进了浴池，但车轮弄得浴缸里满是划痕，我们只好保证以后只在院子里玩儿。我从未被弟弟的身体吓到过，也没有令我感到不舒服，这仅仅是他身体的一部分。

然而，尼克森让我感到恶心，我知道他所做的是一件坏事，也知道他想让我们做的事更坏。尼克森看起来像是得了什么病，这是我第一次对他感到恐惧。我的肚子开始疼，立刻拉着我的朋友跑掉了。我不记得我们相互说了什么，只记得我特别希望妹妹可以在路口等我。

我到家后告诉父母在小径遇到的事情。爸爸大发雷霆，一阵痛骂；妈妈流下了眼泪。他们的反应比尼克森的行为让我更加害怕。我告诉他们我还好，并大声地问他们，难道他们不为我对这件事的处理感到骄傲吗？但这些都无济于事，我们甚至还没来得及吃饭，爸爸就让我上车，带他去尼克森的家。

因为得绕过学校才能到尼克森的家，也因为爸爸被气得一言不发，所以感觉车开了很久很久。我们把车停在他家门口，然后爸爸进了门。而我仍然坐在车里，手捂着胃。我看到爸爸跟尼克森的父亲交谈。尼克森先生看到了我在车里，我悄悄地往座位下溜，低头看着自己的双脚。

当我再抬起眼时，尼克森先生用双手捂着他的脸，我的爸爸不停地来回摇着头。我尴尬地看着因我引起的这一幕。我更尴尬两个成年人讨论发生在我身上的事情，而我却不能参与其中。我只有让自己往座位下溜得更深，害怕自己坐在那里。我看着窗外那座两层的房子，不知是否可以看到尼克森。我知道看不到，但我会去看。

第二天晚上，我家的大门被敲响。当打开门看到尼克森和他的父亲站在门口时，我的父母似乎并不惊奇。我的胃立刻开始感到不舒服。我爸爸也把我叫了过来，门廊的灯光照着尼克森，我能看出他被吓坏了，我也很害怕。

尼克森先生揪住尼克森的颈背，往前推他。尼克森不能自已地抽噎着，低头看向地面。他的父亲冲他怒吼，但我不能听清每个词。我感到恶心与害怕。尼克森对着我的家庭呜咽地呢喃着什么，我则站在门里。他的父亲并未满意，一边摇晃着他，一边继续吼他。我不能听清尼克森正在说的话，但是我从直觉可以判断，他在说：对不起，对不起我让你看我的阴茎。我也说了对不起，我向他表示对不起。他并没有让我受到伤害，只是让我受了惊吓。我对他有智力障碍感到抱歉，也许他不知道有什么比把阴茎插入围栏上的洞更好玩的事情。更重要的是，我真的非常抱歉，成人们会如此对待他。对不起。

那天晚上之后，我再没有见到过吉米·尼克森。之前他还是我们镇上的一员，是我们社区的一员，现在他不是了。他破坏了规则，当然这与他是否能知道并懂得规则已经并不相关了。就这样，他被赶走了。有时，我会想起他骑着自行车，我甚至想念他在操场上学公鸡啼叫的声音。其实，在我心底，我希望他能去那个古老宅邸似的学校，坐在河边的小山上；我也希望他不会意识到他是因我而离开。

我时不时会想，尼克森变成了什么样，他家里究竟送他去了何处。我也在想，他是否不再哭泣，是否不再感到抱歉。我还在想，是否他的爸爸已经忘却了那晚，从而像我的父母一样不再提及那件事呢。更多的时候，我只是想，他是否还好，是否还如我一般生动地记得那个恐怖、受辱的站在门廊前的夜晚。

回溯步骤或时刻的第一个场景发生在教堂，这里也是洁芮人生中的第一个课堂。洁芮告诉我，正是童年在教堂里的种种遭遇，激发了她对于归属感和共同体的渴望，为日后形成课堂共同体的教育理念种下了种子。无意中听到妈妈罹患癌症使洁芮感到自己走出童年，真正长大，不再是那个需要妈妈照顾的小女孩。而遇到患有智力障碍的尼克森的"性骚扰"使这个刚刚长大的姑娘手足无措，令她更加不安的则是因为这件事彻底改变了尼克森及其家庭的命运。也许是对童年往事怀有一丝歉疚，洁芮对待自己班上的一名智力障碍的男孩照顾有加。当有一次我询问起怎样才能够让班上其他孩子和家长真正接受这名男孩时，洁芮说，她从一开始就向大家传递了一个观点，即没有人能限定自己的一生只跟哪一类人交往，没有人能保证自己的一生只跟心智健全的人交往，因此，每个人从小就应该学着与其他人，特别是与不同于自己的人交往。

二、渐进——误入加拿大

（一）战区与课堂

他直勾勾地盯着我的眼说："你得到那边去，那些孩子需要你。"
光光的秃头加上制服，使他在这家温哥华酒吧里看起来十分显眼。他的胸前挂着三个勋章。作为一名教师，我吃惊于人们对我的工作进行了广泛的定义：教师、妈妈、顾问、姐姐、厨娘、保姆、教练、救星。我感到荣幸，当他觉得我可以为那个生活在被战争摧毁的国家的小孩们做点什么。也许他们仅仅需要有人教教他们，有人关心他们。

军人们在城市里庆祝荣军纪念日。在市中心能见到军队游行是很不寻常的。同许多在酒吧中的人一样，我注意到了他们，并对他们表示尊重。因此，当一个染着金毛、挺着啤酒肚的年轻人强行靠近他们的桌子，问他们是否享受杀人时，我不得不移到他们的桌子旁，告诉那个金毛，去死吧，并警告他注意自己的言行。军人们坚持说他们可以和平地处理这件事，我则沉湎于一场政治对话。那个戴着勋章的军人等着我解释为何我不去战区教书。

"我不认为我足够强大到……"我试图解释。

他最近才随加拿大军队执行任务回来。维护和平，这仅仅是他所描述的他的工作。但是我知道无论在心理上还是身体上，他的工作都要远远比我在教室里做的工作严苛、辛苦得多。

他眼睛里充满着柔情，温柔地告诉我："加拿大很多小孩都密切关注着他们，其中许多是没有任何亲人的孤儿。"

他是一名上尉，一个对我而言毫无概念的头衔。我怀疑他并未访问过市中心的学校，甚至从未参观过任何加拿大的学校。他不知道其实很多加拿大小孩，也可以说是许多小孩对他们并没有什么关注。我没有心情去向他解释这些，而且我正心醉于去海外教书的想法，并沉溺在这个仅仅是可能的想法中。

"我想我有点害怕。"我绝望地耸耸肩。

同一名军人谈论恐惧颇具讽刺意味。他表示理解地点点头，但我认为他并不懂我。就像我不会理解他作为一名军人或一个男人的恐惧一样，他也不会明白我作为一个平民或一个女人所经受的恐惧。我认为他不可能懂得我作为一名女性的那与生俱来的恐惧，这种恐惧来自法律与宗教上两性间的不平等。然而，我珍惜这次对话，盼望着能够继续下去。我对关于那些生活在远方土地上的孩子们需要我的话题充满兴趣。最后，金毛停止了白痴般的言论，其他军人们则进入了乐队正在演出的那间房子。

"我不怕死。"我眨着眼睛告诉他。当对着一位几乎每天都要在敌人的枪林弹雨中生存，随时都有生命危险的军人说这句话时，我感到有些难为情。

我回想起在大学里的军队剩余物资商店买的一双加拿大军靴。我在学校实习时，常常穿着那双靴子。一个七年级的小男孩曾问我，这双靴子是否真的经历过战争。奇怪的是，我也对同样的问题着迷。

上尉有些迷惑地笑了笑，顺手为我倒满了啤酒，又一次耐心地等着我向他解释着什么。我一边挖空心思想着如何形容自己的恐惧，一边觉察到自己身上带着那种来自白人、享有特权的、北美人的存在感。

"只是……如果我受到伤害真的无法生存……如果我被强暴真的无法生存。"我直视着他的双眼，告诉了他。他也紧盯着我的眼。

"我不能"，我又重复了一遍。他连眼都没眨。我说的便是真实存在的战争环境，他没有解释什么，也没有回复什么，更没有任何支持的话语。他的沉默证明我的恐惧是合理的。

突然响起的一阵鼓掌声夹着大笑声和跺脚声吸引了我们的注

意，同时也结束了我们的谈话。一个身穿苏格兰短裙的士兵站在放满酒杯和餐盘的木桌上跳起了吉格舞，他很高，以至于他的头几乎要碰到房顶。客人们围着他一起欢呼着。

上尉站在桌子尽头对我说着什么，在小提琴声和笑声的干扰下，我不能听清楚。但那位穿着格子呢苏格兰短裙跳舞的士兵可以听到，他看起来很腼腆，却仍笑容满面，他很快跳下这个临时的舞台，跨坐在板凳上，苏格兰短裙盖住了他的膝盖。

同上尉一样，这个士兵友善地向我点点头，加入了对面桌子狂欢的人群中。倾慕者们拍拍他的后背，为他递来啤酒。我在这些大受欢迎、已经跳得汗流浃背的士兵中间，找到了一个位子。我因他们的友情感到快乐。

一名比上尉更加魁梧健壮的红发士兵笑着冲我点头。他喝下一大口啤酒，寻找着其他伙伴。"他是我的上尉"他骄傲地说，"他是一个好人，他一直照顾着我……"

"你得到那边去，那些孩子需要你。"不知为什么，上尉对我说的这句话后来一直在我耳边回响，连着几个晚上，我入睡前都会想那边是哪里？那些孩子是谁？他们的生活会和我们寄宿学校的孩子一样吗？他们会说英语吗？我又能教他们什么呢？

（二）海滩与女孩

"我喜欢你的太阳镜，里面闪出很多彩虹般的花。"她那双被一簇金色刘海儿挡着的眼睛盯着我说。我对她笑了笑，她开始往上爬到我坐着的地方。

我骑着车翻山越岭，终于顺着草木丛生的海岸线到达了海滩。我的骑行眼镜并不是当时最流行的那款，但我有时还是会觉得它们有些显眼，如果让我换一副戴，我也并不介意。她的恭维令我很开心，她提到眼镜上的彩虹也让我很满足，我挪了挪书包和头盔，使她可以坐到我旁边。

她是一个陌生人，一个在海滩上捡东西的人。这时，她已经爬上树桩坐到了我旁边。我前一天就发现了这个树桩，我惊叹于大海怎样将木头侵蚀成一个完美的双人座椅。她的皮肤被晒成了深棕色，她的瘦瘦的膝盖跟我一样，忍受着探险带来的伤口。

"你的腿怎么了？"她看着我膝盖上露着肉的伤口问道。我令她沉迷于前一天我如何笨拙地从自行车上摔下来的夸张描述中。她傻笑着听着故事，然后开始随意地揭起自己膝盖上的结痂。

"我打赌这是被蜇伤的。"她用手遮着阳光抬头看我。

海湾群岛（Gulf Island）已经差不多成了我的休息寓所。我来到这里是希望逃避那些在城市里消耗时间与精力的不可避免的交谈。出人意料的是，头两天的沉默已经淹没了我。随着时间一分一秒的跳动，我为自己的孤寂感到折磨。现在是第四天了，我全身心地享受着安静的时光与简单的存在。虽然这也许能够成为我的转折点，但我要感谢她的陪伴。她能出现在我的平凡的一天，使我感到很幸福。

"你有太阳镜吗？"我看着她蓝色、柔软的双眸问道。

海边的岩石下有几个人在窥视，看着潮汐，但是我不知道她从哪里来。一些坚如岩石的漂浮到海边的木头停放在海岛的最东端，那里的风势最大，我们坐在那里，海滩上是我们长长的影子。风夹着令人心灵宽慰的潺潺声，使海岸感到欢欣，最终吹入树的心里。

"我有啊，但那副太阳镜并不适合，因为是我的继母给我买的。"她将了将耳后金色的头发，目光扫向大海。

我在脑子里思索她的这句话。我疑惑是那副太阳镜不适合她，还是她们本身就合不来呢。我注意到一个慢慢地朝我们走来的女人，她试探性地抬眼瞥着坐在我身边穿着比基尼的流浪女孩。这个女人穿着一双黑色露趾拖鞋，当她正费力地从一个木桩走到另一个木桩时，她的紫红色指甲油在太阳的照射下星光闪闪。她看起来不知所措、漫无目标，彻底在环境中迷失了。身边的女孩给了我一个合理的关于太阳镜的解释，因为它不适合她的脸型。我故意朝她点了点头，表示理解她。

我用手紧握了一下她那窄小的肩膀。突然间，我觉得对这个年轻的存在有着一种关切保护的冲动。她似乎像海鸥和大树一样，成了我周围自然世界的一部分。在这个不期而至的时刻，我想告诉她，我懂她。我明白一个新成员进入家庭会使我们突然感到疏离；我想向她解释，如果我们不能紧紧地把握住身边的亲人，那么我们应该怎样释放情感，怎样平复心情。

我想对那个闪着光的女人吼叫，让她脱掉那双可恶的鞋，让她真诚地倾听她的继女，与她的继女谈话。我考虑着是否朝那个女人走过去，帮助她坐上我的座位，以便我可以促使她们交谈，但我自私地选择了与这个柔弱的女孩为伴，给予她体贴的陪伴。

刹那间，我的脑海里浮现出自己童年时那双潮湿破旧的鞋，浮现出自己的家庭，浮现出自己未来的样子。在未来的图景中，面容模糊的我无助地站在讲台之上，似乎看到这个弱小女孩静静地坐在下面。

"它们会有一天合适的。"我笑着告诉她，并希望一切如愿。

她漠不关心地耸了耸瘦弱的肩膀，我们舒服地躺在这个大自然精心雕琢的椅子上，静静地看着大海，思想一起漂流向远方。

（三）烟草与绘画

即使到了傍晚，潮湿的空气仍覆盖着我们。高高的树枝悬挂在山涧之上轻轻摇摆着，无形的微风吹荡着美丽的伊利湖（Lake Erie）。我能感受到在我潮湿的、长有雀斑的皮肤上那温柔的爱抚，但是即使这样仍让我感到不能承受空气之重。

我想也许温哥华现在也在下雨。一些人携带着手提音箱走到山下，平克·弗洛依德（Pink Floyd）的音乐在空气中响起。而我们则被同样的不可逃脱的热浪与湿气覆盖着，我们之间毫无热情。

他们是渔夫和种植烟草的农民，以及服务生和母亲们。而我，我是一个来自温哥华的女孩。在这个小镇上，无论我在哪里工作，无论我如何存在，我都无法逃避我来自城市这个事实。他们谈论起我的家乡如梦境一般。当我回答他们的种种问题时，他们疑惑地看着我，或许正如我同样疑惑地看着他们，因为无论我如何作答，似乎永远不可能是恰当的。

"你为什么会来到这里？"一个人喝着啤酒问我。

他戴着一顶已经褪了色的多伦多蓝鸟棒球队的帽子，我对他那一副农村人的外貌一笑置之，尽管我自己也来自小地方。他们会质疑我的回答，会权衡我的回答是真是假，是否符合逻辑。我仔细地琢磨着语言。我解释着，我是怎样遇到了一个当地的女孩子，她告诉我采摘烟草可以挣很多钱。后来我打算出来旅行，探索加拿大的另一面，我便觉得她的这个主意值得一试。他深思着点点头。

"我想付出一切去温哥华。"他告诉我。在那一时刻我完全可以理解他的感受。我告诉他应该去看一看，并向他描绘这个非常美丽的城市。

他皱了皱眉说："好的，但如果那里如此美丽，为什么你想要离开呢？而且还是来到这么一个垃圾场？"

他迷惘又多疑，好像我是个间谍之类的人物，我说的没有什么能被相信。

"是不是特别想离开去旅行？"我朝他使了使眼色。

他告诉我，我很可爱，然后便起身加入了另一场谈话。

我也认为自己很可爱，但不可捉摸。他们微妙地尝试着对我展示出的友好，却被试图让我回到自己地方的目的所遮盖。有趣的是，我在他们的环境中享受着自我。他们都是好人，虽然一直把我看作一个局外人，我仍然感激与他们一起相处的时光。他们对我的邀请通常是老式的、乡村式的款待，我也欣然接受，因为坦率地说，我也没有别的其他选择。

我真的已经来到了这个位于安大略省的小村庄，准备在烤烟地工作。我已经开始计划去亚洲，但需要存够旅费。旅行的冲动点燃了我的存在，我已经在其他两个省生活过，并做了几份有趣的工作。然而，事实证明现在离烟草收割的日子还早，因此我找了一份在野生动植物协会行政办公室的工作，这是更适合我这种有着城市情感的人的工作。

我从一个古怪的老女人那里租了一间房，她是一名古董商。这个拥有160年历史的华丽房子曾经是郡上的殡仪馆。这幢美丽的房子有着高高的天花板，用砖砌成的壁炉，宏伟的门廊环绕着这个家，但是有些令人毛骨悚然。电冰箱和食品柜放在一个冰冷的房子里，用一个沉重的、深色的窗帘把这间屋子跟厨房隔开。我想象着或许这里便是曾经存放尸体的地方。如果房东不在家，我在晚上5点钟便会停止喝水，从而确保自己不会在夜里经过一扇暗色的窗户，走下那已经咯吱作响的楼梯去洗手间小便。在白天我几乎可以爱上这座房子，但一到夕阳西下，天色转暗，我便开始恐惧，即使有房东的猎犬巴德陪着我，忠诚地在我身边，我仍有些害怕。

这个地方的大部分房子都是由砖砌成的，大概都有一百多年的历史了，到了晚上自己就会传出咯吱咯吱声及悲叹声。如同那些我在这里发现的老到已经废弃的磨坊、谷仓、墓地和教堂一样，这些房子使我着迷。在后院的小棚子里，我找到了一辆被蜘蛛网覆盖着的自行车，我骑着它上下班，找寻着小乡村里的路。我的孤独时光加上骑着脚踏车兜风的探险经历让我产生了绘画的兴趣。平生第一次，我强烈地感受到希望用笔和纸来俘获我眼所见的事物，我发现在素描的时候，可以忘却时空的存在，忘却孤寂，从中可以体会到一种自我满足感，这种感受我从未有过。

与巴德一起坐在尘土飞扬的路边，素描本放在我的大腿上，脚下散放着铅笔，这吸引了很多人的注意。然而，并不惊奇的是，只有小孩子们接近我。他们对我的素描很好奇，不停地问着各种问题。为什么我要画这些老建筑？我怎么不用颜料？我会把这些画挂在家里的墙上吗？我害不害怕墓地？我曾经去过博物馆吗？

　　作为回应，我邀请他们坐下，同我一起素描。我从本子上撕下几页纸，把铅笔和炭笔分发给这些孩子们。渐渐地，与他们一起画画已经成为那时我绘画经历的一部分。这些年轻的本地人，充满着信任感、接受感以及迷人的归属感。

　　他们的父母对孩子们有兴趣坐在这里和我一起画画感到满足。他们感激我照顾他们的孩子，令他们免去很多麻烦。有一位家长甚至为我买了一个新的素描本，但是尽管他们表示出善意和感激的姿态，同小村庄里其他青年人一样，他们对我仍然充满了好奇。

　　过了几个星期，田地里成为烟叶的海洋，都变成了绿色。阳光照射得更加猛烈，不可思议的是湿气变得难以忍受。孩子们开始寻找我，向我展示他们在学校用臭臭的毛毡和手指画颜料完成的图画。我们在小镇周围发现了一个长满草的小山丘，大家围坐成一个小圈，我们满怀热情地相互欣赏着每个人的作品，仿佛我们是重大展览上的艺术评论家。然而，有两个小孩并不想画画，他们只想同我们坐在一起，爱抚着巴德，使巴德成为我们中的一员。

　　这些孩子中，有一个拥有一头金发、身材瘦高的女孩叫特丽莎。特丽莎对绘画毫无兴趣，无论是谷仓、花卉，还是想象的地方都不能引起她的关注。她常常用手夹着笔，就像夹着指挥棒一样飞速地旋转它，但她从不使用纸。她把头靠在弯曲的膝盖上，看着我们，听着我们讲话的同时，随意地拾起地上的草，把它们扔在自己脚上。她未能亲身体会到我们在绘画时的乐趣，这非常遗憾。在一个晴朗的午后，我在院子里清理着巴德耳朵上那被鹿虻尽情享用过的伤口，特丽莎骑着车经过院子，看到眼前这一幕，她将车扔在杂草丛生的草坪上，惊慌地坐到我身边，一言不发。她捡起狗刷开始为巴德梳理后背，巴德向前靠着她，舔她的脸。没有孩子来院子里找过我，对于她的来访我既惊讶又高兴。然而，即使是特丽莎自己也承认，她是一个非常安静的女孩，过去我一直努力着同她交谈。当我告诉她，今天早上我的妈妈从温哥华打来电话的时候，她感兴趣地扬了扬眉。同她讲述我与妈妈的谈话，使我感觉很舒服。妈妈和我交代着我姐姐怀孕的情况，还有我弟弟的兼职工作以及我爷爷的身体状况。特丽莎被这些话题吸引着。她友善地对我家庭的情况痴痴地笑着，当我告诉她，我很想念家人时，她充满感情地点了点头。

她说道："你的家庭很重要。"这次轮到我感兴趣地扬了扬眉。我询问她的家庭，她似乎立刻感到了不舒服。

"你想去骑车吗？"她问我。我想她试图转移话题，我抛下了关于她家庭的问题。看到巴德忙着在草地上打滚，努力把自己身上弄干净时，我们一起笑了起来。我体会到和这个女孩在一起，有一种姐妹的感觉，担心着她的悲伤。同样，当我想到自从那次山谷聚会后，我唯一的访客竟然是一个12岁的女孩，感到有一种讽刺般的滑稽。

我从棚子中取出自行车，同她一起向远处飞奔。

渐进步骤或时刻的洁芮偶遇一位刚刚从战区归来的上尉，相互交谈后，洁芮沉浸在战区与课堂的相互关系之中，她想象着怎样在陌生国度的战区实施自己的社会科课程。将自己定位于"文化闯入者"的洁芮走出温哥华，来到加拿大东部，遇到柔弱的流浪女孩时，洁芮将其幻想为自己未来的学生；遇到村庄里的孩子们时，洁芮带着他们素描，人生第一次体验了身为人师的感觉。

三、解析——误入原住民
（一）这里没有夸富宴（potlatch）

  小时候我便认识醉酒的印第安人。我的表兄娶了一个印第安女人，她总是喝醉酒。无论她做什么，无论因为什么，大人们都叫她凯狮（Cass，一种啤酒名）。而我的表兄也总是喝得大醉，却没人给他起外号，我的家人们对他只当作假装没看见。她曾经在原住民寄宿学校（residential school）[1]上学，这个学校关闭于1984年。然而，那时的她已经死去，离开了曾在夏天工作过的罐头食品厂，离开了我的表兄。后来，我也没有听到关于她的任何故事。

  事实上，如果不是学习了有关原住民长屋的历史和在4年级时参观了人类学博物馆，我就不能回想起关于不列颠哥伦比亚省原住民的任何事情。在不列颠哥伦比亚省关闭最后一所原住民寄

---

[1] 原住民寄宿学校是由加拿大政府出资，各教会（英国国教、天主教、长老会等）运营，意在让加拿大原住民（第一民族、因纽特人、梅蒂斯人等）儿童远离自己的家庭、传统、文化、语言，使他们彻底同化的学校。当时加拿大政府认为原住民文化与精神是低下的、野蛮的、不文明的，希望通过寄宿学校对原住民采取强制同化政策，试图消灭原住民的传统文化、语言、价值观与社区结构，使其融入加拿大主流社会。从19世纪80年代加拿大第一批原住民寄宿学校开始运营到20世纪80年代最后一批学校被废弃，其间，大约15万6—15岁的原住民儿童被迫远离父母，来到遥远的寄宿学校。教会人员对学生的精神与心理虐待极为普遍，3万多名学生在寄宿学校里受到教会人员的体罚、毒打、性侵犯。统计显示，在1870年至1990年期间，至少有3 000名学生在寄宿学校中死亡，其中大部分死于疾病，包括肺结核和西班牙流感，其他人死于营养不良、火灾或其他事故。2008年6月11日，时任加拿大总理哈珀代表加拿大政府向原住民正式道歉。2015年6月2日，加拿大真相与和解委员会（Truth and Reconciliation Commission）公布了一份耗时6年采访了7 000多名幸存者的调查报告，披露了这段加拿大历史上最黑暗的历史。参见：Erin Hanson, The Residential School System. http://indigenousfoundations.arts.ubc.ca/home/government-policy/the-residential-school-system.html. 2016-12-25.

宿学校10年后的1994年，我才知晓在原住民孩子的身上究竟发生了什么，我才发现在印第安法案政策下生活的原住民家庭经受了什么。正是从这时起，我开始了解了在加拿大建国140年历史上对原住民全方位的压迫与虐待。这一切让我感觉好像是原住民误入了自己的土地，对此，我无比羞愧。

我眯着眼在黑暗中看这间宽敞、蒙眬的屋子，瞬间迷失在这个不熟悉的空间里。我试探性地张望酒吧里其他的顾客，感觉在一定程度上，他们也都迷失着。这无声的相似之处安慰着我，我没有和任何人对视，便飞快地坐下。不愿意他们看出我不情愿流露出的脆弱。我正在等我的男朋友，他在附近参加爵士乐彩排。我本想闲逛到煤气镇（Gastown）的一家咖啡馆里写写东西，但来到了这里，感觉自己是强行进入了这家酒吧。我很好奇，同时当我把自己置身于一个全新的环境时也充满着挑战。此外，我也想离我朋友彩排的地方近一点儿。

酒吧的装饰风格有些悲伤的怀旧气息。我能想象在温哥华这座城市还年轻，在东海斯汀街还是繁华的商业社区时，这间屋子有多么豪华。我也试图想象，戴着白手套的女子与头顶圆顶厚礼帽的男子坐在一起，边抽香烟边喝鸡尾酒，但很难想象在逆境中的奢华。几十年的尼古丁已经把墙壁熏成黄色，尽管这里充满了历史，却仍被毒瘾、贫穷和种族歧视所笼罩。

一位留着黑色长辫子的女服务员过来招呼我。她在胯部系着一条牛仔束身腰带，头上戴着一顶绣着秃鹰的帽子。她很正式地接待我，但我确定并不是因为我看起来像个给小费大方的人。因为她可以看出，我不属于这里。她的态度并没有暗示出我是不受欢迎的，但在这个绝大多数都是原住民的酒吧里，有着一种特殊的氛围，在这里我是另类。她用那棕色、刺着文身的胳膊端着一个大托盘，里面有好几杯将要溢出的干啤。我微笑着点了一杯啤酒，企图掩盖这种与众不同的不自然感。我看到托盘上的那些酒，都是一些比较廉价的品牌。我有些尴尬，一方面因为我不喜欢开怀痛饮，另一方面我觉得自己可以买更好一点儿的酒或点一些其他吃的。她很快地就把酒不洒一滴地放在我的桌前。

"女士，一共1.5元。"她边向新来的客人招手，边对我说着。我给了她两元，她低头从围裙兜里找零钱，我跟她说不用找了，她点点头，走开了。我看着这杯啤酒，惊叹于它如此便宜，突然觉得对这个啤酒屋心怀感激。

我抿了一口啤酒，不惹人注目地环顾四周，自动点唱机里放着佩茜·克莱恩（Patsy Cline）的歌。当一个坐在隔壁桌的小女人对我笑时，我很开心。我看到她一直跟着唱，尽管我知道所有歌词，但我并没有跟着一起唱。跟这间酒吧里的大多数女人一样，她也是原住民。她的满脸褶皱引起人们的好奇心，尽管她的面容显得劳累憔悴，甚至有些枯萎凋零，但她的双眸散发出快乐与满足的神情。她在这个熟悉的场所里认识很多人，显得自由自在。我尝试着再次捕捉她的双眼，但她忙于环顾四周。

独自坐在这里很正常，即使你是一个女人，即使你来自那个认为女人单独去酒吧喝酒便会带来坏名声的时代。

我跟着她的目光向四周环顾，眼光碰到了一个坐在我斜后方的男人身上。他问我是否愿意过去同他喝一杯。他与一个朋友坐在一起，这两个人看起来就像是从去往郊区的巴士上下错了站，一副阿谀奉承的嘴脸，有点像小镇上的毒贩子。我拒绝，他们坚持。我笑了笑，转过了身。我怀疑他们不是什么好人，也对同他们喝酒或对他们的故事毫无兴趣。

我渐渐开始适应了这里,我跷着腿坐在椅子上,享受着乡村音乐。人们陷入对过去美好时光的留恋,从醉醺醺的状态到略感孤独。每个人都喝着服务员托盘上那相同的啤酒。一些人一次点两杯。我像有些顾客一样一个人坐在那里,也有些人与同伴一起放松地聊天,但相同的是大家都喝着啤酒。

一对年过七旬的夫妇手牵手慢慢地走入酒吧,可以看出他们对彼此的珍视。这位夫人看起来很瘦小,尽管生活在城市里,但戴着一顶草帽。服务员满怀感情地招呼着他们,他们则微笑着举起手以示回应。那位夫人看起来大概已经当了祖母,帽子下的皱纹与银发并未掩盖她的美丽与纯真。那位绅士骄傲、体贴地拉着她的手,我觉得我的心被如此简单的爱情打动了。他们坐在一起,与朋友们相互寒暄着。服务员走过来,把两杯啤酒放在他们面前。

自动点唱机已经关上了,电视里的嗡嗡声和客人们交谈的嘈杂声混合着。也许没有嘈杂声,酒吧里的气氛似乎又会变得太克制、太寂静、太疲惫。墙壁上贴着的老照片已经被扩大到了壁画的尺寸。但我不能看清上面画着的具体内容,因为照片挂在刚才搭讪我的那两个男人后面,我不想让他们误会成我是对他们感兴趣。

我从镜子里捕捉到自己的映像,甚至看起来让自己稍感眩晕。我留着马尾辫,拘谨地、充满提防地坐在那里。富有讽刺意味的是,我的笔跟酒的价钱一样。我尝试着放松自己的身体,摘下扎头发的皮筋,从书包里拿出润色护唇膏和面巾纸,擦抹起来。我感到自己是异类,因为我没有融入其中。

越来越多的人进入了酒吧，大概下午4点半左右，正好是市中心下班的高峰期。一些年轻人穿着沾满泥巴的铁头靴子径直走向吸烟室。他们看起来很天真，我能想象城市对他们有无穷的吸引力，特别是这个社区。在这里他们可以找到归属感吗？而这种归属感又比友善的邻居和安全的街道更为重要吗？我想去问他们，但我仍定在原地，继续抿着啤酒。

自动点唱机传来《如果你已失去爱的感觉》这首歌，唱歌的女人几乎认识酒吧里的每个人。唱到高潮处，她让所有人跟她一起唱，她拥抱着他们，似乎有些醉了，很多人都醉了。但在这里，不会被看作是影响了其他人。服务员给她又端来一杯酒。她数着零钱给了服务员。我听到她说："嘿，这是从原住民寄宿学校来的玛丽！"这句话让我感到既吃惊、又惊喜。原住民寄宿学校这个短语通常专用于新闻和历史课之中，但这个唱歌的女人如此真实地说出了它。他们并没有对这段历史感到尴尬，因为这就是他们曾经经历的现实。这使我第一次感到相形见绌。

我四下观望，看见一个女人对唱歌的人微笑、点头、挥手。我怀疑她曾经上过原住民寄宿学校，但我真的不明白为什么我没有勇气上去问她，为什么我不能随意地、礼貌地与她交谈呢？当我听到别人说希伯来语，我会过去跟他们聊聊以色列。但是，我好奇我的国家的历史由于一些阻碍而被掩盖。这些历史和故事被我所知吗？我该怎样才能尊重他们真实的过去？我不知如何将我自己与这些同我生活在一个城市的人产生联系。

一个一脸憨厚的男人走到我的桌旁，问我正在写什么。他很天真，我也很感激他的问题，感激这个可以同他们交流机会，他们都是来自这个社区，来自这个酒吧。然而，我撒了谎，告诉他这是我的日记，当我说谎话时，我的脸会变红。我为什么跟他说假话？为什么不告诉他我正在写的就是他，就是酒吧里的人，就是生活在这个城市的人？

我猜他觉察出了我的谎话。他点了点头走开了。我不想被别人看出自己是个闯入者，但是镜子中的我表明了，我就是个闯入者。

我已经喝完了这杯酒，打算再喝一杯。我用眼神四处寻找服务员，她端着空的托盘从我身边走过，并未跟我有眼神的交流。她一边等着酒保倒好新一轮啤酒，一边同坐在吧台正在看棒球赛的男人说笑。当托盘装满，她又径直进入吸烟室，把酒送到客人的桌子上。我怀疑她是否会朝我走过来，还是我需要给她点暗示。可以看出，酒吧已经比我最早进来时热闹繁忙了很多。毫无疑问，她希望先照顾那些老主顾。我决定不再点下一杯了。我从舒适的椅子上起身，寻找洗手间，这似乎是个令人胆怯的任务。我桌子旁放着一个自动糖果机，那个男人正在转动红色机器上的把手。他告诉我，他以前也写日记，但没有坚持下来。他称赞我能挤出时间写日记。他以为我的笔记本是一本日记，当然我也没说什么。只是当我正在描写他的生活瞬间时，他认为我在记录自己的生活。他跟我说，每天都是有趣的一天，然后捧着各种颜色的糖果走开了。

《如果你已失去爱的感觉》这首歌又从自动点唱机传来。这难以捉摸的爱，它苦乐参半的本质萦绕在每个人的心头。我想往点唱机里投入几枚硬币，这样音乐可以填满这个酒吧。但我犹豫是否我有勇气去问，有没有可能请刚才唱歌的那位女士为我挑选几首歌。

我又看了看我空空的酒杯，注意到上晚班的酒保已经来换班了。他站在吧台跟服务员边谈笑风生，边看着电视里直播的最后一局棒球赛。

我在镜子中打量自己，好像放松了一些。这是因为喝了啤酒的原因，还是真的感到轻松了很多？我已经开始习惯这个地方了吗？我掏出唇膏涂抹嘴唇。唱歌的女人招呼着刚刚下班的酒保，他从吧台拿了一杯可乐，往杯子里放上吸管，然后过来找她。我看着他坐下，可以看出，工作了大半天的他已经很累了，但仍然抽时间过来与客人们聊天。

吸烟室人满为患，刚才有些压抑的气氛已经被谈话的交响曲所取代。尽管气氛活跃了，但一些客人仍旧悄无声息地坐着喝啤酒。一位优雅的年长男士一直坐在一张照片下面，他的身体弯曲着，牙已经全部掉光。卡其色帽子遮住已经光秃的头顶。我怀疑他的孩子们是否知道他在这里。

音乐填满了这个房间，我瞥了一眼唱歌的女人，看她知不知道歌词。她果然记得歌词，我也开始唱起来。我对这个酒吧有如此多的原住民不胜惊美，我一直想去参加一次印第安人的夸富宴，但我一直悲观地认为我是否真的能足够近的得到它。

我想待在这里再喝一杯。我打算带一些朋友过来，与他们分享这个不寻常的地方，但旋即又打消了这个念头。尽管我觉得即使没有朋友们的安全保障，即使缺乏熟悉带来的舒适感，我仍然在这里感觉不错。我想去消解这堵使我感到与这个社区的人们疏离的墙。我很高兴自己有了这次经历。

我将笔记本塞进书包，开始在心中浮想联翩。我想去玩玩自动点唱机，这样可以跟那个唱歌的女士一起唱。我想诚实地、真诚地回答别人的问题。我想以后再回到这个酒吧，送给这里的人一些礼物，就像他们曾经给予我的一样。

（二）这里没有童年

站在温哥华市中心东区海斯汀街和女王街的夹角，我试探性地看着周边的邻居，寻找一个起点。开车来到这里很简单，但如果想真正融入社区是一个极大的挑战。

在脑子里回忆自己上小学时的经历，我路过这条街时，遇到过很多人。有趣的是，在这里，通常在我不想与他人交谈时，便选择刻意避开目光接触。然而，今天，我想与人聊天，更重要的是，我想倾听，我在探索。我在街角遇到的每一个人，他们都有着自己的童年，想必也都有着在小学读书的经历。

从自助洗衣店里干衣机嗡嗡的噪声中逃出，这个摩卡色皮肤的男人把一个帆布圆筒状行李袋扛在肩上，自在且有目的地朝我走来。当我们四目相对，他对我微笑。我需要这样的邀请，我开始战战兢兢地通过问题接近他。

他把背包从肩上放了下来，他说话带着浓重的口音，这暴露了他肯定不是长期生活在加拿大。他开心地回忆起自己在墨西哥城上天主教小学时的经历，我也开心地聆听着。他记得那个小学的名字，也记得一年级碰到的一个美丽的古巴老师。他的回忆充满了快乐，他的整个小学生活被朋友、玩耍填充着。我很高兴我可以让时空穿越，能够把他从城市的人行道带回墨西哥城的小学操场。

当我问他是否住在这个社区时，他的笑容短暂地消失了。这一刹那，暴露出的令人心酸的脆弱告诉了我们很多事情。这里既不是他的社区，也没有他的邻居。他住在这里并不感到骄傲。我估计他知道，在其他人看来，生活在这个社区的都是一些新来的移民；我也猜到，由于一些种族上的刻板印象，他可能会面对一定程度上的歧视；此外，我怀疑是否是经济原因导致他住在市东区。他告诉我，他本不想住在这里，但他只能住在这里。跟这个社区的很多人一样，他迫不得已地生活在这里。

这时一辆闪着警灯、响着警笛的警车驶向海斯汀街，我突然感到这又把那个墨西哥城小学里的男孩带回到了一个嘈杂的城市。我认为这个小学生和他的古巴老师并没有想到他长大后会来到这样一个地方生活。对他而言，也许这仅仅是他开始加拿大新生活的起点。我希望墨西哥的小学教会了他如何认清自己，教会了无论何时，都要努力地追求更好的生活，这也是他为什么会移民到这里的原因。或许，这都是刚刚开始。

我同他握手，祝他一切顺利。我们相互道谢。我们都是这个陌生社区的陌生人。他把地上的背包重新扛到肩上，继续微笑着前行。

在街道的深处，一个下唇戴着唇环、哥特公主式打扮的20多岁亚裔女孩对我笑了笑。我猜她是好奇我拿着笔记本和笔。我们谈话时，我发现她边观察边回应。这个女孩毫无迟疑地接受了我关于她小学生活的访谈邀请。她说话时，眼睛直视着我，我透过她的唇环也直视着她。

她告诉我，她从小就在这个社区生活。她愉快地回忆着学校里的老师们如何使孩子们感到身心愉快，并充满安全感。她的面部表情与刚才那位从墨西哥城来的朋友一样，只不过她的声音小了些。她的小学经历充满正能量，这给她的人生打下了坚实的基础。她喜欢自己的社区，她承担志愿者工作，即使随着毒品交易的增加，已经开始增加警力，也没有影响她为自己的社区感到骄傲。作为这个社区的居民，娜奥米认为，每次走出家门，她都是这个社区的见证者。

她很聪明，能言善辩。五个尖刺的铆钉从她的下唇穿出，似乎同时包含了盾与剑的功能。刚开始与我说话时，她双手捂着嘴。但她很快就放松下来，放下了手。我默默地想，这些铆钉是不是代表着一种反叛，反叛那些来自特定社会团体与雇主的潜在的歧视与排斥。或许她想在温哥华的亚裔社区脱颖而出？或许她想让自己看起来样子吓人些？我没有询问关于面部装饰的事情，她也没有跟我说什么。

我一眼瞥到我们周围的人，他们都住在这个社区。我问她：这里会介意来自其他地方的人吗？你感到安全吗？

她灿烂地笑着，她在这里感到安全。我疑虑着，她的安全感是指出自唇环这类东西吗？她在这个混乱、衰败的城市社区中有归属感吗？这些价值观都源自她的小学经历吗？我与她告别，充满勇气地、自由自在地站在她的社区公交车站旁。

海斯汀大街向外延伸处是原住民生活的"海斯汀保护区"（Hastings Reserve）。如整个温哥华一样，来自不列颠哥伦比亚省的原住民们生活在这最初的土地上。所以我必须要聆听原住民们上小学时的经验，无论是年长者还是年幼者。虽然最后一所印第安原住民寄宿学校在二十多年前就已经关闭了，但同化制度给原住民们带来的伤害仍在逐渐恶化。

我走到了奥本海默公园（Oppenheimer Park）。一眼就可以看出这里充满了危险与不可靠的感觉。各种不同精神状态的人躺在草坪上，他们挤在一起抽着烟，中间是他们那几件可怜的行李。我盘算着不去打扰他们，但我看到的一些东西消除了我的恐惧，我看到了共同体，看到了归属感。我随即进入公园，试图用眼神与这个共同体中不同的成员交流。

我犹豫着怎样出现在他们面前，我拿着笔记本慢慢地走着，似乎把自己藏在了墨镜后面。接着，我把墨镜架在头上，在午日的阳光下，眼睛眯成了一条缝。一些人开始向我点头，一个女人问我是否要抽烟，我笑着摇了摇头。一小撮原住民男人们坐在社区中心建筑旁边的帆布雨棚下，那里正在供应汤。其中一个男人专注地看着我，我的眼光也转向了他，并朝他走去。

他看起来很脆弱，很显老。当我询问他是否可以聊聊他的小学生活时，他默默地点头答应，并把碗推到一边，又拿纸巾擦了擦嘴。他向我伸出手，介绍着自己，然后坐到了桌子旁边的椅子上。其他人也向我点头问好，还有人问我想不想喝一碗汤。我的心开始被点亮，我很感激自己已经被这个小的共同体所欢迎。

他用舒缓的声音告诉我，他小时候被迫离开了住在不列颠哥伦比亚省内陆的爸爸妈妈爷爷奶奶，被送到温哥华岛上的寄宿学校。在那里，他被惩罚不能说自己的语言，只能讲英语，当然对于怎样惩罚，他并没有告诉我任何细节，我也没有追问。

他接着讲他的故事，眼光从我身上移到了公园。他与我分享着在学校玩耍的时光，但是从他的笑容中，可以看出曾经被一些痛苦经历所笼罩着的阴影。当我问他什么时候从自己的原住民保护区被送到寄宿学校的时候，他表示已经记不起具体的时间，只是告诉我他从未感到自己真正属于那里，他一遍又一遍地讲着他丢失了自己的语言。我凭直觉知道从本质上讲，身份认同与语言紧密相连。我可以想象到身份的丢失，加之在传统学校求学机会的被剥夺，对于他而言意味着什么，对于成百上千的被迫遭受原住民寄宿学校待遇的孩子意味着什么。

悲惨的经历使他沉默，他告诉我，尽管被迫与家庭分离，尽管遭受着教会的各种虐待，但有一位白人老师曾坐在他旁边，并未教他什么，而是与他分享，分享一些深奥的东西。使他开始有了分享、尊重、个人责任、得体举止、甚至口头传说等传统价值观的萌芽。

在他姐姐的鼓励下，他感觉很快有一天他能完成他的申诉，以此来寻求在学校遭受虐待的经济补偿。我怀疑经济补偿是否能治愈这位近乎绝望的男人，是否能让他开启新的生活。通过法律程序控诉他的遭遇和所丢掉的文化认同能够挽回他曾经被夺走的童年和社区吗？

正如他选择了一条脱离酒精和大麻依赖的艰难之路，他也重新回到了属于自己的社区。早上，他成为教堂里的志愿者，帮助社区里的其他人。他尽力让自己保持干净。他告诉我，我在教堂可以找到他。我把这当作一种邀请，并欣然接受。我庆幸可以遇到这位感动人的男人。希望他能感受到，我对他的倾听与理解。

离开之前，我问他关于社区里的安全感。但当问题脱口而出的一刹那，我便想收回去。我猜想自从他进入寄宿学校的第一天起，便已经意识到安全感是一种奢侈。他看着我，片刻地疑虑，然后告诉我，如果他感到不安全，那么他将离开。我默默地在想，他离开又能去哪里呢。从寄宿学校的经历到位于城市中心的海斯汀保护区，上千的被迫离乡背井的原住民生活在这里，生活在一个迷失、黑暗的地方。这里常常充满着争斗与灾难、毫无生气的各种麻醉品和诸多暴力。然而，我认为，这里也是城市中那些精神垮掉的人的疗伤之地，某种意义上，这里也充满着希望。

我与这位新朋友默不作声地走着。我很想一个人独自坐下来，慢慢消化他刚才所讲的，以及刚才我所经历的。我的思绪被一个披着一头乱糟糟的金色长发的男人打断，他正挥舞着武器。那是一把橙黄色的超级水枪，虽然没有危险，但里面装满了水。可以看出他有一颗孩子般爱玩儿的心。

他是一个很擅长讲故事并爱出风头的人。他很开心，甚至略显夸张，特别愿意跟我说话。同时，很显然，他希望能够掌控谈话过程，我则任由他去。他以第三人称的口吻，滔滔不绝地东拉西扯。他告诉我，自己是证人保护计划中的一员，并要求我不要使用他的真实姓名。

他的经历跌宕起伏。他向我描述他曾如何迅速地阻止了一起潜在的校园爆炸事件；他还声称已经挽救了上千人的生命。他大声责骂自己在证人保护计划行动中未能得到警察的保护。社区里的人都理所当然地认识他、了解他。

我想转变话题，于是抛出了关于小学的问题。当我询问他在哪里上的小学时，他的举止略显忧伤。对他毫无征兆的情绪反差，我感到有些害怕。他转过头，用眼角看着我。他实事求是地讲，他从未上过小学。他儿时患上了一种严重的皮肤病，这种病不允许他进入学校。

他突然问我，"我可以进入你的班级吗？"我怀疑这个问题自童年起便一直困扰着他。同时，我怀疑，在学校遭遇的种种不被接纳导致他形成了现在易怒的性格。另外，我还想象着，在我班上那些有特殊需求的孩子经受着怎样的挑战。

最后，他告诉我，如果我想参加聚会，尽管来找他。我又一次接到了邀请，但这次我并未有感激之情。他向我出示了加拿大惩教局（Corrections Canada）的证件，这是他唯一的一张带照片的证件。我祝他好运，告别了他，并祈祷他不要开枪射我，也不要跟踪我。

我的脑子和心里装着满满的回忆，这些回忆来自社区里的朋友们与我分享他们小学的回忆。我回到了斯特拉斯科纳小学（Strathcona Elementary），我的车停在那里。对面有个洗车站，一群年轻人疯狂地挥舞着"洗车"的招牌。

我朝其中一个男孩走了过去，告诉他们我是一名教师，并出示了学校证件。随后与他们聊了一会儿洗车的事儿。从心灵深处，我认识到我所接触的这个社区成员的不同之处。我知道他的老师们已经告诉他们与陌生人接触的危险性。我想得到他的信任，希望他能同我谈话。同社区里的其他人一样，他那张亚裔脸庞有些疑惑地看着误入他们社区的我。

这个男孩的出现让这一天和整个社区于我而言都焕然一新。他觉得自己的学校特别好，老师安排了很多室外活动，而且对他们总是很体贴。他喜欢自己社区，喜欢今天和我谈话的所有人，这个小朋友在这里感到安全。我关心他的未来，问他等长大后是否还会继续在这个社区生活。

他轻轻地点头，回答着："是的，也许吧。"

这是一个美丽的承诺，也让这一天有了完美的结局。我掏出5加元付了洗车费，把我的车交给了这群充满生机的，挥舞着气泡海绵的年轻人。

（三）这里没有正确的方程式

"你叫什么名字？"一个躲在救生衣存放设施后面的原住民小男孩凝视着我好奇地问道。我乘坐麦克尼尔港（Port Mcneil）的轮渡去旅行，当时正坐在有些生锈的座位上，观看这个男孩和他的一群朋友们正在进行的一场虚拟战争。他突然跟我搭话令我有些受宠若惊，告诉了他我的名字，顺口问他叫什么。"杰森。"他眼都没眨地答道，随即跑向附近的一排排座椅之中。他的一个朋友看到了毫无防范的他，用自己的玩具手枪猛烈地朝杰森发起进攻。同杰森一样，我们一起闪避着，只不过我是在躲避着周围起伏的海洋。我对海洋并不陌生，但不认识这些岛屿和远方的海岸线。从地理意义上讲，我真的不知道自己现在身在何处，我从未来过这里，对我即将访问的小岛更是一无所知。唯一让我感到开心的便是周围孩子们爆发的这场战争。

当渡轮广播告知大家已经到达阿勒特海湾（Alert Bay）时，一些新奇的景色吸引了我的注意。透过窗户，我能看到北部海岸那充满神秘感和诱惑力的原住民渔村。远处涂着各色油漆的木屋点缀着小山，近处大小不一的渔船停靠在码头。这里是海岸线最北边的部分，一排排的原住民长屋建在小山上，房屋一侧覆盖着雷鸟（北美印第安人神话中兴起雷雨的巨鸟）在鲑鱼顶部的图案。这的确格外显眼，但更为吸引人的是长屋背后那三层楼高的混凝土建筑。它有着与周围环境极不相称的建筑结构，看起来早已被遗弃，有些不祥之感。尽管我从未到此，但我隐约可以感觉到这是一所原住民寄宿学校。我拿起背包，径直走向汽车甲板。

　　我看到一个欢迎游客的大指示牌，画着通往夸夸嘉夸族（Kwakwaka'wakw）诺姆吉斯人（Namgis）保留地青年旅店的路线。顺着通往岛上的小路，看到一个小的杂货店，我盘算着是不是应该买点吃的当作晚饭或明天的早餐，但经过一天的旅途奔波，我感到疲倦，只想赶紧摘掉身上的双肩背包，因此选择继续赶路。除了一段不长的装饰着街灯和鲜花的石板路，这个古老的地方还未被那些不堪入目的现代性与技术所侵扰。

　　一个开车的女人从我身旁驶过，她朝我招手问候，让我感到惊讶，我试探性地挥手示意。也许我看起来像是她的某个熟人。我笑着想起在渡轮上碰到的杰森，以及他带给我的友善。当下一辆汽车经过时，我放弃了自己身上那些来自城市特有的顾虑与拘束，主动挥手问好。大多数我碰到的人都是这里的原住民，以前我没有过这样的经历。司机也向我招手，我开始哼起小曲，完全忘记了双肩背包带给我肩膀的疼痛。

　　在我的左边，矗立着一组图腾柱，我加快脚步直到能够看到它们的全景。围绕着图腾柱，不同尺寸不同大小的墓碑立在那里，这是原住民的墓园，有标志写着非原住民不可以进入他们的神圣之地。我接着向前走去，这时街对面一个男人看到我背着书包便询问我是否去往青年旅店。我回复他："是的"。他穿过街道，操着东海岸口音向我介绍他自己就是旅店老板。这个叫克里斯的男人指着一个由露天平台环绕着、淡黄色牛仔式风格的建筑告诉我，"去那里随便选一张床，我们明早好好聊聊"。

　　我试探性地打开旅店的门，扑面而来的是充满体贴的舒适感。宽敞通风的房间，角落里摆放着又软又厚的沙发和椅子，推开窗子，一眼可以看到街对面的大海。我把双肩背包扔到上下铺床位的下铺，随即整个人瘫倒在床上，我需要重新整理一下自己的思绪。

歇了一会儿，我坐在楼下酒吧跟服务员聊天，正犹豫着要不要点点儿什么吃的，克里斯打断了我的思路，他告诉我拿些吃的，然后来露台一起坐坐。为了感谢他的邀请，我决定与这位身穿温哥华冰球队T恤衫的原住民帅哥分享我的美食。我一只手拿着一瓶啤酒，另一只手则拿着我的日记本。

克里斯同四个不同年龄男人坐在一起，他们都是当地人。其中一个男人移过一把椅子以便让我能坐在克里斯的旁边。这场关于捕鱼的谈话继续进行着，我听着、点着头、学习着。我默默地惊讶于自己第一次同一群原住民坐下聊天，也惊讶于作为一个加拿大人自己错过了多少经历与知识。

克里斯告诉我，1921年，加拿大皇家骑警在村岛（Village Island）突袭了一场夸富宴，抢走了他们所有的面饰和铜钱，然后把这些东西送进了渥太华的博物馆。他们鼓励我去访问那个装饰着雷鸟和鲑鱼的长屋，那是他们的遗产中心，1980年兴建时是为了让这些被偷走的财产回家。他们与我分享着阿勒特海湾的故事和历史。这些男人对于自己稍不注意就从嘴边溜出来的脏话向在场的唯一女士——我表示抱歉，这种老式的礼仪令我愉快。

几个人中岁数最大的比利告诉我，尽管他对于教师并没有任何正面的体验，但仍然尊敬我。他接着对我说："成为一名教师有着重大的责任和巨大的荣幸。"说完这句话他沉默了，其他人也加入了沉默。我不确定是否我将接着说，还是也应该像大家一样保持沉默。没有人看我，但也没有人转移目光。我慢慢地点点头，看着每一个人。

　　带着谨慎又充满同情的口气，我说："对于孩子，我们不仅仅是一个老师，我们还是他们生命中遇到的一个重要的成人。"首先，我向他们保证，我尊重班里的每一个孩子以及他们的出身。接着，我告诉他们，我认为好的老师一定是一名成功的学习者。一直以来，我努力做到这两点。他们聚精会神地听着，适当地点头微笑。

　　对于这场谈话，我感到荣幸与骄傲。我回答了他们的问题，但我把自己的问题留在了心里。我想问他们在哪里上学，是不是在那所已经废弃的寄宿学校，然而我还是没能说出口，也许下次我会有勇气问这件事。

　　在我准备离开，借着月光徘徊回酒店之前，大家提出如果我能多待几天，他们可以开船带我去村岛转一转。旁边一桌的当地女人们听到他们向我发出的邀请，开玩笑地告诉我，千万不要上他们的船，因为她们担心那些船的质量。我欣喜地与当地人一起开着玩笑。

　　第二天早上，路上一番新景象，一小群人聚集在海边生火，我走近后才弄明白大家正忙着煮鲑鱼。我顺着月牙形的小路，朝着昨天看到的那所带着不祥之感的建筑走去。1929年的印记在建筑正上方清晰可见。混凝土楼梯将来者引向正门，入口左侧摆放着一块匾。正如我猜测的，这里曾经是一所原住民寄宿学校——圣迈克尔寄宿学校（St. Michael's Residential School）。学校于1929年到1975年间招收学生，目前成为夸夸嘉夸族的办公室。

　　令我感到奇怪的是，为什么他们要使用如此破烂不堪的地方？我试着敲门，欣喜地发现门没有锁，我走了进去。进入这所建筑之前，我曾想过是否应该得到当地人的允许，但我又不太想让别人觉得他们的历史就像博物馆一样吸引着我。说实话，我不仅想看到这所学校，我还想感受到走廊和教室带来的记忆。因此，我满怀目的地走了进去。

楼道铺着干净闪亮的地板，所有办公室都没有窗户，门也都封着。其中一些门口有着标牌，上面写着这是谁的办公室。我在走廊尽头看到一个现代的出口标志，字母是闪亮的红色。当想到自己是一名非法入侵者时，我的脉搏不由得跟着思绪一起加快。

出口后面是通往室外和二层的楼梯。我毫无停顿地走上二楼，在有些损坏的木制阶梯上，我能够听到自己脚步的回声孤独而幽冥。二楼没有灯光，许多房间也没有门，只有靠着从肮脏的窗户照进来的阳光点亮前面的路。站在满是灰尘的地板上，我想象着几十年前站在这里的孩子们，然而这些孩子们不能像我班上的学生们那样在走廊里又说又笑。当想到成千上万的寄宿学校儿童都像在这里一样受到恐吓与虐待，身体不禁打了个寒战。尽管楼道里的墙皮已脱落，但仍然诉说着一个时代的故事。

我窥探到一间屋子，当看到一块旧黑板镶在远处的墙上时，泪水在我的眼圈里开始打转。我环视周围空旷的空间，仿佛可以听到比利在那晚交谈时所说的睿智话语。我不知所措地坐在一把破椅子上，擦去脸颊的泪水，抬头凝视黑板。剩余的分数方程仍清晰可见：$1/2+1/4=4/4$。这间教室唯一留下的学习证据竟是这样一个错误的方程式，多么令人痛苦，多么讽刺，又多么令人绝望。

此时我的情感与精神都已疲惫不堪，而我想探寻更多、了解更多。我向黑板走去，然后回头看教室，仿佛准备开始一堂课。眼泪从我的眼眶溢出，我把食指放在舌头上蘸取了唾液，然后在那个错误数学算式的旁边划了一个核查符号。这让我的心情比刚才好了一些，随即我无声地走出了这间教室。

当前我唯一需要的就是一个人坐在海边好好想想刚刚自己所经历的，但我深知，理解过去发生了什么是一回事，当这些就是你过去的真实生活时则完全又是另外一回事。我从未体验过阿勒特海湾一天24小时的生活，我正在学习，但这些真实的学习生活经历严重破坏了我的情绪。

我坐在海边的原木上，眺望着远方海面上跳跃着的渔船。海风吹乱了我的头发，听到身后有声音传来。"你有没有吃过在海边煮的红鲑鱼？"一个正在同他的两个伙伴生火的男人问我。我摇了摇头。"过来吧，你也许从未吃过如此鲜美的鱼。"他说。我坐了过去，看着他们干活，其中一个留着马尾辫的黑发男人问我是否想喝啤酒，我傻笑着，把墨镜往头上推了推，介绍着自己。

我用两块岩石当开瓶器打开了啤酒，开始吃他们为我煮好的红鲑鱼。的确，这真的是我吃到过的最美味的鱼。我边吃边向他们请教煮鱼的各种技巧。"等一等。"有辫子的男人说，"为什么不先聊聊你是谁，为什么会来到阿勒特海湾？当然，如果你愿意，我们可以带你一起去工作，你可以帮助我们一起去捕下一轮的鱼。"

比美味的红鲑鱼更为珍贵的礼物是夸夸嘉夸族人赐予我的那些无形的力量与温暖。他们提醒着我们，人类有能力和解、治愈、信任，即使是对一个陌生人。这些人的热情与力量一直激励着我，并让我从中找到共鸣，特别是当我站在黑板前，朝向教室里所有学生的那一刻。

解析步骤或时刻的洁芮闯入原住民的世界，流连于原住民酒吧、采访原住民、实地探访原住民寄宿学校、与原住民交朋友。对于弱势群体的关注使洁芮利用社会改革范式为主展开社会科课程，并在教学过程中指导学生搭建批判性思维框架。此外，洁芮对加拿大原住民表现出的浓厚兴趣，也是本研究选择小学四年级社会科课程[1]为个案的一个重要原因。

第三节

教师个体生命历程影响下的社会科课程

本节尝试性地运用著名比较教育学者罗兰德·珀斯顿（Rolland Paulston）的社会制图学（social cartography）参与到洁芮老师个人空间的重新绘制。之所以在综合步骤或时刻选择此方法，主要出于以下几点考量：

一是这种制图方法避免了现代主义的社会模型和大师叙事（master narrative）的刻板，并使得研究的关注点转移到当今时代个人和文化团体以社会空间关系和被重现方式中更大的自我决定能力为目标所做出的努力。[2]由此，该方法既为本书中文本的私人化与丰富性搭建了充

---

[1] 原住民研究是温哥华小学四年级社会科课程的主题之一。
[2] ［德］于尔根·施瑞尔.比较教育中的话语形成［M］.郑砚秋，等译.北京：北京大学出版社，2011：312.

分的解读空间，同时又再次重申了对于宏大叙事的规避。二是社会制图学的指导性原则是将空间想象力的概念视为揭示多重交叉、抵抗学科限制而跨越边界以及形成与其他想象进行批判性对话的能力。[1]毫无疑问，具有想象力的地理或历史能够通过渲染近处的事物……与远处的事物之间的距离与差异，帮助心灵强化对自身的感觉。[2]同时，想象力在个人层面通过空间的重现产生作用，进一步强化了个体生活经验、教育经验及社会经验在过去、当下与未来的有机结合。三是社会制图学反对本质主义和科学主义。这与生命历程法通过对个体及其生活世界进行具体化描绘，呈现课程的暂时性与历史性，力图反抗课程的永恒性与技术性的主张不谋而合。四是社会制图学高度契合于后现代视域下比较教育学科的观察方式，这种反省的视角为比较教育学提供了新的方法论。英国利兹大学教授哈甘（Graham Huggan）认为，这一新的模式使得相异性（alterity）或对"他者"的了解成为比较研究的中心："比较研究者并不是调和论者。他们选择勾画出不同文化或学科之中产生的，或是以不同语言写作的研究成果之间的相似之处，并不意味着抹去或牺牲了其差异性……比较研究者最好应被视为在文本之间穿梭而不对文本进行'调和'或'统一'的中间人（mediator）。"[3]

在生命历程法的最后一个步骤或时刻，笔者通过提取前三个步骤或时刻出现的一些关键词，勾勒出一幅洁芮生活体验的完整图谱，该图谱并不仅仅强调空间关系，同时也能有助于差异的认识和归类。[4]更为重要的是，在综合步骤或时刻，洁芮生活体验（私人空间）与社

[1] ［德］于尔根·施瑞尔.比较教育中的话语形成［M］.郑砚秋，等译.北京：北京大学出版社，2011：314.
[2] Said, M. Orientalism［M］. London: Routledge, 1978: 55.
[3] ［德］于尔根·施瑞尔.比较教育中的话语形成［M］.郑砚秋，等译.北京：北京大学出版社，2011：339.
[4] Bateson, G. Mind and Nature: A Necessary Unity［M］. New York: Dutton, 1979: 2.

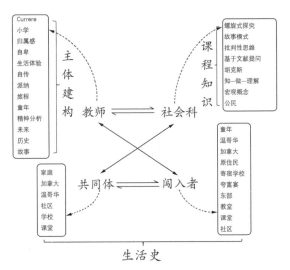

图 5-1　综合步骤或时刻社会科与教师微观互动图谱
　　　　——以洁芮为例

会科课堂（公共空间）相互交融，下文将从课程理念、课程组织、课程实施、课程评价等方面阐释洁芮的个性化社会科课程。

一、课程理念与组织——营造学习共同体

听完洁芮的故事，了解了她从儿时的误入教堂，误入卧室，到成人后误入酒吧，误入原住民社区，再到后来去东部旅行时误入小村庄，我急迫地希望了解到这些"误入"或"闯入"（trespass）对她而言意味着什么，是否改变了她的人生轨迹。

记得在研究生院，当我第一次将其中一个故事大声地读给我的老师和同学们时，我心脏乱跳、胃部翻滚，感到自己在整个世界面前无比脆弱。当我讲完故事，试探性地抬头，目光扫到我的导师，她正一边点头一边朝我微笑。

　　生活是由一系列错综复杂的故事交织而成的一张网，最终拼织到一起形成个体生命。有时当我们审视自己的人生时，最大的挑战也许在于需要弄清哪个故事是人生的开始，哪个故事又是人生的结束。我不断闯入他者共同体的故事始于小学，始于友谊。一次放学后接到朋友一起去玩耍的简单邀请为我打开了世界的一切可能，也打开了我的教师人生。在综合步骤或时刻，我将回到人生起点时的一个故事。

　　孩童时代的我有一个好闺蜜，我们在同一个班级，他的爸爸是隔壁高中的校长。我的家里则没有人是教师和校长，事实上，我家里的大多数女人都是家庭主妇，男人去外面做木匠或冶金工。因此，当我的好朋友的父亲竟然做着与我们学校校长同样的工作时，这种感觉令我陶醉，每个人都知道这是一份非常重要，又非常强大的工作。作为一个4年级的小学生，我觉得我的校长懂的东西要比其他所有教师加起来懂的还多得多。

　　一个细雨霏霏的下午，朋友的爸爸要去本市一所大学办事，朋友邀请我随他们一同前往。我好像听说过那个地方，至少我听说过大学这个词，当然我从没有去过任何一所大学。记得当时车子经过了很长一段山路，慢慢可以看到大学建筑的轮廓，我无比激动。

　　大学图书馆里一排排整齐的书架使我目瞪口呆，我从没见过如此多的藏书，而且这么多书都在同一个地方真的太奇妙了。比图书馆更令我惊叹的是大学里的学生，当我们从走廊里路过时，我看到两旁的学生们围着桌子挤在一起，谈论着桌子上的书和学习材料。我还看到一些学生趴在书桌上睡着了，垫着他们正在读的书，其中一些人的手仍然攥着笔。我朝着那些背着沉重双肩背包的大学生微笑，他们也对我微笑。毕竟，我曾很多次在午睡时读着小说入睡，我正享受着与大学生同样的美妙经历。

然而，在我的家族里，没有任何人有过读大学或大专的经历。我的父母、大多数叔叔和阿姨、我的表哥表姐们甚至都没能从高中毕业。由此可见，我的家族与大学校园之间的距离太远了，而克服这个距离将成为我人生旅途中最大的挑战。

后来，在与我的学生谈论他们的未来时，他们中的一些人也遇到了同我一样的来自家族的挑战。这时，我会恳求他们去想象各种可能性，无论是大学、大专、家庭生活或其他方式的生活。随后，我告诉他们所有人，他们终将成为大学毕业生、艺术家、运动员，我平等地点亮他们每个人对未来的梦想。我鼓励他们考量自己的当下与未来，认清现在的自己，从而知道自己如何成为梦想中的那个自己。

来自家庭、文化共同体的爱、温暖和归属感拥抱着我，使我们有了根，有了自我认同感。这些社区经常鼓励年轻人勇敢地出发去探索世界，探索自我的一切可能。然而，其他社区倾向于将自己的成员尽可能地留在家里。在那些地方，任何不同可能都会成为他们继续发展的威胁。

高中毕业的那个秋天，我最要好的小伙伴们都拿着行李，乘坐公交车前往西蒙弗雷泽大学（Simon Fraser University），正式开启大学生活。尽管我的分数很高，也非常渴望大学生活，但我并没有申请任何大学或学院。我也没弄明白当时自己的这个决定，事实上，我本打算去上大学的。对此，我父母既没有支持我，也没有劝阻我。实际上，我压根儿不知道如何进入大学。我不知道向谁去咨询上大学的事情，不知道怎样去大学，不知道怎么付学费。而且，我也不知道怎样才能成为校长、律师、医生、护士和教师。这些人离我生活的世界太远了。我从内心感受到自己是个好人，但有时我很自卑。我害怕这种感觉。此外，我在一家流行的唱片店工作，这不是已经足够好了吗？

做得足够好是我童年以来便开始努力的方向，我坚信，无论我的学生们来自哪个社区、哪个共同体，无论他们的能力、种族或社会经济环境有何不同，他们的个体价值都会得到珍视，他们也开始了解到，他们可以足够好，无论做什么。

当我是一个年轻人时，我不认为自己足够好到可以上大学。也许是我比小孩子更缺少安全感，也许是我比其他人更具弹性。当然，我的家人会说我更具弹性，比其他人更强大、更聪明。然而，外人可能会认为是我的不安全感阻碍了我申请大学以及随之进入大学学习。

我很想知道，有多少我的同学放弃自己的梦想，关闭未来之门不是源于他们害羞或没有安全感，而是因为当他们面对可能的目的地时，他们发现这是一个完全未知的领域，他们被这种从未有过的未知所震慑，感到恐惧。

独自在加拿大以及海外游走让世界呈现在我眼前，远离家乡的这些经历使我从社区的期待、价值观与信念中解放出来。新的个体身份保护着我不再受到过去家族身份的羁绊，我有能力交往并居住在根据不同宗教、不同社会经济情况、不同家庭构造、不同性别、不同能力以及不同国家所定义的共同体之中。在真实世界中接受教育并不容易，但它带给了我内在力量与自豪感，这些是我之前从没有体验过的感觉。同时，它也让我拥有了丰富的、激励着我和我的学生们的故事。最重要的是，我的真实世界教育令我相信，我已经足够好到可以进入大学，足够好到可以成为一名教师。此外，我也由衷地相信，我生长的社区为我带来的生活体验有积极的一面，也有消极的一面，积极的一面已经帮助我怀着一颗接纳、同情、充满爱的心与学生们一起成长了。

总之，如果聚焦到社会科课程，那么我觉得我的家庭和社区在一定程度上成为学校教育的补充。20世纪70年代末80年代初的加拿大小学课堂仍然强调学科结构，重视学生对于基础知识与基本技能的习得。而每当回到家，我都会与兄弟们一起做木工活，与姐妹们一起做饭，这些在当时看来顺其自然的工作，在丰富生活的同时或许更加完善了我的人格。而从今天我已经成为一名社会科教师的角度看，那些来自家庭的归属感以及处于社区共同体的安全感也无形中塑造着我的课堂。

走出属于自己的共同体，洁芮在成为教师后，深受美国作家、女权主义者、社会运动家贝尔·胡克斯（Bell Hooks）[1]的影响，2016年6月我们临别之际，她将胡克斯2003年完成的向弗莱雷的致敬之作——《教学共同体：希望教育学》（*Teaching Community: A Pedagogy of Hope*）[2]赠予我。

当我打开书的扉页，映入眼帘的只有三行字："我们必须始终保持希望，即使严酷的现实可能背道而驰。——保罗·弗莱雷。"那一瞬间，我的心微微抽搐了一下，从此，这本书便成了我的教

---

[1] 原名Gloria Jean Watkins, Bell Hooks为笔名。
[2] 保罗·弗莱雷的著作《希望教育学》（*Pedagogy of Hope*）于2002年出版。

学圣经。

这本书可以为我提供一种"实践智慧"（practical wisdom），指导我将教室打造成一个保持生机、拓展思维的地方；一个学生和教师一起学习并成为解放共同体的地方。[1]共同体远远超越了人类之间相互面对面的关系。在教育领域，共同体将我们与世界上一切美好的事物相连接，与一切有魅力的事物相连接。好的教学是了解这个共同体，感受共同体，体会共同体，然后把你的学生们领入这个共同体。当我真正投入教学时，我可以重新获得一种具有共同体精神的集体意识。

此外，最重要的是需要在我们的教学实践中基于信任建立起社群意识。建立信任通常意味着发现彼此的共同点，同时也意味着找出彼此的不同点。许多人害怕面对不同是因为他们觉得差异会导致冲突。而事实是恰恰是对现实生活中差异的否定才造成了持续的矛盾。[2]因此，应该穿越恐惧，揭开差异，这个过程会使大家彼此联系得更加紧密，形成共同的价值观，组成有意义的共同体。[3]

在课堂共同体中，教师应该处于怎样的位置一直令我困惑。胡克斯引用教育家帕克·帕尔默（Parker Palmer）的话使我产生了共鸣："优秀教师的教学如同织布，在织布机上小心尝试着穿线，保留张力，穿梭如织，布料得以彻底舒展。若将布料比作学生的内心也不足为奇，教学抻拉内心、敞开内心，甚至打碎内心，愈加热爱教学，愈加感到心碎。教学的勇气在于鼓励学生们

---

[1] Watkins, G. Teaching Community: A Pedagogy of Hope [M]. New York: Routledge, 2003: xv.
[2] Ibid.: 109.
[3] Ibid.: 197.

时刻敞开自己的内心，这样教师和学生便可能被彻底编织进入学习、生活以及相互需要的共同体。"[1]

我习惯于在社会科课堂上运用故事模型开展教学，这看似反传统的教学方式同样来自胡克斯的鼓励。"教育关乎治愈与统整；关乎赋权、解放、超越；关乎更新生命的活力；亦关乎在世上发现并宣称我们自己与属于我们的地方。由于我们的地方与环境处于不断变化之中，因此我们必须持续地投入当下的学习。如果我们无法摆脱过去，不能全身心地进入当下的学习状态，那么我们的学习能力便会减损。那些敢于挑战自我的教师勇于跳出课堂内容，带着同学们走入生活走入世界去分享知识，这些教师能够以多样化的形式传递信息。而这些又都是一名教师最为宝贵的技能。"[2]

"归属感"（belonging）和"共同体"（community）是洁芮使用频率最高的两个关键词，如何为学生营造归属感，怎样使他们形成共同体？

很多学生长期受困于缺乏归属感，事实上，这是源于他们所生活的学校没有为他们营造一个共同体、营造一个家。这就导致孩子们将自己视为学校这块领地的闯入者（trespassers），感到自己误入课堂。不仅如此，孩子们的私人领地还经常受到来自学校的侵犯与误入，而这些学校又不能真心地接受所有学生。正是

---

[1] Watkins, G. Teaching Community: A Pedagogy of Hope [M]. New York: Routledge, 2003: 19.

[2] Ibid.: 43.

这种双重误入抑制了学生体验那种共同体带来的真正归属感的能力。反过来，这种误入的经历有可能最终抑制学生的学习。

一直以来，我在社会科课堂上通过故事邀请孩子们共同体验、探索不同社区、不同共同体的生活。这是一种非常有效地创建课堂共同体的方式。聆听他人的故事、我的故事以及学生自己的故事，可以驱使孩子们想象世界中不同的存在方式与生活方式。由此，大家能够一起了解故事中的人物，通过故事又能了解彼此。最终强化孩子们的自我理解及对他者的理解，同时为孩子们营造出课堂共同体中真实的归属感。

我最爱的共同体是我的课堂。每年九月，我与学生们一起在这个共同体中学习，使他们感到他们属于这里。我努力工作确保没有一个孩子觉得自己是班级的"闯入者"，我想孩子们每天都可以体验到归属感。通过探索真实与感知的不同，我们一起分享欢乐与微笑，建立信任与同理心。我们一起建立起这个共同体，分享责任照顾她。就像我的真实生活教育，建立共同体是一项艰难的工作。然而，我坚信，这是我在课堂上所做的最重要的工作。

为了确保不随意侵入或干扰每个孩子的家族共同体，我试图了解他们每个个体从家庭带到学校的责任、期望与价值观，并尽力找到这些与班级共同体的结合点。我认识到，只有当共同体里的每个个体都获得长期归属感后，才有可能呈现最有活力的课堂。

记得当我与学生们相互交流的时候，我同样乐于走进他们的家庭、他们的过去以及他们家庭的历史。我敬畏他们生活的方方面面，无论我是否参与其中。我知道孩子们在继承家族共同体赐予他们礼物的同时，也肩负着家族的重担，每个人都需要接受生活所给予的一切。最后，我拥抱、赞美班级共同体中每个个体的差异，这些不同点使我们形成了一个独一无二的共同体，正是这些差异让我们这个小共同体——我们的课堂成为最美妙的地方。

通过回溯自己过去与教育相关的经历，特别是重新审视那些与归属感和误入紧密联系的生命体验，我自然地将过去与现在相连接，无论遭遇熟悉与不熟悉的共同体，我都努力探寻感激与挑战，这些唤起我对他者理解与感激并存的情感。正是这些奇妙的经历与理解鼓励我带领我的学生们一起沉浸在多元且精彩的故事世界。

二、课程实施——螺旋式探究

洁芮经常引用美国著名作家、批判家多罗茜·帕克（Dorothy Parker）的名言："好奇可以治愈无聊，但没有任何药物能够治愈好奇。"为了让学生们始终保持对知识的好奇，最好的方法就是从教师那里学习并分享那种对于学习的激情。好奇的力量驱使着学生投入到探究式学习之中，同时也推动着教师进入探究式的专业学习情境。

我追求的螺旋式探究（spirals of inquiry）建构在保证平等和质量的基础之上，它们相互联结。我希望所有的学生都可以接受尽可能的高质量教育，而不仅仅是只有那些良好家庭教育背景的孩子们才能享受优质的教育资源。而我可以做到的便是通过为班上所有学生提供高质量的学习机会从而帮助提升教育系统的公平性，这也是为什么我选择教师这个职业而非其他工作。

我理解的探究并不只是对完美答案和激动人心的解决方案的

不断追求，而是开放地去接受新的知识与思想，并采取明智的行动。正如创新并不意味着什么当前流行时尚的事物，对我来说，创新是认识到旧的教学方法已经不再适用于所有学习者，同时识别出当前学习者的关键需求，然后基于知识体系创建新的学习策略。我所采取的立场是，时刻反问自己：这对学习者而言有什么不同？新的教学方法、教学策略、教学内容对学习者有何益处？我是如何知道的？

我希望我的学生们能够带有尊严、目的和选择走在学习之路上。当然，我并不天真，我知道这只是一个模糊的目标，但我坚信我们应该追寻"坚硬"（hard）的目标——真诚的（heartfelt）、活泼的（animated）、必需的（required）、困难的（difficult），从而为每个学习者提供平等且高质量的教育。为了实现这个目标，运用螺旋式探究的教育理念与教育方法至关重要，这也是当前不列颠哥伦比亚省校长与副校长协会（The BC Principals' & Vice-Principals' Association）推荐给教师们的理念与方法。螺旋式探究要求教师将学生已经掌握的知识融入新的课程设计之中，培养学生们通过探究式的方法获取新的知识。

洁芮所采用的螺旋式探究模式是上一章提到的加拿大社会科课程三种组织模式之一。记得2015年2月4日上午8点45分是我与洁芮第一次见面，因为9点开始上第一节课，所以简单的寒暄后，我便直入主题："你采用哪种组织模式进行教学呢？可以把你的教案给我一份吗？"其实，对于这个问题我有着预设答案，就是她根本没有教案。这源于一个星期之前，我去温哥华一所著名公立小学调研时的经验。那所学校的校长告诉我，他们的教师大多没有教案，只有刚刚入职的教师会被要求撰写每节课的详细教案。果然，洁芮客气地告诉我："我非常想给你一份，但我真的没有。"直到一年多后的此时，我仍记得当时洁芮面对这个问题时迷惑的表情。后来，我在不列颠哥伦比亚大学教育学院为教育硕士开设的"中学社会科课程研究"课堂上印证了这个事实，潘妮·克拉克教授告诉我，"只有在对新手教师进行培训的教育项目中会指导大家如何撰写教案，进入工作岗位后，要根据每个学校对于新手教师进行指导的教师的不同安排，通常情况下，工作一年后的教师都不会被强制要求准备教案"。正如派纳的回忆，20世纪60年代末70年代初，他在一所中学教授英语，他自主选择和设计课程内容，"我用一种波拉克绘画的方式去看待教学。通常，我不会带着一份事先准备好的教学计划走进讲堂。尽管我对将要开展的工作有一个大概的了解，但我没有预先设计教学框架"[1]。虽然没有具体的教案，但洁芮有着与自己教学理念相契合的教学模式。在基于螺旋式探究组织实施的社会科课程上，洁芮最常运用两种教学模式，即批判性思维模式和故事模式框架。"教师采取哪种教学方式不仅取决于他们是否领会某种教学技巧，他们对于教学方式的选取还受到他们差异化生活背景的影响，他们个人行为选择的根源藏匿在他们成为教师的一切生活经历之中。"[2]

诸多研究表明教师对教育的理解以及所信奉的教育信念对他们选择采用何种教学方法有着深刻影响。[3]此外，所教授的科目、教学风格、学习者的特点、学习内容、教师自我性格等因素亦影响着教学

[1] 王永明.威廉·派纳课程理论的研究［D］.北京：北京师范大学，2015.

[2] 吴佳妮.控制与自治：当代美国中小学教师生活的田野考察［D］.北京：北京师范大学，2016.

[3] Sears, A., Wright, I. (Ed.). Challenges & Prospects for Canadian Social Studies［M］. Vancouver: Pacific Educational Press, 2004: 219.

方法的选择。例如，一位将社会科课程定义为整合课程的教师使用的教学方法肯定不同于那些赞成分科教学教师们所采用的方法。整合课程的教师可能会选择案例教学，通过整合过去、现在以及主题所涉及的地理、政治、社会学知识来解决问题；而一名分科教学的地理教师则可能会选择通过地理学概念进入学科教学。又如，当社会科课程遇到一个有关历史的主题，如果任课教师同意历史学家迈克尔·布利斯（Michael Bliss）"在研究生阶段以下，历史教学的主要任务是传授具体知识内容"[1]的观点，那么教师可能首先选择采取课堂讲授的教学方法，强调关键概念、事件、转折点，然后通过合作学习、概念获取以及苏格拉底问答法等课堂活动达成课程目标。如果任课教师赞成彼得·塞沙斯认为历史必须超越神话与传统，从而应对"具有复杂性的、充满不确定性的多重原因；相互冲突的信仰体系；以及历史行动者的不同观点"[2]，那么教师可能会运用探究性研究、创新性辩论等以建构主义为导向的教学策略，强调对原始资料的分析、对冲突的多重阐释、对历史偏见与客观性的关注。如果任课教师对一时火热的通俗史学充满兴趣（比如电视节目《历史记录》《加拿大：一个民族的历史》等），那么教师会同意历史电影制作人提出的"与非历史专业的观众交流时，当大家感到迷茫或乏味时，我们没必要坚守枯燥的学科知识"[3]，由此教师可能倾向选择采取目击者的故事、历史文献、口述历史等叙述手法讲授历史。如果任课教师有强烈的使命感去探究历史事件中的公平与压迫，那么教师可能会选择讲述许多历史事件中所

---

[1] Bliss, M. Teaching Canadian National History [J]. Canadian Social Studies, Winter 2002, 36(2).

[2] Seixas, P. The Purposes of Teaching Canadian History [J]. Canadian Social Studies, Winter 2002, 36(2).

[3] Allen, G. Canadian History in Film: A Roundtable Discussion [J]. Canadian Historical Review, 2001, 82(2): 333.

忽略的女性经历以及强调女人所扮演的核心角色，从而让学生们理解"历史中的女性并不全是只能逆来顺受般地生火做饭或坐在纺车旁，还有大量的女性成为领导者、医生、艺术家、备受赞誉的作家，亦有一些女性保卫要塞、创立报纸、传递军事机密、营救王子"[1]。在这种课程目标引领下，教师们将有意识地运用案例教学、叙事教学、故事讲述等方法突出他们的观点，指导学生进行批判性调查和角色扮演，从女性的角度洞察历史。归根结底，如果要真正弄清教师采用何种教学方法展开社会科课程，还需要探寻其究竟倾向于哪种理论范式。

的确，社会科课程教学方法的选择涉及如此众多、如此繁杂的因素，导致不可能出现一种万能的教学方法可以满足所有课程需求。但与此同时，复杂的土壤也孕育出丰富的教学模式，其中学习维度框架（dimensions of learning framework）、批判性思维框架（a critical thinking framework）、故事模式框架（story-model frameworks）、强效教学框架（productive pedagogies framework）四种课堂教学框架广泛应用于加拿大各个地区中小学社会科课程的课堂上。

框架固然为教师教学提供了很大支持，但在某种意义上，它也产生了很大局限。比如，有时一些框架会使我产生受挫感；有时完全按照框架一步一步教学，又令我感到自己的工作似乎毫无价值，成为一个非专业化职业；而有时一些被动的、说教式的教学框架令我作呕。基于此，我更倾向于选择具有批判性思维并可

---

[1] Merritt, S.E. Her Story: Women from Canada's Past [M]. St. Catharines, ON: Vanwell Publishing, 1994: vii.

以通过故事进行课堂教学的框架。

（一）批判性思维框架

据我所知，不同的社会科课程教师对"批判性思维"有着截然不同的定义。有些教师认为是培养学生严谨的学术素养和健全的质疑精神，特别是在以主题为基础的课堂上；有些教师认为是一种诸如问题解决或制定决策的能力，融入课程情境之中，以此加强教师对核心内容的关注与其对批判探究兴趣之间的张力。

近年来，随着一些培养批判性思维更为综合性方法的提出，批判性思维已被看作是社会科课程的核心元素，这也是第三章第二节所分析的加拿大社会科课程五大说明性目标之一。其中，有学者根据真实体验提供了理解批判性思维的一种视角，"在各个年级提升批判性思维能力不仅仅是简单的实施一些教学策略，而是应该成为一种课堂存在的方式"[1]。该视角基于以下五大原则：（1）知识不是固定的，而是一直在变化且需要再检验的；（2）没有问题是不可以或不应该被问的；（3）意识并理解另一种世界观是至关重要的；（4）需要具有容忍度；（5）需要对文本保持质疑的态度。

此外，也有研究认为，作为"教室生活方式"的批判性思维基于一种假设，即"在某种意义上，批判性思维是一种良好的思维。它是一种思维品质，而不是思维过程，以此来区分批判性思维与非批判性

---

[1] Case, R. and Clark, P. (Ed.). The Canadian Anthology of Social Studies: Issues and Strategies for Teachers [M]. Burnaby: Faculty of Education, Simon Fraser University, 1997: 173.

思维"[1]。据洁芮介绍，目前，这种进行批判性思考的方法已经在批判性思维联盟（The Critical Thinking Consortium）内部发展成精心制作的概念、课程与教学框架，该联盟是一个由不列颠哥伦比亚省21个学区、3所大学以及几家省级学术协会共同组成的非营利性机构。他们在官方文件中将批判性思维定义为："思考者在问题情境下思考如何相信、怎样行动，并做出合理的判断，从而体现出一名有能力的思考者的素质。"[2]与此同时，该定义又延伸出四个方法帮助学生们成为批判性的思考者:（1）在学校和班级建立具有批判意识的学习氛围，组织学生之间进行批判性的、合作性的对话，批判性地检验自己和同伴的学习情况，将教师视为练习批判性思维与学习共治的伙伴，从而经历获取批判性思维的全过程。（2）通过课程融入批判性挑战，使学生谨慎地面对需要进行批判性回应的问题情境。以下四个问题引导具有批判性挑战的选择：是否需要判断任务的合理性与科学性？挑战是否对学生有意义？是否反映了关键的课程内容？学生是否有手段处理挑战或他们能否被传授应对挑战的方法？（3）研发培养批判性思维的知识工具，使学生掌握应对批判性挑战的知识、技能和思维倾向。具体包括：背景知识、评判标准、批判性词汇、思考策略以及思维习惯。（4）使用工具评价学生的能力，从而保证教学目标和教学内容的一致性，其中知识工具是评估学生学业的基本标准。

根据批判性思维联盟提供的步骤，在移居西部这个单元，我首先创建具有批判意识的学习氛围。学期伊始，我和孩子们便开

---

[1] Bailin S. et al. Conceptualizing Critical Thinking [J]. Journal of Curriculum Studies 31, 1999(3): 288.

[2] Case, R., Daniels, L. Introduction to the TC^2 Conception of Critical Thinkin [M]. Richmond, BC: Rich Thinking Resources, 2003: i.

始进入合作学习模式，尝试辨析一些关键知识点（如理解冲突、变化等概念；探究本地资源与学习主题的关联）。与此同时，我提出社会科课堂运行规范（如问题的提出与问题的解答同等重要、尊重另一种观点、学会倾听、容忍错误等）。令我欣慰的是，学生们已经在之前的一些诸如圆桌会议、三步式采访等小组合作活动中获得了分享观点、倾听他人以及相互激发思想的经验。

然后，我提出具有批判性的挑战，即为何移居者在1880年到1914年间向西部迁移，请列出三个最合理的解释。

接下来，我为学生们提供掌握知识的工具。指导他们从课本、图书馆材料、互联网上获取引发移居者向西部迁移的背景知识。其中包括移居者在原有家园中遭受经济或政治方面的不幸；西部新生活的吸引力；新铁路带来交通的极大便利；西部免费或便宜的土地；移民的管理方法以及其他个人或家庭原因。此外，引导学生们回顾在之前课程中学习的关于移民推拉概念的理解。在掌握背景知识的基础上，孩子们与我一起探究那些引发移居者向西部迁移的原因中已经令人信服的因素，并将其作为评判标准。例如，哪些因素为移居者提供了最大的心理、身体上的安慰？哪些因素是最大的经济问题？哪些因素满足移居者的文化憧憬？

确定批判性词汇逐渐成为孩子们最喜欢的环节，他们总能在这个环节让人眼前一亮，编出一些古灵精怪的词语。在这个单元，我组织孩子们复习之前学过的名词，诸如（批评判断的）标准、普遍化、观点、多重因果律等。

这些核心概念不仅使孩子们进入了批判模式，而且也经常让我得到灵感。比如这个单元的思考策略环节，我们采用换位思考的方法，学生们以小组为单位，分别站在加拿大东部农民、加拿大东部工人、西欧工人、中欧农民、第一民族和梅蒂斯人（从西部较近的地方到西部最远的地方）的角度考虑其移居西部的原因。每组学生使用图表表明自己所代表的群体为何选择移居西部的最核心原因，并根据重要性为其他原因排序。

活动结束后，学生们会从中选取一个与自己最为接近的观点给予支持，同时培养大家对那些与自己不同的观点和人文生态环境的同理心。

最后，到了收获的环节。学生们进行成果展示，每个人呈现的不是最早在小组活动中承担的角色，而是在思考策略小组中扮演的角色。他们撰写关于自己角色以及所处新环境的文章，特别是要清晰地分析他们所扮演的人移居加拿大西部最重要的三个原因。

（二）故事模式框架

"我们如何讲述？我们如何传授？我们如何娱乐我们自己？故事便意味着我们要同时做这三种事，达到事实与情感的交融。出于这些原因，故事成为文明的中心，事实上，文明就是起源于一系列的民间叙述。"[1]从社会科创立之初，故事便是社会科课程的核心，社会科通过使用故事帮助学生们实现对宏观历史的概念化。比如，冰川消融的故事、移民潮的故事、发展权利和自由的故事。教师们通常选择有趣的人物、果断的行动、大自然的奇观、政治的突破等题材

---

[1] Booth, D., Barton, R. (Ed.). Story Works: How Teachers Can Use Shared Stories in the New Curriculum [M]. Markham, ON: Pembroke Publishers, 2000: 8.

的故事，将其作为社会科课堂上探究的主题。教师们熟知冲突、戏剧、英雄主义、灾难、胜利、情感、想象、民族之间的共性等故事元素，以此引发学生兴趣，并提供有力的学习工具，通过故事使大家认清世界以及我们的经验。一些教师已经不仅仅是运用故事作为计划课程和组织教学的一部分，而是将故事带入真实的生活情境，将学生的思考从故事拉回现实世界，从而成为构建整合课程及全人教育的方法。

一直以来，加拿大学者都在尝试探索以故事模式作为课程和教学基础，并与现实相联结的可能性。其中，苏珊·德雷克提出两种方法：一是"英雄之路"（Journey of the Hero），以跨时间和跨文化的故事为主线。英雄被认为具有冒险精神，他或她离开自己的王国开启探险的征程。一路上斩妖除魔，逢凶化吉，所向披靡。最终，英雄荣归故里，得到奖赏，与众人分享冒险之路的种种精彩。我们可以将这个故事看作是关于探险者和定居者以及那些取得功勋的政治激进者和民权改革者的学习基础。

而社会科更为广泛适用、社会科课程教师也更为熟悉的是德雷克的另一种故事模式，即发展整合课程。[1]该模式采取五步法展开一个主题：（1）辨认出为什么当前的故事处于变化或流动之中；（2）通过观察过去的故事，识别出冲突的根源，并辨认出过去故事当中的隐性价值；（3）基于过去故事的价值观构造预计的故事，同时基于理想的价值观构造理想的故事，以此探索未来；（4）通过整合过去故事所需要的部分以及理想故事可行的部分，创建一个新故事；（5）形成一个个人故事，新故事中包含着个人的观点和个人的行动计划。德雷克的故

[1] Drake, S. Developing an Integrated Curriculum Using the Story Model [M]. Toronto: OISE Press, 1992.

事模式给加拿大教师带来了很大启发，特别是当碰到一些诸如在贫瘠的农田开发一所新的房子、重点恢复一个历史古镇、在原始森林砍伐树木、对邦联选举中比例代议制的介绍等主题时。

西蒙弗雷泽大学教授基兰·伊根（Kieran Egan）提供了一种替代方法，进行成果导向的规划，同时提供了一个与"教学必须经过从具体到抽象的过程"相反的假设。他的故事形式模型（story form model）提出一个框架，即"汲取故事形式的力量，然后将该力量用在教学之中"[1]。基于此理念，近年来伊根已经提出一系列适用于社会科课程的教学框架，比如浪漫规划框架、哲学规划框架、神话规划框架等。故事形式模型包含如下步骤:（1）识别重点：这个主题的重点是什么？什么是有效参与？（2）发现二元对立：哪一个二元概念最能有效获取主题的重点？（3）组织内容进入故事形式：在第一次教学活动中，要思考哪些内容可以最戏剧化地体现二元概念？哪些形象最能捕捉到内容，并形成戏剧化对比？接下来要搭建每个单元和每节课的主干，找出什么内容可以明确有力地表达主题，将主题纳入一个清晰的故事形式？（4）总结：什么是解决二元对立内在冲突的最佳方法？什么程度的调解适合继续探索？什么范围适合于构建清晰的二元概念？（5）评估：如何知道学生是否理解了主题，是否掌握了重点，是否习得了所学内容？

我在读研究生时，曾深受德雷克模式的影响，但工作以后，逐渐发现故事形式模型戏剧性更强，孩子们更乐于接纳。例如，

---

[1] Egan, K. Teaching as Story Telling: An Alternative Approach to Teaching and Curriculum in the Elementary School [M]. London: Althouse Press, 1986: 2.

有一次我们遭遇的主题是"土地使用——一条废弃的运河"。这是涉及本地社区的一个重要议题：面对一条废弃了100年的运河能做些什么？由于大多数孩子以前到过河岸边和水闸上玩耍，所以大家对这个主题投入度极高。

我们设立好保存VS摧毁这对二元对立关系之后，进入了第一次教学活动。我向孩子们呈现出问题，即位于城镇边缘的那条带有安全隐患的老运河将被摧毁，河岸的岩块剥落，水闸也已倒塌。随后，我记录下学生们的反应，请他们设想一下是否有彻底摧毁运河的替代方案。

孩子们探索出三种替代方案：(1)毁坏水闸，填充运河；(2)通过在河道旁边新建一条步行道，确保安全，从而保存运河；(3)修复运河，之后可以在河上划船。根据这三种方案，他们以小组为单位，开始各组的项目测评工作，考量的因素包括成本、公共支持、政治支持、技术复杂性等。接下来的半个月时间，孩子们忙得不亦乐乎，采访当地政府、开展家庭和同行调查、咨询当地历史学家和博物学者、访问社区工程办公室。最终，他们选择了一个替代方案，并向镇议会展示研究结果。

经过这番热火朝天的调研之后，孩子们发现许多社区居民都将运河看作一个具有吸引力的本地景观，同时也是小鸟和鱼儿的自然保护区，因此他们强烈反对摧毁运河。此外，他们通过采访相关行业专家后得知，由于当地政府无法承受重修运河的高成本，加之未能找到足够的水源，所以使运河通船的方案只能暂时搁浅。最终，孩子们探索出的最佳方案是保存运河，保证它的安全，并在河边修建一条步行道。民众和市议会都支持这个方案。唯一的问题就是经费，但他们计划去游说该省的政治家们，寻找赞助者为这个保存古运河的方案作出贡献。

最后，根据分析标准，每个小组提交摧毁运河的替代方案。同时，每个孩子需要单独提交课程总结，内容包括：从其他小组成员身上学到了什么；通过采访不同领域的专业人士，特别是政府工作人员，是否了解到政治运行过程；自己获得哪些成长等。

记得，之后我还拿出两节课的时间询问孩子们对于二元对立的理解：我们为什么试图保护自然环境的特点并建造景观？运河事件的摧毁与保护所反映出的社会张力是什么？什么情况下民众可以接受摧毁一个当地的自然景观？评估这些问题需要通过哪些政府流程？在整个事件中，市民们可以扮演哪些角色？

（三）"知—做—理解"模式

通过洁芮在课堂实践中运用批判性思维模式与故事形成模式，不难将她的理论范式归为偏重于社会改革范式。对此，洁芮也直言不讳。

尽管在课程实施过程中我会严格遵循内容知识、批判性思维、信息收集与报告、个人与社会价值标准、个人与集体行动这五大说明性目标，但也许你能看出我的倾向性，我会更加偏重对学生批判性思维的训练与培养，据我观察，他们/她们（其他教师）也是这么做的。因为我们知道这才是良好公民的最核心特质。

自从2016年不列颠哥伦比亚省开始在各小学推行"知—做—理

解"模型以来，洁芮有意识地将过去自己采用的两种模式进行有机整合，逐步强调学生对于宏观理念的构建以及核心素养的习得。

在刚刚成为这个班级的老师时，我就知道马克来自原住民家庭，由于他已经没有了我们对原住民儿童那些刻板印象似的外貌特征，你也看到了，他就是一个普通的白人男孩，长得还很帅，所以我从一开始就不打算打扰他。直到后来与他的父亲相熟以后，我告诉他，如果有什么需要我帮助的，尽管告诉我，当然我也没有对他父亲提起任何关于原住民的事情。我曾担心过四年级社会科关于原住民的主题会给马克带来什么不舒服的感觉，这个学期开始前我一直在做心理斗争，犹犹豫豫，有次做梦还梦到了我与小时候的玩伴——吉卜赛女孩谈论马克，真是太奇妙了。不过，最后，我还是决定冷处理，不去骚扰马克，我知道他如果有什么想法一定会与我分享。

四年级社会科课程的主题为"调解加拿大历史：原住民文化与冲突"，其中最后一个单元是定居点（settlement）与寄宿学校（residential schools）。经过前几个单元的学习，学生们已经了解了不列颠哥伦比亚省各种原住民群体的文化、历史、价值观念，他们也通过讨论得出了欧洲定居者前来探险的种种原因以及欧洲贸易商与原住民之间的复杂关系。根据今年（2016年）新课改的课程模式，"定居点"与"寄宿学校"是这个单元的核心概念。

我在社会科课堂上通常会设计几个贯穿整个单元内容的批判性问题引入课程。在这个单元我提出了四个问题：那一时期的加拿大原住民对于殖民和定居者有哪些认知？定居者与当地原住民如何交流以及早期定居者对原住民和他们的权利带来了哪些影响？什么是原住民寄宿学校以及这些学校怎样影响了不列颠哥伦比亚省原住民的生活？加拿大目前在这条和解之路上走到了哪一步以及我们能够获得哪些历史资料？

确定核心问题之后，我会提出学生们通过本单元学习需要掌握的宏观理念。这次课改的宏观理念与以前省教育部门要求教师在每个单元之前制定的基本原理（unit rationale）有些相似。首先，通过这个单元的学习，我希望学生们能够对主观书写的历史以及主流媒体的报道保持质疑性与批判性，能够识别出占统治地位的加拿大主流历史中如何对原住民群体进行边缘化书写。其次，学生们应该通过研究原住民治理结构和文化如何受到欧洲殖民者的影响而形成批判意识。最后，学生们需要建立关于寄宿学校的知识与理解，讨论它们对于上一代原住民的伤害以及对于未来一代原住民的影响，只有这样才有可能创造积极的变化。

在宏观理念的指引下，呈现学习内容，即学生将知道什么。由于孩子们已经了解了这个主题的很多背景知识，所以最后一个单元会呈现一些更加深入的问题。例如，关于欧洲移民者，探讨他们都是一些什么样的人？他们住在哪里？他们为什么要选择住在那里？他们最早是怎样与当地原住民进行交流的？关于早期移民者对当地原住民造成的影响，讨论疾病、原住民文化与语言的衰落、政府的驱逐等问题。关于寄宿学校，探究这些学校的建立出于什么目的？学校怎样运行？对不列颠哥伦比亚省的原住民产生了怎样的冲击？从一手资料和各种故事叙述中看到学生们在寄宿学校过着什么样的生活。

最后，通过本单元重点培养学生三大方面的能力，也就是新课改下的"做"，即学生能够做什么。第一，对待事物持不同

观点的能力，学生们应该在对欧洲定居者的身份有所区分的前提
下，比如贸易商、传教士、殖民地官员等，讨论他们当时移民加
拿大的不同动机，与此同时，想象当时原住民对这些欧洲定居者
的到来有何感想，做何反应。第二，使用时间轴、图表和地图的
能力，学生们可以运用这些可视化工具探索最早欧洲探险者在加
拿大定居的地点以及不列颠哥伦比亚省所有寄宿学校的地点。第
三，批判性思考的能力，引导学生们讨论一所安全的、受到尊重
的学校有什么标准，然后用这些标准衡量不列颠哥伦比亚省教育
系统下的寄宿学校。

由此可见，洁芮对于目前正在进行的课程改革的理念与模式的接
受度极高，顺理成章地达成了正式的课程、领悟的课程以及实施的课
程之间的融合。此外，通过洁芮对于来自原住民家庭学生的敏感度，
不难看出，她在生命历程法的最后一步（综合步骤或时刻）已经能够
自觉地将属于公共空间的社会科课堂和归于私人空间的教师个体生活
体验相连接。

三、课程评价——基于文献的提问

对任何教师而言，追踪学生对知识的掌握情况并设计、实施合
适的评价机制，都是一项复杂的工程，而作为社会科课程的教师更要
面临一些特殊的挑战。社会科课程涵盖众多思考与认知的方式，诸如
历史学的叙述、经济学的统计与数学的推理、地理研究的视觉与图形
构建以及对于公共问题和时政研究不同角度的深入理解与信念。由此
可见，即便是社会科课程中的一个分支学科都很难进行单一的课程评
估。本书在第三章第三节曾论述了21世纪社会科所面临的四点挑战，

对此，洁芮认为，那些主要是关于社会科制度保障等方面的外在挑战，而真正体现到社会科课堂实践中的最大挑战莫过于课程评价。

如果将目光聚焦到加拿大社会科课程评价环节的历史进程，可以看出近20年来原本作用有限的课程评估正在逐步突破自己的"领地"，向更广泛的领域扩展。这是源于社会科课程目标的不断拓展，正如社会科课程教育研究者约瑟夫·基尔曼（Joseph Kirman）认为，社会科课程已经不仅仅是帮助学生选择积累供以后回忆的事实，而且是"塑造一个能够应对事态变迁、有能力做出合理决策、懂得理性消费、迅速掌控科技、能够欣赏人类的多元性并能与各国家各族群的人们生活在一起、维护人类尊严的公民。这样的公民应该可以体面地解决分歧，认识并参与到全球各项公民事务之中，同时掌握维持经济发展和民主政治的必要技能"[1]。因此，课程目标的扩展需要更为复杂的评估体系。

2013年开始的新一轮社会科课程改革要求培养学生的跨学科能力，包括沟通能力、批判性思维、创造性思维、个体责任与幸福、社会责任。然而，在实际操作过程中，批判性思维、社会责任、创造性思维等许多重要的社会科学习成果都无法根据单一的学科进行评估。此外，例如培养负责任良好公民等复杂目标也许直到学生离开学校进入社会亲身参与投票、社会实践或其他形式的公民活动时才能给予评判，这就导致了我们在社会科课程评价环节很难达成统一共识。

据我所知，加拿大只有阿尔伯塔省对中小学各年级社会科

---

[1] Kirman, J.M. Elementary Social Studies [M]. Scarborough, ON: Prentice Hall, 1991: 11.

课程进行标准化测试。其他地区，包括温哥华则是通过多样化的课程评估形式检测学生是否达到课程目标。为了应对课程评估这个复杂的系统工程，教师们通常采用选择反应测试（selected response tests）、提交论文等一系列测评手段来完成这项艰巨的任务。

我通常对学生进行基于文献的提问（document-based questions），从而识别他们对知识的过程性理解。换句话说，孩子们应该能够运用在社会科课堂上学到的关于历史、地理、经济学等领域的概念与规程。例如，仅仅知道什么是第一次世界大战的起因还远远不够，学生们应该尝试从历史学家的角度与方式来审视这段历史，包括搜集支撑自己论点的史料与证据以及如何阐释这些材料的合理性等。在加拿大的小学阶段，当社会科课程中出现与历史相关的主题时，我们通常会为孩子们提供图片，有历史和文化价值的手工艺品、地图、文字记录以及口述历史等材料。

与选择反应测试和提交论文等课程评价方式相比，我感觉基于文献提问更具抽象性，无论对教师还是学生而言，操作难度更大，因此评价方式最早适用于加拿大高中阶段。[1]随着近年来社会各界特别是任课教师对愈演愈烈的标准化测试考评方式的抵触情绪日益高涨，越来越多的小学开始采用基于文献提问对学生进行课程评价。其中设计的问题并不是要考察孩子们对于历史信息的记忆，而是他们批判性地使用历史资料的能力，并以此为基础

---

[1] 例如不列颠哥伦比亚省自从1994年以来，在高中采用基于文献提问法展开著名的历史知识竞赛——贝格比竞赛（The Begbie Contest）。The Begbie Canadian History Contest, http://www.begbiecontestsociety.org/.

构建历史记录。

具体而言，基于文献提问的评价方式在实际操作过程中又细分为表现考核（performance assessment）[1]、真实性评估（authentic assessment）和结构化观察（structured obeservation）。其中，与选择反应测试不同，在表现考核过程中评定人并不是根据正确答案而呈现一个判断，相反，他们会收集学生们在完成项目过程中的一些材料，并参照学生最后实际完成的作品的质量给予评价。在课堂上，表现考核不是以一个教师的附属物、填充料出现的，而是提供了一个教学与评价完美结合的机会。在加拿大很多地区的社会科课堂上，表现考核已经开始逐渐取代传统的考试形式。洁芮列举出她在课堂上曾经开展的关于表现考核的几次活动：

活动一：我从报纸上选取三个主要的国际冲突，让学生们从中挑出一个冲突，撰写综述，在小组中讨论气候、资源、地点对于冲突的影响。同时，学生们根据地图素描出冲突所在地区的国界、显著的地形地貌以及国家首都的相关情况。当然，我会为他们提前准备好图例和方位圈。

活动二：选出三个大洲，请学生们识别然后对比民主理念下的社会如何运转或正在尝试着进行怎样的社会改革。

活动三：学生们分析一个媒体对于近期屡次发生的公共问题的讨论，从中分辨出事实问题、定义问题以及伦理问题。最后，

---

[1] 在此将"performance assessment"译为"表现考核"而非国内更为通用的"绩效评估"，是因为表现考核恰恰反对的就是那种唯分数论、唯效率论、唯结果论的绩效评估。

评判出小组中每位成员的贡献，不是数量上的贡献而是质量上的贡献。

活动四：假设联邦赤字约为5 000亿加币，请孩子们想办法将这个数字转化成老百姓能够真正理解的形式，并讲述给自己的家人。

鲍尔（Bower）、洛布德尔（Lobdell）、斯文森（Swenson）总结出表现考核的活动或项目的最理想状态应该具有如下特征[1]：成为整个单元以及主题的核心；了解每位学生的背景与基础；需要学生们对重大事件进行深度思考；要求学生创造有意义的产品或进行有意义的展示；要求学生们根据各自的优势采取多元化的学习方式；向学生解释清楚评判标准；培养学生自我评价的习惯；允许教师扮演教练的角色。

真实性评估可以看作是表现考核的一种形式，基于学生们在真实的生活活动中展现出的状态。例如，洁芮告诉我：

当学生们在三年级时遇到"社区"这个主题时，我会要求他们调查学校周边的地区（人行道、公园、公共空间）是否为有特殊需要的人士提供无障碍通道、无障碍设施、无障碍洗手间等，田野调查之后形成书面报告递交到相关政府部门（如城市咨询委员会等）。又如，前一段时间，一些阿卡迪亚人[2]要求英女王为当

---

[1] Bower, B., Lobdell, J., Swenson, L. History Alive! Engaging All Learners in the Diverse Classroom [M].
Palo Alto, CA: Teachers' Curriculum Institute, 1999.

[2] 阿卡迪亚人（Acadians）：17世纪到18世纪之间，一批定居在北美东南沿海（现为加拿大东部沿海各省以及魁北克省的部分地区）的法国殖民者后代。

年在加拿大东部沿海各省驱逐他们的祖先道歉。我会组织孩子们根据该主题的史料，为英女王准备一份是否应该道歉的建议书。

一些涉及表现考核和真实性评估中的元素都展现出学生进步的"硬指标"，如文字材料、结构模型、视觉呈现，但是更多学生进步的证据需要通过观察他们在活动中的表现给予评定。比如，很多社会科课程都要求学生学会"思考"，然而很难赋予"思考"准确的定义，更不可能通过传统的测试认定学生是否已经学会了思考。因此，如果教师声称"一个学生已经在运用批判性思维上有了很大进步"，那么需要通过结构化观察（观察并对特定的行为收集证据）获得更为具体且更为翔实的资料。

　　我主要通过五个方面对学生进行结构化观察——毅力：学生是否在活动中放弃或倒退？当第一次努力失败以后是否采用不同的策略？减少冲动：学生们是否不假思索地说出答案？他们有没有对书面作业进行反复修改？有没有在回答之前经过严谨的思考，以此确定他们真正理解了学习任务并且在考虑自己的答案时对别人的观点有所思量？弹性思考：学生们是否使用相同的方法去解决不同的问题，还是在衡量不同策略的权重后选择最有利于问题解决的方法？元认知：学生们是不是没有意识到他们是在怎样进行学习？他们能否描述或反映在学习中所经历的过程？仔细检查：学生们有没有在完成作业后便立即上交一些有错误或未编辑的功课？他们是否花时间检查、修改作业？

作为社会科课程的重要组成，课程评价的形式一直处于不断变化之中。随着信息化的不断深入，无论是国际事务还是国家内部公共议题均呈现出复杂性、多样性、系统性等趋势，因此任何单一化的评价方式都无法精准地衡量学生成就。这就要求教师和学生共同建构多样化的评价方式，研发出能够为双方提供有效反馈的评价过程与评价工具，从而完善社会科课程评价体系。

本篇通过对洁芮老师的生活史与社会科教学实践的剖析，在展现领悟的、实施的、体验的社会科课程的同时，一定程度上也体现出社会科从概念重建到后概念重建所经历的变革。在社会科课程理论方面，洁芮根据自身"误入者"的生活经验营造出课堂共同体，最终形成以社会改革为核心的课程范式。在社会科课程实践方面，洁芮从严格遵循规定性学习效果与建议成就指标，到通过批判性思维模式框架与故事模式框架培养学生的跨学科能力，直到近期开始尝试2016年不列颠哥伦比亚省推行的"知—做—理解"模型，成为21世纪以来不列颠哥伦比亚省历次课程改革的缩影。

结　语

本研究得出的研究结论是：

第一，加拿大社会科课程的整个历史进程可以归纳为：走的是一条从全面照搬美国社会科课程逐渐走向本土化的道路。加拿大社会科课程的本土化主要体现为课程内容的本土化，在此过程中又或多或少地受到美国的影响。具体而言，加拿大社会科课程自诞生之日起便深受美国模式影响，培养目标、组织模式、理论范式都曾与美国社会科课程无限趋同。在经历了进步主义运动时期与学科结构时期之后，随着加拿大社会问题的激增以及对美国文化霸权的日益不满，加拿大研究在北美概念重建运动的大背景下浮出水面。其中，加拿大研究基金会研发的加拿大版社会科教材以及所开展的多元化社会科项目，确立了加拿大研究在社会科中的核心地位。20世纪八九十年代学界对加拿大价值观教育、公民议题等内容的关注更促进了加拿大社会科课程走上本土化之路。无论是社会议题的讨论，还是公民身份的重塑，社会科都逐渐"加拿大化"。

第二，后概念重建以来，加拿大英语区社会科课程历经多次改革，逐渐形成了设计精细化、内容整合化、视角多维化、评价多元化等课程组织实施原则。其中，为了保持高效课堂，不列颠哥伦比亚省的四次社会科课程改革承上启下、步步为营、与时俱进，形成了优化整合资源包、完善规定性学习效果、培养跨学科能力、构筑宏观理念等独具特色的课改经验，极具参考价值。正如第二章最后所总结的，当前加拿大社会科正向着十大趋势发展：毫无规定性却详细的课程设计；适合教师和学生的弹性课程内容；数量逐渐减少的课程成果；逐渐增加的课程整合机会；强调历史与地理思维；聚焦在多维视角；将学生看作历史学者；课程设计集中于发展思维技能；探究式且个性化的学习；学生沉浸在有意义且相关的宏观概念之中。一方面，遵循这些课改方向呈现出的以加拿大研究为核心的课程内容进一步深化了加拿大社会科的本土化进程；另一方面，随着北美区域一体化、经济全球化的逐步深入，加之美国与加拿大之间固有的地缘格局，在一定程度上弱化了两国学界对于差异性的敏感度。美国与加拿大社会科课程的核心目标从培养良好公民逐渐转向培养世界公民便是一例。

　　第三，通过梳理百年以来的社会科课程实践，本研究归纳出加拿大社会科课程具有三种基本模式和四大范式，即概念螺旋上升模式、历史排序法、扩展视域模式，社会启蒙范式、社会改革范式、个体发展与智识发展范式。然而，面对不同的时代需求，无论是课程模式还是理论范式，在实践过程中均进行了整合、融合、协调，以期达到最理想的课程效果。

　　第四，本研究通过运用概念重建运动的标志性研究方法——生命历程法探寻温哥华小学社会科课程教师洁芮的生活与课堂，总结出作为研究对象的社会科课程实践具有个体化、建构性、批判性、多元化、包容性、复杂性、情境化、探究性等特点。另外，在阐释社会科与教师两者之间互动关系的同时，也摸索出生命历程法研究的一些新路径。

　　首先，生命历程法允许研究者与教师一起进行合作性自传研究

（collaborative autobiography）。长期以来，生命历程法被一些研究者误认为只是一种教师自传研究，这令很多研究在一段时间内只能局限于将研究者自身作为研究对象，导致研究对象的单一化与封闭化。直到派纳在自己的研究中逐渐增加了传记文本后（如弗吉尼亚·伍尔夫、玛克辛·格林等），生命历程法才开始走上一条传记与自传并行的研究轨道。派纳将生命历程法理解为教育实践（educational praxis），强调研究对象的开放性、多元化与国际化。由此可见，生命历程法不仅包括撰写自传与反思叙事，还需要与他人分享自己的故事。[1]反思叙事也不是普遍意义上简单地描绘出自我主体性的一幅全面的、终极的透视图，而是为教师提供了一个探寻关键生命片段与重要个体时刻如何理论化的机会，教师与研究者通过复杂对话，一起审视未来与一切可能性的改变。合作性自传鼓励教师经由各个相关共同体理解自己的生活经验，特别是在回溯以及渐进的部分步骤或时刻，需要教师向研究者呈现历史的自我与过去的生命。然而，到了解析与综合步骤或时刻，则要求教师与研究者紧密合作，保持同步，双方共同探究个体教育经历在过去、当下、未来语境下对课程的影响与启示。本书与其说是一项合作性自传研究，不如说是洁芮与笔者展开的一场复杂对话。一方面，课程的运转——学程蕴含着来自多元对话者、多重参考材料、多个特定时刻且具有几乎无限可能性的复杂对话，而且其中很多经验都是令人敬畏的；[2]另一方面，笔者从他者的角度，闯入异国研究对象的课堂与传记，与研究对象展开复杂对话，凸显课程领域中国

---

[1] Gibson, S.E. Canadian Curriculum Studies: Trends, Issues, and Influences [M]. Vancouver: Pacific Educational Press, 2012: 20.

[2] Pinar, W.F. The Character of Curriculum Studies: Bildung, Currere, and the Recurring Question of the Subject [M]. New York, Palgrave Macmillan, 2011: xiii.

际化视野、国际化语境的重要性，这在一定程度上也可以算作是后概念重建课程理论下教育实践的大胆尝试。

其次，生命历程法需要系统化的、丰富的学科历史与理论作为背景支撑，从而使关于生命历程法的研究迈向新阶段。生命历程法是北美课程领域概念重建运动的产物，如今被广泛应用在教师教育研究领域。这导致当前利用生命历程法开展的研究几乎都将焦点集中于教师的生活体验与个体生存经验，大大忽略了它的出生地——课程领域，也大大忽视了教师的学科背景，即他/她教什么？教师的生活体验只是飘在空中，好似无水之源、无本之木。本书以社会科课程为背景，对洁芮老师进行了一整轮生命历程法研究之后发现：教师在回溯、渐进步骤或时刻进行自我反思之时，必将视学科为中心，回想过去那些影响到当前所教学科的人或事；同样，教师在解析、综合步骤或时刻开展自由联想之时，更是会将学科当作原点，探寻过去、当下与未来那些涉及当前所教学科的人或事，而这些又都源于教师对自己所教学科形成的路径依赖。由此可见，如果在生命历程法研究中缺乏对教师所教学科的深入分析与理解，极有可能会使研究沦为一般性的教师自传研究，两者最大的不同在于，生命历程法不是普通意义上停留在表层经验维度的故事叙事，而是一次以课程为背景，跨越时空的心灵之旅，通过深刻反思自己的过去，特别是那些与当前所教课程相关的被压抑、被忽视、被忘却的经验维度，并对教师与课程的未来图景展开自由联想，最终形成课程知识、主体建构与生活史三者的有机统一。因此，若想使生命历程法研究迈向新阶段，那么对教师所教学科即课程本身的理论分析、历史梳理与当前现状等方面的研究，至少应该得到和教师个体经验同等的关注。

再次，生命历程法提供了社会科课堂（公共空间）与教师生活体验（私人空间）的连接。格鲁梅特认为，当代教育系统无形地把课程与教师划分为公共空间与私人空间，使教师在潜意识中形成了二分法的概念。[1]如此粗糙分割之后，课堂成为一潭死水，教师只能照本宣科。然而，通过与洁芮进行复杂对话，笔者逐渐体会到，"课程是全部的生活经验，是形成自我意识、选择人生道路的生命之旅"[2]。从本书中可以看到社会科课程改革与洁芮教学方法之间的联系、加拿大原住民政策与洁芮对待原住民态度的联系、共同体概念与洁芮作为闯入者一次次误入他者共同体之间的联系。由此，把注意力集中在鲜活的现实、社会政治冲突和人类个体身份的形成上，从而使课程不至于沦为稀松平常的现代主义教育学的残片。[3]这说明，在一定程度上，生命历程法打破了长期以来存在于教师自我意识中的公共空间与私人空间的阻碍，使公共与私人、制度与个体、抽象与具体之间能够相互连通。随着公共空间与私人空间的融合，社会科课程仿佛重获新生，教师的生活体验与个体实践知识（personal practical knowledge）充分浸入课堂之中，与学生主体生命一起构筑成极具归属感的课堂共同体。

最后，生命历程法赋予社会科教师发出自己声音的权利。前文已多次提及，社会科课程多学科、人文性、多元化等特点需要教师用自己的生活体验帮助学生感受课程的魅力，这就要求教师有勇气敞开心扉说出自己的故事，传递自己的经验，将个体实践知识与课程知识巧妙融合，而不是机械地、被动地参与那些早已被模式化、规范化的课

---

[1] Grumet, M.R. Bitter Milk: Women and Teaching [M]. Amherst, MA: University of Massachusetts Press, 1988.

[2][3] ［美］威廉·F.派纳主编.课程：走向新的身份 [M].陈时见，潘康明，等译.北京：教育科学出版社，2008：117.

堂教学。当然，对于长期被课程主宰的教师而言，发出自己的声音必须具备闯入者的决心。特别是面对更多社会、文化、政治等方面束缚与禁锢的女性教师，更是要有打破沉默的魄力。生命历程法恰恰是在鼓励女性教师，"通过打破沉默、自我命名、发现隐患的意义、自我出席，我们开始界定与自己相呼应的现实，肯定我们的存在，允许教师与学生认真地对待自己与彼此：也就是说我们开始控制自己的生活"[1]。破冰之后，共同体中的教师与学生逐渐发展成继研究者与教师之后又一对复杂对话的伙伴，社会科内容更加丰富的同时，也预示着下一轮生命历程法的研究会更加深入，若能以此循环反复，社会科与教师必将日臻完美。

第五，本研究从概念重建运动到后概念重建的历史维度，以及从理想的课程、正式的课程、领悟的课程、实施的课程、体验的课程所组成的课程形态维度，共同揭示出加拿大社会科课程的理论与实践都处于不断变革之中。

诚然，历数近百年的加拿大社会科课程可以看出，课程的动态性体现得淋漓尽致。因为当课程计划、课程实施和课程体验出现不同的关注点时，就会出现人与人之间的互动，这也就意味着课程比较永远是一项"在行进中"的工作。[2]

[1] ［美］珍妮特·米勒.打破沉默之声——女性、自传与课程［M］.王红宇，吴梅，译.北京：教育科学出版社，2008：57.
[2] ［英］贝磊，等.比较教育研究：路径与方法［M］.李梅，译.北京：北京大学出版社，2010：229.

附　录

附录1：知情同意书原文

Antonio Lu Zheng

Doctoral Candidate

Institute of International and Comparative Education

Beijing Normal University

Voice Recording Consent Form

I agree to the voice recording of my interviews on New Development of Social Studies in Canada with Antonio Lu Zheng during the research process.

Signature : _____

Date : _____

I have been told that I have the right to hear the voice recording before they are used.

I have decided that I:

_____ want to hear the voice recording.

_____ do not want to hear the voice recording.

Sign now below if you do not want to hear the voice recording.

If you want to hear the voice recording, you will be asked to sign after hearing them.

Antonio Lu Zheng approved by Beijing Normal University may/may not use the voice recording of my interviews. The voice recording may be used for:

_____ this research project.

_____ teacher education.

_____ presentation at professional meetings.

You will receive a copy of this voice recording consent form.

Signature : _____

Date : _____

Address : _____

附录2：生命历程法研究提纲

Independent Currere Writing

Stage One — Regression

Please think back to when you were a child. What people and events do you remember? How did they make you feel? Describe some of the relatives you had. Which ones stand out? What happened that makes you remember them? Who influenced you to become a teacher? Who helped or even hindered you? Who or what exasperated you?

Stage Two — Progression

Imagine you are about to receive recognition for something you have accomplished in the field of education. How do you feel about this? Do you have enough courage to accept the new challenge? You can also take this opportunity to thank those who have helped you and inspired you.

Stage Three — Analysis

This stage is about looking at what you have written, and write about what you have written. This is a time to link the past and the future with your present. As you reread what you have written so far, what ideas show up over and over again? What parts do you wish you had done differently? Which experiences are you proud of? Which experiences make you sad? Which experiences make you angry? Which experiences leave you with mixed feelings? What decisions do you make today that are influenced by your past? How are decisions you make today influenced by what you hope for your future?

Stage Four — Synthesis

What is your classroom like? What is the school like? What are you teaching? How are you teaching? How do you feel? What have you learned about your life from this project? What are the big ideas of your professional career?

附录3：温哥华大卫利文斯顿小学四年级课程表

	Monday	Tuesday	Wednesday	Thursday	Friday
9:00–9:45	Silent Reading (Fin, Marcos, John to Pat)	MP/DPA (Fin, Marcos, John to Pat) 9:30 SS	MP/DPA 9:30 Science	PE	Junior Band/SS
9:45–10:30	PE	SS	Science	Project Time (Ronan to Pat)	Senior Band
10:30–10:50	Recess	Recess	Recess	Recess	Recess
10:50–11:30	Literature	Literature	Literature	Literature	Math (Mrs. Sykes in)
11:30–12:05	Writing	French	Writing	French	Literature (Mrs. Sykes in)
12:05–12:52	Lunch	Lunch	Lunch	Lunch	Lunch
12:52–1:35	Math (Kenneth with Mrs. Sykes)	Junior Band/Math (Kenneth, Winnifred, Grier & Fieur to Mrs. Sykes)	Math (Kenneth with Mrs. Sykes)	Math (Kenneth with Mrs. Sykes)	Writing (Kenneth with Mrs. Sykes)
1:35–2:18	Assembly/Math (Ronan to Pat)	Senior Band/Math (John, Marcos, Fin, Francis to Mrs. Sykes)	SS	Science	Art
2:18–3:00	Music	HCP	Library	Music	Art

附录4：洁芮老师的教学材料

Reasons to Find New Trade Routes and New Lands

Reason	Benefits

Life in Early Europe

Environment	Shelter
Food	**Clothing**
Transportation	**Beliefs**

Comparison of Native Life Before and After the Arrival of the Europeans

	Before the Arrival of the Europeans	After the Arrival of the Europeans
Food/Hunting		
Sheiter/Tools		
Transportation		
Clothing		
Befiefs/ Customs/ Religion		
Reliance on Environment		

Social Studies Opinions

Statement	Your Opinion
Learning new things is important.	
Discovering new lands and routes are important.	
When we find new places, we can do whatever we want to this new place.	
We should welcome strangers with presents who come to our homes.	
People who dress differently and who do not have the same beliefs and customs like us are savages. We should change them.	
By changing savages and barbarians to be civilized like us, we are helping them and making their lives better.	

Impact of European Arrival to America's Native People

Impact	Result

European Explorer

Explorer:

Dates	Place of Origin
Reason for Exploration	Destination
Significance	Interesting Facts

The European Explorers to North America for Fame, Fortune, and God

Explorer	Dates	Place of Origin	Reason for Exploration	Destination	Significance	Interesting Facts

Pros and Cons of the Europeans to North America

	−	+
Before the Arrival of the Europeans		
After the Arrival of the Europeans		

The Early Explorers to North America

Explorer	Dates	Place of Origin	Destination	Reason for Exploration	Significance	Interesting Facts

Timeline of the Explorations of North America

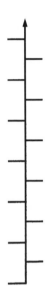

附录5：加拿大社会科课程教师读物

Aids to Help the Social Studies Teacher

Adamson, L. G. Literature Links to World History, K−12: Resources to Enhance and Entice [M]. Santa Barbara, Calif. : Libraries Unlimited, 2010.

Adamson, L. G. World Historical Fiction: An Annotated Guide to Novels for Adults and Young Adults [M]. Phoenix, Ariz: Oryx Press, 1998.

Bass, H. G. Creating Award-Winning History Fair Projects: The Complete Handbook for Teachers, Parents, and Students [M]. Waco, Tex. : Prufrock Press, 2007.

Bernadowski, C., & Morgano, K. Teaching Historical Fiction with Ready-Made Literature Circles for Secondary Readers [M]. Santa Barbara, Calif: Libraries Unlimited, 2011.

Butcher, K. T. & Hinton, K. Young Adult Literature: Exploration, Evaluation, and Appreciation [M]. Boston: Allyn & Bacon, 2010.

Case, R., & Clark, P. The Anthology of Social Studies: Issues and Strategies for Secondary Teachers [M]. Vancouver: Pacific Educational Press, 2008.

Collins, F. M. & Graham, J. Historical Fiction for Children: Capturing the Past [M]. London: David Fulton, 2001.

Darby, M. A. & Pryne, M. Hearing All the Voices: Multicultural Books for Adolescents [M]. Lanham, Md. : Scarecrow Press, 2002.

Dial-Driver, E., Emmons, S. L. & Ford, J. Fantasy Media in the Classroom: Essays on Teaching with Film, Television, Literature, Graphic Novels, and Video games [M]. Jefferson, N. C. : McFariand & Co., 2012.

Jweid, R. & Rizzo, M. Building Character Through Multicultural Literature: A Guide for Middle School Readers [M]. Lanham, Md. : Scarecrow Education, 2004.

Lehman, B. & Freeman, E. Reading Globaliy, K−8: Connecting Students to the World Through Literature [M]. Thousand Oaks, Calif: Corwin Press, 2010.

LiBretto, E. V. & Barr, C. Highlow Handbook: Best Books and Web Sites for Reluctant Teen Readers [M]. Westport, CT: Libraries Unlimited, 2002.

Sandmann, A. L., Ahern, J. F. & National Council for the Social Studies. Linking literature with life: The NCSS standards and children's literature for the middle grades [M]. Silver Spring, Md. : National Council for the Social Studies, 2002.

Smolen, L. A. & Oswald R. A. Multicultural Literature and Response: Affirming Diverse Voices [M]. Santa Barbara, California: Libraries Unlimited, 2011.

[electronic resource]

Von Heyking, A. J., Bradford, K., Matas, C., Little, J. & Ellis, S. Teaching with Dear
    Canada: Build Important Social Studies and Language Skills with Historical
    Fiction [M]. Markham, Ont: Scholastic Canada, 2002.

参考文献

中文部分

译著

1.［英］B.霍尔姆斯，M.麦克莱恩.比较课程论［M］.张文军，译.北京：教育科学出版社，2001.

2.［美］James A. Beane.课程统整［M］.单文经，等译.上海：华东师范大学出版社，2003.

3.［美］John D. McNeil.课程导论（第六版）［M］.谢登斌，陈振中，等译.北京：中国轻工业出版社，2007.

4.［加］Susan M. Drake，［美］Rebecca C. Burns.综合课程的开发［M］.廖珊，黄晶慧，潘雯，译.北京：中国轻工业出版社，2007.

5.［美］阿普尔.教育能够改变社会吗？［M］.王占魁，译.上海：华东师范大学出版社，2015.

6.［美］埃德蒙·金.别国的学校和我们的学校——今日比较教育［M］.王承绪，译.北京：人民教育出版社，1989.

7.［美］艾伦·A.布洛克.《塔木德》、课程和实践：约瑟夫·施瓦布和拉比［M］.徐玉珍，林立，译.北京：教育科学出版社，2011.

8.［巴］保罗·弗莱雷.被压迫者教育学［M］.顾建新，等译.上海：华东师范大学出版社，2001.

9.［英］贝磊，等.比较教育研究：路径与方法［M］.李梅，主译.北京：北京大学出版社，2010.

10.［加］大卫·杰弗里·史密斯.全球化和后现代教育学［M］.郭洋生，译.北京：教育科学出版社，2000.

11.［美］弗雷斯特·W·帕克，埃里克·J·安科蒂尔，戈兰·哈斯.当代课程规划（第八版）［M］.孙德芳，译.北京：中国人民大学出版社，2010.

12.［英］吉姆·麦奎根编.文化研究方法论［M］.李朝阳，译.北京：北京大学出版社，2011.

13.［美］赖特·米尔斯.社会学的想象力［M］.陈强，张永强，译.北京：生活·读书·新知三联书店，2013.

14.［美］罗宾·福格蒂，［美］朱迪·斯托尔.多元智能与课程整合［M］.郅庭瑾，主译.北京：教育科学出版社，2004.

15.［加］罗伯特·博斯韦尔.加拿大史［M］.裴乃循，符延军，邢彦娜，耿小岩，译.北京：中国大百科全书出版社，2012.

16.［美］洛伦·S.巴里特，等.教育的现象学研究手册［M］.刘洁，译.北京：教育科学出版社，2010.

17.［美］马茨·艾尔维森，卡伊·舍尔德贝里.质性研究的理论视角：一种反身性的方法论［M］.陈仁仁，译.重庆：重庆大学出版社，2009.

18.［加］马克思·范梅南.教学机智——教育智慧的意蕴［M］.李树英，译.北京：教育科学出版社，2001.

19.［加］马克思·范梅南.生活体验研究——人文科学视野中的教育学［M］.宋广文，等译.北京：教育科学出版社，2003.

20.［英］麦克·扬.未来的课程［M］.谢维和，等译.上海：华东师范大学出版社，2003.

21.［美］美国国家社会科课程协会.美国国家社会科课程标准：卓越的期望［M］.高峡，译.北京：教育科学出版社，2008.

22.［美］尼尔J.萨尔金德.社会科学研究方法100问［M］.赵文，李超，译.北京：北京大学出版社，2014.

23.［美］尼尔·波兹曼.娱乐至死［M］.章艳，译.桂林：广西师范大学出版社，2011.

24.［加］乔治·H.理查森，大卫·W.布莱兹.质疑公民教育的准则［M］.郭洋生，邓海，译.北京：教育科学出版社，2009.

25.［日］市川博.社会科的使命与魅力——日本社会科教育文选［M］.沈晓敏，主译.北京：教育科学出版社，2006.

26.［美］特蕾莎·朗格内斯.教育可以是这样的：整合教育学习模式［M］.卢建筠，等，译.北京：北京大学出版社，2004.

27.［美］托马斯·弗里德曼.世界是平的：21世纪简史［M］.何帆，等，译.长沙：湖南科学技术出版社，2008.

28.［美］托马斯·库恩.科学革命的结构［M］.金吾伦，等译.北京：北京大学出版社，2012.

29.［美］威廉·F.派纳.课程：走向新的身份［M］.陈时见，潘康明，等译.北京：教育科学出版社，2008.

30.［美］威廉·F.派纳.理解课程——历史与当代课程话语研究导论（上）［M］.

张华，等译.北京：教育科学出版社，2003.

31.［美］威廉·F.派纳.理解课程——历史与当代课程话语研究导论（下）［M］.张华，等译.北京：教育科学出版社，2003.

32.［美］威廉·F.派纳.自传、政治与性别：1972—1992课程理论论文集［M］.陈雨亭，王红宇，译.北京：教育科学出版社，2007.

33.［美］威廉·富特·怀特.街角社会：一个意大利人贫民区的社会结构［M］.黄育馥，译.北京：商务印书馆，1994.

34.［美］小威廉·E.多尔，［澳］诺尔·高夫.课程愿景［M］.张文军，等译.北京：教育科学出版社，2004.

35.［美］小威廉·E.多尔.后现代与复杂性教育学［M］.张光陆，等译.北京：北京师范大学出版社，2016.

36.［美］小威廉·E.多尔.后现代课程观［M］.王红宇，译.北京：教育科学出版社，2000.

37.［美］小威廉·E.多尔等主编.混沌、复杂性、课程与文化：一场对话［M］.余洁，译.北京：教育科学出版社，2014.

38.［美］亚瑟·K.埃利斯.课程理论及其实践范例［M］.张文军，译.北京：教育科学出版社，2005.

39.［加］英格丽德·约翰斯顿.重构语文世界——后殖民教学实践［M］.郭洋生，邓海，等，译.北京：教育科学出版社，2007.

40.［德］于尔根·施瑞尔.比较教育中的话语形成［M］.郑砚秋，等译.北京：北京大学出版社，2011.

41.［美］约翰·D.麦克尼尔.课程：教师的创新（第3版）［M］.徐斌艳，陈家刚，主译.北京：教育科学出版社，2008.

42.［美］约翰·杜威.民主主义与教育［M］.王承绪，译.北京：人民教育出版社，1990.

43.［美］珍妮特·米勒.打破沉默之声——女性、自传与课程［M］.王红宇，吴梅，译.北京：教育科学出版社，2008.

44.［日］佐藤学.课程与教师［M］.钟启泉，译.北京：教育科学出版社，2003.

专著

1. 安桂清.整体课程论［M］.上海：华东师范大学出版社，2007.

2. 蔡清田.课程统整与行动研究［M］.台北：五南图书出版股份有限公司，2014.

3. 陈向明.质的研究方法与社会科课程学研究［M］.北京：教育科学出版社，2000.

4. 陈晓端，郝文武.西方教育哲学流派课程与教学思想［M］.北京：中国轻工业出版社，2008.

5. 丛立新.课程论问题［M］.北京：教育科学出版社，2000.

6. 丁钢.声音与经验：教育叙事探究［M］.北京：教育科学出版社，2008.

7. 丁尧清.学校社会课程的演变与分析［M］.广州：广东教育出版社，2005.

8. 范士龙.教师关怀的生活样态研究——基于教师陶里往来书信的生活史研究（1963—1998）［M］.北京：经济科学出版社，2014.

9. 顾明远，石中英.国家中长期教育改革和发展规划纲要（2010—2020）解读［M］.北京：北京师范大学出版社，2010.

10. 顾明远，薛理银.比较教育导论—教育与国家发展［M］.北京：人民教育出版社，1998.

11. 胡军，刘万岑.加拿大基础教育［M］.上海：同济大学出版社，2015.

12. 黄译莹.统整课程系统［M］.台北：巨流图书公司，2003.

13. 黄志成.被压迫者的教育学——弗莱雷解放教育理论与实践［M］.北京：人民教育出版社，2003.

14. 黄志红.课程整合的历史与个案研究［M］.广州：广东高等教育出版社，2013.

15. 蒋开君.走近范梅南［M］.北京：北京师范大学出版社，2014.

16. 李坤崇，欧慧敏.统整课程理念与实务［M］.台北：心理出版社，2000.

17. 刘明远.21世纪，谁来教综合课——谈新课程结构的重建［M］.北京：北京大学出版社，2002.

18. 强海燕.中、美、加、英四国基础教育研究［M］.北京：人民教育出版社，2005.

19. 舍恩.反映的实践者［M］.夏林清，译.北京：教育科学出版社，2007.

20. 沈晓敏.社会课程与教学论［M］.杭州：浙江教育出版社，2003.

21. 沈晓敏.在社会中成长——基于社会主题的研究性学习［M］.广州：广东教育出版社，2006.

22. 施良方.课程理论——课程的基础、原理与问题［M］.北京：教育科学出版社，1996.

23. 汪霞.国外中小学课程演进［M］.济南：山东教育出版社，1998.

24. 王承绪.比较教育学史［M］.北京：人民教育出版社，1999.

25. 吴国珍.综合课程革新与教师专业成长［M］.北京：北京师范大学出版社，2013.

26. 吴式颖.外国教育史教程［M］.北京：人民教育出版社，1999.

27. 吴榕椒，张宇樑.课程统整Follow Me——从美国经验谈起［M］.台北：学富文化事业有限公司，2004.

28. 吴永军.课程社会学［M］.南京：南京师范大学出版社，1999.

29. 谢维和.教育活动的社会学分析：一种教育社会学的研究［M］.北京：教育科学出版社，2000.

30. 熊梅.当代综合课程的新范式：综合性学习的理论和实践［M］.北京：教育科学出版社，2001.

31. 杨明全.课程概论［M］.北京：北京师范大学出版社，2010.

32. 有宝华.综合课程论［M］.上海：上海教育出版社，2002.

33. 于珍.口述记忆与教育变迁［M］.北京：中国社会科学出版社，2014.

34. 张华.经验课程论［M］.上海：上海教育出版社，2000.

35. 赵亚夫.学会行动——社会科课程公民教育的理论与实践［M］.北京：高等教育出版社，2004.

36. 赵亚夫.日本学校社会科教育研究［M］.北京：北京师范大学出版社，2001.

37. 中华民国课程与教学学会.课程统整与教学［M］.台北：扬智文化事业有限公司，2000.

38. 钟启泉.现代课程论［M］.上海：上海教育出版社，2003.

39. 周洪宇，刘训华.多样的世界：教育生活史研究引论［M］.福州：福建教育出版社，2014.

40. 周珮仪.课程统整［M］.高雄：高雄复文图书出版社，2003.

学位论文

1. 阿丽叶·哈力木拉提.美国社会科课程标准（2010年版）简论［D］.上海：上海师范大学，2015.

2. 陈晔.日本小学社会科教材分析及对我国《品德与社会》教材设计的启示［D］.长春：东北师范大学，2008.

3. 陈雨亭.教师研究中的自传研究方法——对威廉·派纳"存在体验课程"的研究［D］.上海：华东师范大学，2006.

4. 程夏.中美两国小学社会科教科书比较研究［D］.上海：上海师范大学，2009.

5. 杜海坤.美国公民教育课程模式研究［D］.武汉：中国地质大学，2014.

6. 段俊霞.我国中小学社会科课程统整研究［D］.重庆：西南大学，2009.

7. 付宏.从国家公民到世界公民：美国公民教育目标的转向［D］.武汉：华中师范大学，2011.

8. 高春华.加拿大多元文化教育中的国家认同与族群认同问题研究——以安大略省小学社会科课程为例［D］.北京：北京师范大学，2010.

9. 郭慧君.小学社会科的品格教育研究［D］.上海：上海师范大学，2016.

10. 郭艳芳.国外小学社会科课程与公民教育初探［D］.北京：首都师范大学，2004.

11. 何千忠.论美国社会科中历史教育的目标及内容要素［D］.上海：华东师范大学，2010.

12. 胡诚.HPS融入科学课程的研究［D］.武汉：华中师范大学，2006.

13. 黄伟.中印现行小学社会课程标准的比较研究——以小学中高年级为例［D］.扬州：扬州大学，2015.

14. 金李花.哈罗德·拉格的社会科教科书研究［D］.上海：上海师范大学，2010.

15. 孔明英.中澳小学社会科课程标准的比较研究——以中国和新南威尔士州现行的小学社会科课程标准为例［D］.扬州：扬州大学，2015.

16. 李超.一位中学英语教师职业幸福感的生活史研究［D］.北京：首都师范大学，2013.

17. 李妍.中英两国小学社会科课程标准比较研究［D］.扬州：扬州大学，2015.

18. 李阳莉.威廉·派纳自传式课程研究方法之探析［D］.重庆：西南大学，2015.

19. 李长娟.社会性别视角下乡村女教师生涯发展研究［D］.长春：东北师范大学，2010.

20. 林一琦.美国中学社会科中的公民教育研究［D］.上海：上海师范大学，2015.

21. 刘宏福.美国"加州公立学校历史——社会课程标准（K-12）"研究［D］.上海：上海师范大学，2013.

22. 卢珊.美国小学"新社会科运动"之研究［D］.上海：上海师范大学，2010.

23. 陆艺.中韩小学社会科课程标准比较研究［D］.扬州：扬州大学，2015.

24. 马天宝.美国社会科教科书探究——以McGraw-Hill 2013版《世界历史和地理》教科书为例［D］.上海：上海师范大学，2016.

25. 聂迎娉.美国中小学公民学课程标准研究［D］.武汉：中国地质大学，2014.

26. 潘姣姣.中加小学现行社会科课程标准比较——以安大略省为例［D］.扬州：扬州大学，2015.

27. 任改妮.办公室里的"秘密"［D］.桂林：广西师范大学，2014.

28. 任京民.社会科课程综合化的意蕴与追求［D］.上海：上海师范大学，2010.

29. 沈岚霞.威廉·派纳与课程的概念重建主义运动［D］.上海：华东师范大学，2004.

30. 时丽莉.课堂教学中隐性控制的社会学分析［D］.北京：首都师范大学，2006.

31. 时延辉.威廉·派纳的自传式课程理论研究［D］.重庆：西南大学，2006.

32. 孙捷.美国基础教育社会科国家课程标准探析［D］.广州：华南师范大学，2003.

33. 唐开福.城镇化进程中农村教师精神生活的田野考察［D］.上海：华东师范大学，2014.

34. 王爱华.概念重建主义课程理论研究［D］.长春：吉林大学，2009.

35. 王文岚.社会科课程中的公民教育研究［D］.兰州：西北师范大学，2004.

36. 王晓艳.美国中小学社会科课程结构研究［D］.长春：东北师范大学，2011.

37. 王莹莹.我国农村教师生活史研究（1949—2013）［D］.长春：东北师范大学，2014.

38. 王永明.威廉·派纳课程理论的研究［D］.北京：北京师范大学，2015.

39. 吴佳妮.控制与自治：当代美国中小学教师生活的田野考察［D］.北京：北京师范大学，2016.

40. 吴田田.中美初中社会科公民教育比较研究［D］.南京：南京师范大学，2013.

41. 熊和妮.水族M村小学教师教育信念研究［D］.北京：中央民族大学，2013.

42. 徐华楠.美国社会科课程内容研究［D］.北京：北京师范大学，2012.

43. 徐娜.中美小学社会科教科书比较研究——以人教版《品德与社会》和哈特·米福林版Social Studies为例［D］.上海：上海师范大学，2010.

44. 闫伟鹏.农村幼儿教师生存状态的叙事研究［D］.重庆：西南大学，2010.

45. 严书宇.社会科课程研究：反思与构建［D］.上海：华东师范大学，2004.

46. 杨丹萍.美国社会科课程标准之新变化——关于新修订（2010年版）的探讨［D］.上海：上海师范大学，2014.

47. 姚冬琳.多元文化教育视域下穗港台小学社会科教科书内容比较研究［D］.上海：上海师范大学，2012.

48. 尹丽.美国小学社会科课程的历史嬗变及反思［D］.济南：山东师范大学，2014.

49. 尹霞.美国小学社会科教科书中的文化内容研究［D］.上海：华东师范大学，2011.

50. 于希勇.美国社会科公益教育研究［D］.上海：华东师范大学，2008.

51. 袁媛.热闹而寂寞的乡村教化——基于建国后石村社会教育历史人类学考察的研究［D］.长春：东北师范大学，2010.

52. 张妮妮.在耕耘中守望——乡村幼儿教师专业生活的叙事研究［D］.长春：东北师范大学，2012.

期刊文献

1. ［新加坡］沈文燕著.新加坡社会科教育及公民参与：困境与出路［J］.高振宇，译.全球教育展望，2010.

2. 陈向明.教育改革中"课例研究"的方法论探讨［J］.基础教育，2011（2）.

3. 陈雨亭.如何研究学校教育情境中的自我——威廉·派纳的"存在体验课程"研究［J］.全球教育展望，2009.

4. 陈雨亭.自传的课堂教学方法——美国高中环境自传课的案例分析［J］.全球教育展望，2006.

5. ［日］池野范男著.日本社会科教育的新理论与新实践——公民资质的培养能否成为社会科的目标［J］.蔡秋英，译.全球教育展望，2010.

6. 丁邦平.HPS教育与科学课程改革［J］.比较教育研究，2000（6）.

7. 黄甫全.整合课程与课程整合论［J］.课程·教材·教法，1996（10）.

8. 江山野.关于美国和加拿大中小学课程的考察报告［J］.课程·教材·教法，1991.

9. 江山野.加拿大的中学课程［J］.课程·教材·教法，1993（1）.

10. 李稚勇，任京民.论美国社会科课程标准之修订——兼论美国社会科发展趋势［J］.全球教育展望，2009（1）.

11. 李稚勇.美国中小学社会科课程的百年之争——美国社会科课程发展的生机与活力［J］.课程·教材·教法，2008，4.

12. 林德成.人本课程/学生为本课程之意涵探索：一个诠释性现象学的个案研究［J］.课程研究，2009，4（2）.

13. 陆真，林菲菲，魏雯.加拿大科学教育中STSE理念及在化学教材中的体现［J］.外国中小学教育，2007（1）.

14. ［韩］权五铉，沈晓敏.韩国社会科教科书中的国家形象透析［J］.全球教育展望，2010.

15. ［韩］权五铉著.韩国小学社会科教科书中的"传统文化"［J］.沈晓敏，译.全球教育展望，2012.

16. 任京民.当代美国社会科教师角色论析［J］.教育科学研究，2009，1.

17. 任京民.美国社会科有效教学的原则及其实现［J］.外国中小学教育，2010，7.

18. 陶西平.21世纪课程议程：背景、内涵与策略［J］.比较教育研究，2016（2）.

19. 汪霞.建构课程的新理念——派纳课程思想研究［J］.全球教育展望，2003，8.

20. 王永红.左右美国社会科课程的社会力量分析［J］.学科教育，2003（8）.

21. ［美］威廉·F.派纳.公立学校教育的"终结"和范式转换——美国课程研究的境遇与回应［J］.张文军，陶阳，译.全球教育展望，2013（6）.

22. 谢维和.综合课程建设与伯恩斯坦的编码理论［J］.教育研究，2003（8）.

23. 熊和平.知识、身体与学校教育——自传的视角［J］.教育学报，2014，10（6）.

24. 徐文彬，孙玲.课程研究领域中概念重建运动的新近发展与趋势［J］.比较教育研究，2007（10）.

25. 杨明全.加拿大中小学STS课程的实践与启示［J］.外国教育研究，2008（8）.

26. 姚冬琳，李国.美国社会科教科书的多样化分析及其对我国的启示——基于美国哈特·米福林版、培生版、麦格劳·希尔版的分析［J］.外国中小学教育，2011（12）.

27. 赵亚夫.特色鲜明的加拿大家政课程［J］.外国教育研究，2005（7）.

28. 赵中建.STEM：美国教育战略的重中之重［J］.上海教育，2012（11）.

29. 祝怀新，吴瑛.关注科技、社会与环境：加拿大科学课程模式探析［J］.比较教育研究，2006（7）.

英文部分

专著

1. Angus, H.F. Canada and Her Great Neighbour: Sociological Surveys of Opinions

and Attitudes in Canada Concerning the United States [M]. Toronto: Ryerson Press, 1938.

2. Arthur, D. Mc. History of Canada for High Schools [M]. Toronto: W.J. Gage, 1972.

3. Barr, R., Barth, J. and Shermis, S. Defining the social studies [M]. Arlington Va: National Council for the Social Studies, 1977.

4. Barr, R., Barth, J.L., Shermis, S.S. Defining the Social Studies [M]. Arlington, VA: National Council for the Social Studies, 1977.

5. Bateson, G. Mind and Nature: A Necessary Unity [M]. New York: Dutton, 1979.

6. Beane, J.A. A Middle School Curriculum: From Rhetoric to Reality (rev.ed.) [M]. Columbus, OH: National Middle School Association, 1990.

7. Beane, J.A. Affect in the Curriculum: Toward Democracy, Dignity, and Diversity [M]. New York: Teachers College Press, 1990.

8. Beane, J.A. Curriculum Integration: Designing the Core of Democratic Education [M]. New York: Teachers College Press, 1997.

9. Beane, J.A. Curriculum Integration: Designing the Core of Democratic Education [M]. New York: Teachers College, Columbia University Press, 1997.

10. Booth, D., Barton, R. (Ed.). Story Works: How Teachers Can Use Shared Stories in the New Curriculum [M]. Markham, ON: Pembroke Publishers, 2000.

11. Bower, B., Lobdell, J., Swenson, L. History Alive!Engaging All Learners in the Diverse Classroom [M]. Palo Alto, CA: Teachers' Curriculum Institute, 1999.

12. Brady, M. What's worth teaching? Selecting, Organizing and Integrating Knowledge [M]. Albany, NY: State University of New York Press, 1989.

13. Bruner, J. The Process of Education [M]. Cambridge, MA: Harvard University Press, 1960.

14. Case, R. and Clark, P. (Ed.). The Canadian Anthology of Social Studies: Issues and Strategies for Teachers [M]. Burnaby: Faculty of Education, Simon Fraser University, 1997.

15. Case, R. and Clark, R. The Anthology of Social Studies: Issues and Strategies for Elementary Teachers [M]. Vancouver: Pacific Educational Press, 2008.

16. Case, R. Summary of the 1992 Social Studies Needs Assessment [M]. Victoria, BC: Queen's Printer, 1993.

17. Choquette, R., Wolforth, J., Villemure, M. (Ed.). Canadian Geographic Education [M]. Ottawa: University of Ottawa Press, 1980.

18. Connelly, F.M. The Sage Handbook of Curriculum and Instruction [M]. California: Sage Publications, 2008.

19. Davis, B. Whatever Happened to High School History? Burying the Political

Memory of Youth: Ontario, 1945–1995 [M]. Toronto: James Lorimer, 1995.

20. Drake, S.M. Creating Integrated Curriculum [M]. Calif: Thousand Oaks, 1998.

21. Drake, S.M. Creating Standards-Based Integrated Curriculum: The Common Core State Standards Edition [M]. California: Corwin, 2012.

22. Drake, S.M. Developing an Integrated Curriculum Using the Story Mode [M]. Toronto: OISE Press, 1992.

23. Drake, S.M. Planning Integrated Curriculum: The Call to Adventure [M]. Alexandria, VA: Association for Supervision and Curriculum Development, 1993.

24. Egan, K. Teaching as Story Telling: An Alternative Approach to Teaching and Curriculum in the Elementary School [M]. London: Althouse Press, 1986.

25. Fenton, E. Teaching the New Social Studies in Secondary Schools: An Inductive Approach [M]. New York: Holt, Rinehart & Winston, 1966.

26. Flinders, D.J. Moroye, C. McConnell. Curriculum and Teaching Dialogue [M]. Vol.18, 1&2. Charlotte: IAP, 2016.

27. Fogarty, R. The Mindful school: How to Integrate the Curricula [M]. Palatine, IL: Skylight, 1991.

28. Frye, N. Design for Learning [M]. Toronto: University of Toronto Press, 1962.

29. Gibson, S.E. Canadian Curriculum Studies: Trends, Issues, and Influences [M]. Vancouver: Pacific Educational Press, 2012.

30. Goodlad, J.I. and Associates. Curriculum Inquiry: the Study of Curriculum Practice [M]. New York: McGraw-Hill, 1979.

31. Granatstein, J.L. Who Killed Canadian History? [M] Toronto: Harper Collins, 1998.

32. Grant, J.N. Anderson, R. McCreath, P.L. (Ed.). The Canada Studies Foundation [M]. Toronto: The Canada Studies Foundation, 1986.

33. Grumet, M.R. Bitter Milk: Women and Teaching [M]. Amherst, MA: University of Massachusetts Press, 1988.

34. Hardwick, F.G., Deyell, E., Sutherland, J.N., Tomkins, G.S. Teaching History and Geography: A Source Book of Suggestions [M]. Toronto: W.J. Gage, 1967.

35. Hart, C.H., Burts, D.C. Rosalind Charles Worth. Integrated Curriculum and Developmentally Appropriate Practice [M]. Albany: State University of New York Press, 1997.

36. Hart, C.H. Integrated Curriculum and Developmentally Appropriate Practice [M]. New York: State University of New York Press, 1997.

37. Hillis, V. The Lure of the Transcendent: Collected Essays by Dwayne E. Huebner [M]. New York: Routledge, 2008.

38. Hodgetts, A.B. What Culture? What Heritage? A Study of Civic Education in

Canada[M]. Toronto: OISE Press, 1968.

39. Hongyu Wang. The Call from the Stranger on a Journey Home: Curriculum in a Third Space[M]. New York: Peter. Lang, 2004.

40. Huggan, G. Territorial Disputes: Maps and Mapping Strategies in Contemporary Canadian and Australian Fiction[M]. Toronto: University of Toronto Press, 1994.

41. Ingram, J.B. Curriculum Integration and Lifelong Education [M]. Oxford, UK: UNESCO Institute for Education and Pergamon, 1979.

42. Jacobs, H.H. Mapping the Big Picture: Integrating Curriculum and Assessment, K-12 [M]. Alexandria, VA: Association for Supervision and Curriculum Development, 1997.

43. Kirman, J.M. Elementary Social Studies [M]. Scarborough, ON: Prentice Hall, 1991.

44. Langford, C. Heath, C. Explorations: A Canadian Social Studies Program for Elementary Schools [M]. Vancouver: Douglas & McIntyre (Educational), 1983–1985.

45. Mattingly, P.H. and Katz, M.B. eds. Education and Social Change: Themes from Ontario's Past[M]. New York: New York University Press, 1975.

46. Merritt, S.E. Her Story: Women from Canada's Past [M]. St. Catharines, ON: Vanwell Publishing, 1994.

47. Neatby, H. So Little for the Mind: An Indictment of Canadian Education [M]. Toronto: Clarke, Irwin, 1953.

48. Ornstein, A.C. Hunkins, F.P. Curriculum: Foundations, Principles, and Issues (5th Edition)[M].北京：中国人民大学出版社（英文影印版），2010.

49. Parsons, J., Milburn, G., Van Manen, M. (Ed.). A Canadian Social Studies [M]. Edmonton: University of Alberta Faculty of Education, 1985.

50. Parsons, J., Milburn, G. and Manen, M.V. A Canadian Social Studies [M]. Edmonton, AB: University of Alberta, 1985.

51. Pinar, W.F. Autobiography, Politics, and Sexuality: Essays in Curriculum Theory 1972–1992[M]. New York: Peter Lang, 1995.

52. Pinar, W.F. Curriculum in a New Key: The Collected Works of Ted T. Aoki [M]. New York: Routledge, 2009.

53. Pinar, W.F. Curriculum Studies in the United States: Present Circumstances, Intellectual Histories[M]. New York: Palgrave Macmillan, 2013.

54. Pinar, W.F. Educational Experience as Lived: Knowledge, History, Alterity [M]. New York: Routledge, 2015.

55. Pinar, W.F. Intellectual Advancement through Disciplinarity: Verticality and Horizontality in Curriculum Studies [M]. Rotterdam and Taipei: Sense Publishers,

2007.

56. Pinar, W.F. International Handbook of Curriculum Research [M]. New Jersey: Lawrence Erlbaum Associates, Inc, 2003.

57. Pinar, W.F. The Character of Curriculum Studies: Bildung, Currere, and the Recurring Question of the Subject [M]. New York: Palgrave Macmillan, 2011.

58. Pinar, W.F. The Worldliness of a Cosmopolitan Education [M]. New York: Routledge, 2009.

59. Pinar, W.F. Understanding Curriculum: An Introduction to the Study of Historical and Contemporary Curriculum Discourses [M]. New York: Peter Lang, 1995.

60. Pinar, W.F. What is Curriculum Theory? [M] (Second edition). New York: Routledge, 2012.

61. Putman, J.H., Weir, G.M. Survey of the School System [M]. Victoria: King's Printer, 1925.

62. Quintero, E.P. Critical Literacy in Early Childhood Education: Artful Story and the Integrated Curriculum [M]. New York: Peter Lang Publishing, Inc, 2009.

63. Rennie, L., Venville, G., Wallace, J. Knowledge that Counts in a Global Community: Exploring the Contribution of Integrated Curriculum [M]. London: Routledge, 2012.

64. Roberts, D.A., Fritz, J.O. (Ed.). Curriculum Canada V: School Subject Research and Curriculum/Instruction Theory [M]. Vancouver: University of British Columbia, 1984.

65. Ross, W. The Social Studies Curriculum: Purposes, Problems, and Possibilities [M]. New York: State University of New York Press, 2014.

66. Said, E. Orientalism [M]. London: Routledge, 1978.

67. Sears, A., Wright I. Challenges and Prospects for Canadian Social Studies [M]. Vancouver: Pacific Educational Press, 2004.

68. Seixas, P. and Morton, T. The Big Six: Historical Thinking Concepts [M]. Toronto: Nelson Education Ltd, 2013.

69. Sheehan, N.M., Wilson, J.D., Jones, D.C. (Ed.). Schools in the West: Essays in Canadian Educational History [M]. Calgary: Detselig, 1986.

70. Stearns, P.N., Seixas, P. and Wineburg, S. eds. Knowing, Teaching, and Learning History: National and International Perspectives [M]. New York: New York University Press, 2000.

71. Sutherland, N. and Deyell, E. Making Canadian History, Book 1 [M]. Toronto: W.J. Gage, 1966.

72. Watkins, G. Teaching community: A Pedagogy of Hope [M]. New York: Routledge, 2003.

73. Wesley, E.B. Teaching Social Studies in High Schools [M]. Boston: D.C. Heath, 1937.

74. Wircenski, J.L. The Transition Skills Guide: An Integrated Curriculum with Reading and Mathematic Activities [M]. New York: Aspen Publishers, Inc, 1992.

75. Wright, I., Alan Sears, A. (Ed.). Trends and Issues in Canadian Social Studies [M]. Vancouver: Pacific Educational Press, 1997.

76. Wright, I. Elementary Social Studies: a Practical Approach to Teaching and Learning (6th ed.) [M]. Toronto: Pearson Prentice Hall, 2005.

77. Zhang Hua and Pinar, W.F. Autobiography and Teacher Development in China [M]. New York: Palgrave Macmillan, 2015.

学位论文

1. Bernard, R.J. Striking a Chord: Elementary General Music Teachers' Expressions of their Identities as Musician-Teachers [D]. Harvard University, 2004.

2. Brown, L. Successful Strategies for Implementation of a High School Standards-Based Integrated Mathematics Curriculum [D]. Walden University, 2011.

3. Buda, S.L. Arts Based Environmental Integrated Curriculum Construction And Implementation Supported By Learning Communites [D]. Ohio State University, 2009.

4. Bunting, T.W. Development and Evaluation of a Technology Integrated Social Skills Curriculum [D]. University of Delaware, 2009.

5. Chacon, H.A. The Making of A Bilingual Science Educator: An Autobiographical Study [D]. University of New Mexico, 2002.

6. Daniel, D.K. Teaching as Hermeneutics [D]. University of Alberta, Fall 1991.

7. Doster, J.R.J. Co-Study Art Education: A Study of Integrated Curriculum [D]. The Florida State University, 2004.

8. Gill, C.J.S. An Evaluation of Integrated Curriculum As It Exists in Mathematics and Science SSS As Well As the Subsequent Supportive Presentation of Those Standards in Eighth Grade Mathematics and Science Textbooks [D]. University of Central Florida, 2010.

9. Hartsell, R.J. Just As We Are: Education, Experience, and William Pinar's Poor Curriculum [D]. The University of North Carolina, 1999.

10. Hedlund, P.P. The Eight-Year Study Revisited: A Cross-Case Analysis of the Use of Integrated Curriculum in Radnor, Pennsylvania [D]. George Washington University, 2003.

11. Kim, S.H. An Instructional Design for an Integrated English Language Curriculum

with 3D Virtual World Affordances [D]. University of Wisconsin-Madison, 2011.

12. Kreiser, J.L.C. A Comparative Study of Curriculum Integrated and Traditional School Library Media Programs: Fifth Grade Students' Reading and Media Program Attitudes and Utilization [D]. Kansas State University, 1991.

13. Lewko, C.P. Migrating Through Currere: A Narrative Inquiry into the Experience of Being A Canadian Teacher [D]. University of Lethbridge, May 2009.

14. Marion, C. An Exploration of Teachers' Attitudes and Beliefs About the Reform of an Eighth Grade Math Curriculum From An Integrated Math Curriculum to A Core Math Curriculum [D]. Saint Joseph's University, 2010.

15. Mckenna, J.C. The Development and Implementation of an Integrated Curriculum at an Elementary Math, Science, and Technology Magnet School [D]. University of California, 2007.

16. McKeown, B.W. Imagining English Teaching Through Currere: An Exploration of Professional Identity in High School English Language Arts Teachers [D]. University of Alberta, Fall 2011.

17. Mupanduki, B.T. The Effectiveness of a Standards-Based Integrated Chemistry and Mathematics Curriculum on Improving the Academic Achievement in Chemistry for High School Students in Southern California [D]. Azusa Pacific University, 2009.

18. Myers, C.F. A Personal Inquiry, Through Currere, into the Person/Earth Relationship, Using the Hermeneutic Spiral as Model [D]. The University of North Carolina, 1983.

19. Qiao Xiaofen. Foreign Language Curriculum Inquiry Through Autobiographies: A Study Using an Adaptation of The Method of Currere [D]. University of Delaware, Spring 2011.

20. Rotas, N. Bodied Curriculum: A Rhizomean Landscape of Possibility [D]. University of Toronto, 2012.

21. Saffron, M.E. An Examination of the Process of Designing Technology Integrated Secondary Curriculum [D]. Wayne State University, 2008.

22. Teuscher, D. Two Paths to Advanced Placement Calculus: An Examination of Secondary Students' Mathematical Understanding Emerging From Integrated and Single-Subject Curricula [D]. University of Missouri-Columbia, 2008.

23. Vaughan, M. Moving Arts From the Edges: Experiences in an Arts Integrated Middle School [D]. New York University, 2008.

期刊文献

1. Allen, G. Canadian History in Film: A Roundtable Discussion [J]. Canadian

Historical Review, 2001, 82(2), 333.

2. Bailin, S. et al. Conceptualizing Critical Thinking [J]. Journal of Curriculum Studies 31, no.3, 1999, 288.

3. Beane, J.A. Curriculum Integration and the Disciplines of Knowledge [J]. Phi Delta Kappan, 1995, 76.

4. Beane, J.A. The Middle School: Natural Home of Integrated Curriculum [J]. Educational Leadership, 1991, 49(2).

5. Beane, J.A. Turning the Floor Over: Reflections on A Middle School Curriculum [J]. Middle School Journal, 1992, 23(3).

6. Beierling, S., Buitenhuis, E., Grant, K., Hanson, A. "Course" Work: Pinar's Currere as an Initiation into Curriculum Studies [J]. Canadian Journal for New Schlars in Education. Summer, 2014, Volume 5, Issue 2.

7. Bliss, M. Teaching Canadian National History [J]. Canadian Social Studies, Winter 2002, 36(2).

8. Bourne, P. and Eisenberg, J. The Canadian Public Issues Program: Learning to Deal with Social Controversy [J]. Orbit, December 1976, 6, 16−18.

9. Brickman, W.W. William Heard Kilpatrick and International Education [J]. Educational Theory, 1966, 16, 20.

10. Brodhagen, B.L. Assessing and Reporting Student Progress in an Integrative curriculum [J]. Teaching and Change, 1994, 1.

11. Bruner, J. The Process of Education Revisited [J]. Phi Delta Kappan, July 1971, 53, 21.

12. Case, R. The Anatomy of Curricular Integration [J]. Canadian Journal of Education, 1991, Vol.16, No.2, 215−224.

13. Clarke, M. A Critically Reflective Social Studies [J]. The History and Social Science Teacher, 25: 4, 1990, 214−220.

14. Cross, T.L. Andrea Dawn Frazier. Guiding the Psychosocial Development of Gifted Students Attending Specialized Residential STEM Schools [J]. Roeper Review, 2010, 32(1).

15. Drake, S.M. Connecting Learning Outcomes to Integrated Curriculum [J]. Orbit. 1995, 26(1).

16. Drake, S.M. How Our Team Dissolved the Boundaries [J]. Educational Leadership. 1991, 49(2).

17. Dueck, K., Horvath, F., Zelinski, V. Bev Priftis' Class Takes On the Calgary Zoo [J]. *One World* XVI, 1977 (Summer), 7−8.

18. Edith Deyell. Ferment in the Social Studies: Where Will It Lead? [J] Canadian Education and Research Digest 4, 1964.

19. Fantuzzo, J.W., Gadsden, V.L., McDermott, P.A. An Integrated Curriculum to Improve Mathematics, Language, and Literacy for Head Start Children［J］. American Educational Research Journal, 2011, Vol.48, No.3.

20. Fogarty, R. Ten Ways to Integrate Curriculum［J］. Educational Leadership, 1991, 49(2).

21. George, P.S. The Integrated Curriculum: Problems and Pitfalls［J］. Middle School Journal, 1996, 28.

22. Gibbon, G.A. Curriculum Integration［J］. Curriculum Inquiry, 1979, Vol.9, No.4.

23. Harter, P.D. Gehrke, N.J. Integrative curriculum: A kaleidoscope of alternatives［J］. Educational Horizons, 1989, 68(1).

24. Jerome, B. The Process of Education Revisited［J］. Phi Delta Kappan, 1971, 53.

25. Jolly, J.L. The National Defense Education Act, Current STEM Initiative, and the Gifted［J］. Gifted Child Today, Spring 2009, 32(2).

26. K, O. Education is the Best National Insurance: Citizenship Education in Canadian Schools-Past and Present［J］. Canadian and International Education, 1996, 25(2).

27. K, O. Fred Morrow Fling and the Source-Method of Teaching History［J］. Theory and Research in Social Education, 2003, 31(4).

28. Marker, P. Thinking Out of the Box: Rethinking and Reinventing a Moribund Social Studies Curriculum［J］. Theory and Research in Social Education 29, 2001, 4, 741.

29. Milburn, G. Alternative Perspectives-Social Studies and Curriculum Theory in Canada: A Response to Ken Osborne［J］. Curriculum Canada V, 126–127.

30. Milburn, G. The Social Studies Curriculum in Canada: A Survey of the Published Literature in the Last Decada［J］. Journal of Educational Thought, 1976, 10, 222.

31. Morris, M. Back Up Group: Here Comes the (Post) Reconceptualization［J］. Journal of Curriculum Theorizing, Winter 2005, 21(4).

32. Oliver, M., Schofield, G., McEvoy, E. An Integrated Curriculum Approach to Increasing Habitual Physical Activity in Children: A Feasibility Study［J］. Journal of School Health, 2006, Vol.76, No.2.

33. Olszewski-Kubilius, P. Special Schools and Other Options for Gifted STEM Students［J］. Roeper Review, 2010, 32(1).

34. Osborne, K. and Seymour, J. Political Education in Upper Elementary School［J］. International Journal of Social Education 3, 1988, 2, 63.

35. Osborne, K. Our History Syllabus Has Us Gasping: History in Canadian Schools-Past, Present, and Future［J］. Canadian Historical Review, September 2000, no.3, 81.

36. Scarfe, N.V. The Teaching of Geography in Canada［J］. The Canadian Geographer, 1955, 5, 4.

37. Sears, A. and Hughes, A.S. Citizenship Education and Current Educational Reform [J]. Canadian Journal of Education. 1996, no.2, 21.

38. Sears, A. Buying Back Your Soul: Restoring Ideals in Social Studies Teachin [J]. Social Studies and the Young Learner 4, 1992, 3, 9–11.

39. Seixas, P. A Discipline Adrift in an "Integrated" Curriculum: The Problem of History in British Columbia schools [J]. Canadian Journal of Education, 1994, 19(1).

40. Seixas, P. The Purposes of Teaching Canadian History [J]. Canadian Social Studies, 2002 (Winter), 36, 2.

41. Tassel-Baska, J.V., Wood, S. The Integrated Curriculum Model (ICM) [J]. Learning and Individual Differences, 2010, 20.

42. Thomas, J., Williams, C. The History of Specialized STEM Schools and the Formation and Role of the NCSSSMS [J] T. Roeper Review, 2010, 32(1).

43. Tomkins, G.S. And Just What Is the Canada Studies Foundation? [J]. The B.C. Teacher, 1972 (March), 52, 212.

44. Tomkins, G.S. Foreign Influences on Curriculum and Curriculum Policy Making in Canada: Some Impressions in Historical and Contemporary Perspective [J]. Curriculum Inquiry, 1981, 11, 158.

45. Van Manen, M. A Concept of Social Critique [J]. The History and Social Science Teacher, 1980, 15.

46. Vars, G.F. Can Curriculum Integration Survive in an Era of High-Stakes Testing? [J]. Middle School Journal, 2001, 33(2).

47. Weir, G.M. The Revision of the Curriculum [J]. The B.C. Teacher XIV, 1935 (April), 21.

报告

1. Alberta Department of Education. Programme of Studies for the Elementary School [R]. Edmonton, AB: Author, 1935 and 1936.

2. Alberta Education. 1981 Alberta Social Studies Curriculum [R]. Edmonton: Author, 1981.

3. Alberta Education. Junior High Social Studies Teacher Resource Manual [R]. Edmonton: Author, 1988.

4. Barr, R.D., Barth, J.L. and Shermis, S.S. Emergence of the Social Studies in Defining the Social Studies [R]. Washington, DC: NCSS Bulletin, 1977.

5. British Columbia Ministry of Education, Skills and Training. Social studies 8 to 10 Integrated Resourse Package [R]. Victoria, BC: Author, 1997.

6. British Columbia, Schools Department, Curriculum Development Branch. Social

Studies Curriculum Guide: Grade Eight-Grade Eleven[R]. Victoria: Author, 1982.

7. Center on Education Policy. Instructional Time in Elementary Schools: A Closer Look at Changes for Specific Subjects[R]. Washington, DC: Author, 2008.

8. Coleman, H.T.J. Report of the National Conference on Character Education in Relation to Canadian Citizenship[R]Winnipeg: King's Printer, 1991.

9. Council of Ministers of Education, Canada. Social Studies: A Survey of Provincial Curricula at the Elementary and Secondary Levels[R]. Toronto: Author, 1982.

10. Government of Newfoundland and Labrador, Department of Education, Division of Program Development. A Curriculum Framework for Social Studies: Navigating the Future[R]. St. John's: Author, 1993.

11. Manitoba Education. Social Studies: K to 12 Overview [R]. Winnipeg: Author, 1985.

12. Ontario Ministry of Education. Curriculum Guideline: History and Contemporary Studies[R]. Toronto: Queen's Printer, 1986.

13. Ontario Ministry of Education. The Common Curriculum, Grades 1 to 9, Working Document[R]. Toronto: Queen's Printer, 1993.

其他文献

1. Alberta Learning, Curriculum Branch. Social Studies Program of Studies: Elementary Schools[Z]. Edmonton: Author, 1990.

2. Alberta Learning. Social Studies Kindergarten to Grade 12 Validation Draft [Z]. Edmonton: Author, May 2003.

3. Atlantic Provinces Education Foundation. Foundation for the Atlantic Canada Social Studies Curriculum [Z]. Halifax, Nova Scotia Education and Culture, English Program Service, 1998.

4. British Columbia Ministry of Education, Skills, and Training. Social Studies K to 7: Integrated Resource Package[Z]. Victoria: Author, 1998.

5. Case, R., Daniels, L. Introduction to the TC2 Conception of Critical Thinking [Z]. Richmond, BC: Rich Thinking Resources, 2003.

6. Government of Newfoundland and Labrador, Department of Education, Division of Program Development. A Curriculum Framework for Social Studies: Navigating the Future[Z]. St. John's: Author, 1993.

7. Holt, B.G. The National Council for the Social Studies Convention at Cleveland [Z]. Exploration 7, 1967 (June).

8. Manitoba Education and Youth. Kindergarden to Grade 8 Social Studies: Manitoba Curriculum Framework of Outcomes[Z]. Winnipeg: Author, 2003.

9. New Brunswick, Department of Education, Educational Programs and Services

Branch. Atlantic Canada in the Global Community Grade 8 [Z]. Frederiction: Author, 1998.

10. Ontario Ministry of Education and Training. The Ontario Curriculum Social Studies Grades 1 to 6; History and Geography Grades 7 and 8 [Z]. Toronto: Author, 1998.

11. Pinar, W.F. International Handbook of Curriculum Research [C]. New Jersey: Lawrence Erlbaum Associates, Inc, 2003.

12. Saskatchewan Education. Report of the Social Sciences Reference Committee [Z]. Regina: Author, 1984.

13. Social Studies Advisory Committee, Faculty of Education, University of British Columbia. History and Geography Teaching Materials [Z]. Vancouver, BC: University of British Columbia, 1962.

14. Western Canadian Protocol for Collaboration in Basic Education. Common Curriculum Framework for Social Studies: Kindergarten to Grade 9 [Z]. Winnipeg: Manitoba Education, Training and Youth, 2002.

15. Western Canadian Protocol. Foundation Document for the Development of the Common Curriculum Framework for Social Studies: Kindergarden to Grade 12 [Z]. Winnipeg: Author, February 15, 2000.

后　记

　　本书是在我的博士论文基础上修改而成。从全书结构看，第一章交代了各个章节的设置依据及衔接过程；上篇为宏观的社会科课程历史与政策研究，属于古德莱德意下"理想的课程"与"正式的课程"；下篇为微观的社会科课程教师生活体验研究，属于"领悟的课程""实施的课程"与"体验的课程"。由此，共同构成了一幅完整的加拿大社会科课程图景。此外，本书上篇运用比较历史法、文献分析法等传统的研究方法，下篇第五章采用生命历程法的四个步骤或时刻、社会制图学等相对新颖的研究方法，意在打破全量化研究或全文质性研究或全文文献研究等单一方法一统全书的普遍研究范式。然而，在行文过程中，笔者深感宏观与微观、传统与现代、课程与教师这三组复杂关系时而紧密，时而疏离，极难驾驭，从而在一定程度上显现出各章之间的分离感。

　　从研究过程看，研究者的角色问题始终像一把悬在本书上方的"达摩克利斯之剑"。在研究的过程中，如何把握研究者与被研究者双方的亲疏程度一直是质性研究的一个难题。作为来自异域的"局外人"，笔者自进入小学课堂见到研究对象的第一日起，便努力融入对方的行为规则与思维方式，希望克服"局外人"固有的劣势。然而，随着时间的推移，笔者逐渐与被研究者成为朋友，成为"熟人"，由此在一定程度上失去了研究所需要的距离感。加之生命历程法要求使课程成为一种复杂对话，这些对话不仅仅局限于课堂内容，同时还涉及被研究者的个人生活经验，甚至包括一些隐私内容。这种双方亲疏程度的转变最终导致本书对研究对象的批判性大大减弱。

从理论成果看，本书是笔者通过文献法和生命历程法对加拿大社会科和一名社会科课程教师的个案研究结论，仍存在进一步的探索空间。

首先，生命历程法还在不断成熟与完善的过程之中。上篇概念界定中谈到，派纳已经开始重新审视生命历程法。派纳希望通过作为生命历程法延续的寓言，使主体间的复杂对话得以升华，"通过学术知识表达一个人的主体性是如何将有生命的课程与课程计划相连接的，如何充分向学生证明学问可以同他们对话，如何在现实中用学识引导他们讲话"[1]。从2009年起，派纳又将生命历程法与"世界性"（cosmopolitan）的概念结合起来。他强调个人既是独立的，同时也是与他人相联系的，既包含"主体性"，又包含"主体间性"。主体性和世界性之间是互惠互益的关系。[2]那时，简·亚当斯、劳拉·布拉格（Laura Bragg）、皮埃尔·帕索里尼三位伟大的知识分子的历史传记成为派纳的研究对象。[3]如今，派纳继续在自传之路上探索着，他坦言："现在我的研究重心已转向加拿大，聚焦于乔治·格兰特生平的工作。"[4]那么，笔者不禁思考，从研究对象看，派纳笔下的研究对象是

---

[1] Pinar, W.F. Educational Experience as Lived: Knowledge, History, Alterity [M]. New York: Routledge, 2015: 33.

[2] 王永明.威廉·派纳课程理论的研究 [D].北京师范大学，2015.

[3] Pinar, W.F. The Worldliness of a Cosmopolitan Education [M]. New York: Routledge, 2009.

[4] Pinar, W.F. Educational Experience as Lived: Knowledge, History, Alterity [M]. New York: Routledge, 2015: 2.

否已经从研究者自身或普通教师转向高山仰止的精英知识分子？从研究方法看，他是否还会一直坚守生命历程法的四个步骤或时刻？从研究路径看，是聚焦于个体自传的文本，还是更倾向于研究者与被研究者之间的复杂对话？这些问题都将在笔者今后的研究中有所涉及。

其次，通过生命历程法进一步打破女性社会科教师的沉默。书中的研究结论已经提到，生命历程法赋予社会科教师发出自己声音的权利。虽然20世纪70年代后期，西方概念重建中便涌现出女性主义，课程理论家格鲁梅特、米勒和桑德拉·沃伦斯坦（Sandra Wallenstein）发起了一场评论，把女性主义理论确立为该领域的中心话语，[1]但在国内学界，关于课程与女性教师生活体验的相关研究还比较欠缺。笔者希望继续探索女性教师与课程的相互关系，试图揭开一个个个体生命与流动课程的独特体验。正如佩特拉·芒罗（Petra Munro）所言："当课程活动被当作是流动的液体，深植在体验中时，这些女性（她所研究的）不仅会打破传统形式，而且不再拘泥于传统上起控制作用的课程标准。"[2]

最后，加拿大社会科课程的理论与实践日新月异。在理论层面，新时代的到来已经撼动了一些看似经典的理论解释。比如，本书在概念界定部分便已提出，培养良好公民是加拿大社会科的核心使命，这一目标百年未变。然而，有学者指出，公民教育一方面受制于以学生成绩为导向，以事关重大考试为指挥棒的环境，该环境极大地限制了想象空间、谈话空间和行动空间；另一方面又被限制在个人权利高于社区和集体责任的新自由主义公民概念中。其结果，公民教育事

[1]　［美］威廉·F.派纳，等.理解课程——历史与当代课程话语研究导论（上）[M].张华，等译.北京：教育科学出版社，2003：388.
[2]　同上：408.

实上已抛弃了公共领域和公益观念。这些做法的直接后果便是当代公民教育大多丧失了道德目的，与学生们的生活没有根本的联系。[1]在实践层面，随着人工智能、虚拟现实、可穿戴设备、大数据、物联网的粉墨登场，或许今日才真正迎来了"三千年未有之大变局"。当人类逐渐解决饥荒、瘟疫与战争这三大亘古难题之后，长生不死、幸福快乐、化身为神[2]成为新的目标。毫无疑问，这些新的科技、新的目标对加拿大社会科课程的学习方式、学习内容都将产生颠覆性的影响。因此，面对变革与挑战，笔者将持续探索加拿大社会科这座"宝藏"。

　　本书的出版离不开国内外学界师友的帮助与鼓励。最要感谢的是我的恩师高益民教授。硕士三年、博士四年，从高老师身上，我明白了何为"学为人师，行为世范"。高老师的传授引导教化着我的无知，洗涤着我的心灵。

　　感谢北京师范大学国际与比较教育研究院——一个可以称作家的地方。感谢比较院所有老师对我的帮助。特别感谢刘宝存教授、肖甦教授、王璐教授、林杰教授、马健生教授、滕珺教授、杨明全教授、黄宇教授对本书提出的宝贵意见。

　　感谢我在加拿大不列颠哥伦比亚大学求学时的导师比尔·派纳（Bill Pinar），大师在学术上的高屋建瓴，我只能心向往之；大师在生活中展现出的谦和、细腻、温润，令我倍感温暖。感谢课程与教学系的比尔·多尔（Bill Doll）、潘妮·克拉克、韦恩·罗斯（Wayne

---

[1]　[加]乔治·H.理查森，大卫·W.布莱兹.质疑公民教育的准则 [M].郭洋生，邓海，译.北京：教育科学出版社，2009：126.

[2]　参见：[以色列]尤瓦尔·赫拉利.未来简史：从智人到智神 [M].林俊宏，译.北京：中信出版集团，2017.

Ross)、霍利·基恩（Holly Keon），你们为我打开了加拿大社会科课程研究的大门。谢谢彼得·塞沙斯，鼓励我不忘初心。

感谢洁芮，从我们这对研究共同体中，我受益良多。

另外，衷心感谢国家留学基金委资助我到加拿大不列颠哥伦比亚大学联合培养两年，感谢为"顾明远教育研究发展基金"慷慨无私捐赠资助经费的顾明远教授。

郑　璐

2020 年 2 月 28 日

图书在版编目（CIP）数据

加拿大社会科课程研究 / 郑璐著. — 上海：上海教育出版社, 2020.8
（基础教育国际比较研究丛书 / 顾明远主编）
ISBN 978-7-5720-0182-6

Ⅰ.①加… Ⅱ.①郑… Ⅲ.①基础教育 – 社会科学课 – 教学研究 –
加拿大 Ⅳ.①G633.202

中国版本图书馆CIP数据核字(2020)第154495号

策　划　袁　彬　董　洪
责任编辑　王　鹂
封面设计　陆　弦　陈　芸

基础教育国际比较研究丛书
顾明远　主编
Jianada Shehuike Kecheng Yanjiu
加拿大社会科课程研究
郑　璐　著

出版发行　上海教育出版社有限公司
官　　网　www.seph.com.cn
地　　址　上海市永福路123号
邮　　编　200031
印　　刷　上海展强印刷有限公司
开　　本　640×965　1/16　印张21.25　插页3
字　　数　254千字
版　　次　2020年11月第1版
印　　次　2020年11月第1次印刷
书　　号　ISBN 978-7-5720-0182-6/G·0139
定　　价　68.00 元

如发现质量问题，读者可向本社调换　电话：021-64377165